돈을 자유롭게 벌더라도
최소한의 도덕은 갖춰야 한다.

–

애덤 스미스

돈에는 조국이 없다.
금융 재벌은 무엇이 애국이고 고상함인지 따지지 않는다.
그들의 목적은 오로지 이익을 얻는 것이다.

-

나폴레옹 1세

화폐 권력은 평화 시에는 국가를 잡아먹으려 하고
역경의 시기에는 반역을 꾀한다.

–

에이브러햄 링컨

경쟁은 대립하는 자본가의 수에 정비례하며
대립하는 자본가의 규모에 반비례한다.

–

카를 마르크스

INVISIBLE **MONEY**

-보이지 않는-

돈

보이지 않는 돈

초판 1쇄 인쇄·2020년 10월 5일
초판 1쇄 발행·2020년 10월 12일

지은이·천현철
펴낸이·이춘원
펴낸곳·책이있는마을
기   획·강영길
편   집·온현정
디자인·블루
마케팅·강영길

주   소·경기도 고양시 일산동구 무궁화로120번길 40-14(정발산동)
전   화·(031) 911-8017
팩   스·(031) 911-8018
이메일·bookvillagekr@hanmail.net
등록일·2005년 4월 20일
등록번호·제2014-000024호

ISBN 978-89-5639-337-7 (03320)

이 도서의 국립중앙도서관 출판예정도서목록(CIP)은 서지정보유통지원시스템 홈페이지(http://seoji.nl.go.kr)와
국가자료종합목록 구축시스템(http://kolis-net.nl.go.kr)에서 이용하실 수 있습니다. (CIP제어번호 : CIP2020039520)

INVISIBLE **MONEY**

금융 투시경으로 본 전쟁과 글로벌 경제

보이지 않는

천 헌 철 지음

큰물은 아래쪽이 더 세차게 흐른다. 경제위기나 감염병으로 인한 어려움은 상류층보다 서민층에게 더 거칠게 다가온다. 우리 경제에 밀어닥친 큰물이 벌써 세 번째다. IMF 외환위기, 글로벌 금융위기, 코로나-19에 따른 경제위기. 이러한 위기 상황에서 빈부 격차는 더욱 커졌다. 빈부 격차를 나타내는 지니계수가 IMF 외환위기 전후에는 0.264(1997)에서 0.298(1999)로, 글로벌 금융위기 전후에는 0.316(2007)에서 0.320(2009)으로 높아졌다.

이번의 코로나-19에 따른 위기는 가장 큰물이라 예상되며 그 파괴력은 상상을 초월할 수도 있다. 게다가 감염병 직전 경제 상황이 별로 좋지 않았다. 무엇보다도 사상 최대 규모의 해외 직접투자를 기록했다. 자본이 해외로 유출되고 있었고, 기업은 해외로 공장을 이전하고 있었다. 일자리가 부족해진 국내를 떠나 청년들은 일본 등지로 일자리를 찾아 나섰다. 2019년 국내 인력이 부족해진 일본은 취업 설명회까지 열면서 청년들을 데려갔다.

인재 한 명을 길러 내려면 많은 것을 지원해야 한다. 출생부터 대학 졸업까지 출산장려금부터 초·중등 무상교육, 대학 등 정규 교육 과정에 정부 예산뿐만 아니라 가정에서 많은 노력과 시간과 돈이 들어간다. 이렇게 길러 낸 청년들이 다른 국가로 일자리를 찾아 떠났다.

청년들이 국내에서 경제활동을 해야 우리 정부에 세금 수입이 발생하는데, 도리어 경쟁 국가의 경제 발전에 도움을 주고 경쟁국 재정에 기여하는 결과를 낳고 있다. 첨단 기술이라도 배우려고 떠나면 좋겠지만 그것은 옛이야기다. 우리를 경쟁국으로 보고 있으니 말이다. 언론에서는 청년들의 해외 취업 박람회를 앞다투어 취재했다. 그렇게 다른 나라 재정에 도움이 되는 줄 알면서 바라만 보았다. 2020년 초 코로나-19가 퍼지면서 우리 경제의 불확실성이 짙어졌고 일자리는 더욱 고갈되어 갔다.

나는 우리나라를 대표하는 정책금융기관에서 전략과 기획을 담당했다. 선진국의 제도를 참고하여 우리의 것을 만드는 일을 한 지도 10년이 넘었다. 처음 선진국 금융 지원 시스템을 접한 것은 1997년 1월이다. 우리나라가 OECD에 가입했던 시기에 프랑스 파리에서 개최된 수출신용참가자그룹회의에 참여하면서 자연스럽게 선진국의 제도와 경험을 알게 되었다.

1997년 말 우리나라가 IMF 외환위기를 맞았을 때 선진국은 아시아 외환위기국을 불러 경제 현황에 대한 설명을 들었다. 우리나라는 OECD 회원국이었기 때문에 굴욕적인 설명회 브리핑을 면제받았다. 은행의 선배 직원들은 나라가 망했는데 창피하다고 국제회의를 기피했기에 한동안 모든 회의를 혼자 다녔다. 그때 회의 내용을 파악하여 본국에 전달하기 위해 열심히 공부했다. 그 후 잠시 다른 업무를 맡긴 했지만 유사한 전략과 기획 업무를 담당했다.

OECD 회의에 참여했던 수출금융기관은 모두 수출을 통한 직간접 일자리 창출을 추구한다. 그런데 우리나라의 청년들이 일자리가 없어 외국으로 간다고 하니 안타까운 마음이 들었다. 현장에서 열심히 노력하는 것도 중요하지만 내가 가지고 있는 경험과 지식을 책으로 공유하는 것도 더 나은 내일에 도움이 될 것이라 생각했다.

오래전부터 글로벌 금융 역사에 관심이 있었던 점도 동기로 작용했다. 2008년 글로벌 금융위기를 맞았을 때 나는 런던에서 생활하고 있었다. 런던 생활의 좋은 점은 세계 석학들이 쓴 책을 즉시 구매해 볼 수 있다는 것이다. 출퇴근 기차 안에서 런던 사람들은 거의 대부분 책을 읽는다. 시끄럽게 떠드는 사람은 외국인이거나 동양인이다. 더 시티로 연결되는 지하철은 출퇴근길에 꼼짝없이 책 읽는 사람으로 붐빈다. 해외 생활은 그때가 처음이었지만 인생을 통틀어 가장 좋은 책을 접할 수 있었다.

금융의 역사에 대한 호기심으로 시작해 전쟁이라는 주제와 엮어 금융의 중요성을 일반인에게 전달하고 싶었다. 전쟁을 수행하기 위해 돈을 풀었던 시기나 코로나-19를 극복하기 위해 돈을 풀고 있는 현재는 유사한 상황이다. 그래서 전쟁의 수행을 위해 찍어 낸 돈이 전쟁이 끝난 후 부메랑이 되어 돌아온 내용도 일부 담았다. 또한 OECD 가입 시기부터 경험한 내용이 대외 금융정책을 수립하는 데 참고가 되었으면 하는 바람이다. 대외의존도가 높은 우리나라의 상황을 고려할 때 일반인이 읽어도 좋으리라 생각된다. 다만 내용이 전문가에게도 도움이 될 수준으로 엮느라 전문 용어가 사용되었지만 전체적으로 큰 흐름을 이해하는 데 지장이 없을 것이다.

이 책은 제1부 전쟁과 금융, 제2부 글로벌 경제와 금융으로 이루어져 있다.

제1부에서는 먼저 전쟁에서 전비를 마련하기 위해 금융이 어떻게 작용했고 그 의미는 무엇인지를 기술했다. 매 전쟁에는 간단한 전쟁 이야기와 함께 금융 비사, 금융의 역사를 바꾼 사건과 사기 또는 돈의 부메랑 등 전쟁마다 금융 관련 사실을 담으려고 노력했다.

워털루 전투(1815)에서는 로스차일드 가문과 전후 영국 경기 침체, 프랑스 금융 시스템과 사기꾼 존 로 이야기를, 미국 남북전쟁(1861~1865)에서는 전비 조달 방법과 금융시장 발전 과정을 설명했다. 이탈리아 독립전쟁(1859)과 프로이센-오스트리아 전쟁(1866)에서는 이탈리아·독일·오스트리아 3국의 외교·정치적 접근을 금융 조달 측면에서 중점적으로 다루었다. 러일전쟁(1904-1905)에서는 금융이 전쟁의 승패를 결정하게 되는 과정과 함께 대한제국의 당시 사정을 잠깐 언급했다. 제1차 세계대전(1914-1918)에서는 패전국 독일에 대한 전쟁 배상금 처리 문제와 초인플레이션, 사기꾼과 금융 이야기를 담았다. 제2차 세계대전(1939-1945)에서는 전후 금융 체제 수립에 대해 간단히 알아보았다.

제2부에서는 국가 수출금융 지원 체제의 탄생, 19세기부터 20세기 초까지의 근대 글로벌 경제와 금융의 역할 등을 먼저 살펴보았다. 이어 최근의 글로벌 금융 지원의 환경과 변화를 기술했는데, 해외 인프라 지원의 첨병 역할을 하는 수출금융 지원 체제부터 국제적으로 합

의한 금융 보조금 지급을 줄이는 과정, 시장에 충실히 다가가려는 제도의 도입 과정과 함께 국가별 이해관계에 따라 예외적으로 취급한 부분을 설명했다. 그리고 각국 민간 부문의 금융 발달 정도와 금융 환경 수준을 분석하고 이를 반영한 국가 주도의 금융 지원 형태가 진화하는 모습을 담았다. 마지막으로 글로벌 경쟁력을 높이기 위한 대안을 도출했다. 글로벌 경쟁력을 높이기 위한 요소를 알아보고, 독일·일본·미국의 '문화로부터 배운다', 부족한 민간 부문을 보완하여 '평평한 운동장을 만들자', '스스로 노력하는 기업을 도와주자' 등을 경쟁력 화두로 제시했다. 마지막으로 글로벌 비즈니스를 디지털로 연결하여 우리가 글로벌 강자로 거듭나기를 희망했다.

나는 직장생활을 할 때부터 수시로 고향인 시골에 가서 아버지를 도와 토종벌을 쳤다. 아버지를 따라다니면서 벌을 치는 동안 토종벌이 서양벌집을 공격하는 경우를 본 적이 없다. 반면에 서양벌은 토종벌집을 습격하여 토종벌을 죽이고 벌집을 통째로 차지하는 일이 잦았다. 토종벌은 태생부터 이동하지 않고 한곳에 살면서 주변의 꽃에서 꿀을 수확하는 습성을 갖고 있다. 서양벌은 유목성을 갖고 있다. 서양인은 유목민의 문화를 갖고 있는 반면에 우리는 한곳에 머무는 정착성을 갖고 있다. 우리나라 역사를 보더라도 몽골과 같은 유목민의 침략으로 어려움을 겪었다. 왜 벌에게서도 유사한 현상이 나타나는지 의아하다. 나는 서양벌이 나타나기만 하면 파리채로 사정없이 내리쳐 잡곤 했다.

이제 아버지는 그 자리에 계시지 않는다. 지난해 가을에 돌아가셨다. 공교롭게도 장인어른도 나흘 후 돌아가셨다. 당초 책의 발간을 연말에 하려고 했으나 두 분의 1주기를 맞아 이 책을 바치기로 마음을 바꾸었다. 시간에 쫓겨 책의 내용이 다소 미흡할 수 있다. 처음 쓰는 책이니 독자께서는 너그러이 이해해 주시고 초심자의 노력만 혜량하여 주시기 바란다.

이 책은 내가 한국수출입은행에 일하면서 얻은 경험을 바탕으로 썼다. 은행 생활을 하면서 도움을 준 선후배와 동료들에게 감사의 말을 전하고 싶다. 또한 대외 금융 산업 발전을 위해 함께 고민하고 열정을 바쳤던 서강대 남주하 교수님, 연세대 현석 교수님, 금융연구원 구본성 선임연구원님 등 관련 전문가들께도 감사를 드린다. 그런 고민이 없었다면 이 책이 나오지 못했을 것이다.

원고에 있는 9개 지도를 만들어 준 딸 염정도 애를 써 줬다. 지도가 이 책에서 중요한 부분을 차지하는데 까다로운 아빠의 요구를 잘 반영해 주었다. 초보자의 책 발간을 수락해 준 도서출판 책이있는마을 강영길 대표님께 감사를 드린다. 아울러 이 책이 나오기까지 옆에서 묵묵히 지켜봐 주고 참아 준 아내 백현숙과 딸 염정, 아들 유동에게 고맙고 사랑한다는 말을 전하며 홀로 남은 어머니께도 위로가 되길 바란다. 마지막으로 1년 전 소천하신 아버지와 장인어른께 이 책을 바친다.

2020년 9월
천 헌 철

차례

프롤로그 _4

제 1 부

전쟁과 금융

1 전쟁과 금융 _16

2 워털루 전투 _26

3 미국 남북전쟁 _54

4 이탈리아의 독립전쟁 _78

5 프로이센 – 오스트리아 전쟁 _88

6 러일전쟁 _106

7 제1차 세계대전 _140

8 제2차 세계대전 _160

제 **2** 부

글로벌 경제와 금융

1 국가 수출금융 지원 체제의 탄생 _170

2 근대 글로벌 경제와 금융 _181

3 글로벌 금융 지원의 환경과 변화 _206

4 그러면 어떻게 _254

에필로그 _299

참고문헌 _304

전쟁과
금융

전쟁은 모든 것의 아버지이고 모든 것의 왕이다.
그것은 어떤 이들을 신으로
또 어떤 이들을 인간으로 드러내며,
어떤 이들을 노예로 또 어떤 이들을 자유인으로 만든다.

_헤라클레이토스(Herakleitos)

전쟁과 금융

인류는 부를 쌓기 위해 금·은 등 금속 통화는 물론 석유·철광석·면화 등과 같은 물자를 확보하기 위한 전쟁도 마다하지 않았다. 전쟁을 수행하기 위해서 또는 전쟁하는 과정에서 새로운 기술과 전략이 계속 개발되었다.

기술을 개발하거나 전쟁 전략을 실행하는 데에는 자본이 든다. 전쟁은 의지와 상관없이 한번 발생하게 되면 돈이 많이 들고 돈이 조달되지 않으면 전쟁에서 승리할 수 없다. 일반적으로 전쟁 수행에 필요한 돈은 세금으로 거둬들이고 화폐를 발행하고 국내외의 자금을 차입하여 마련한다.

하지만 국민에게 세금을 부과해 모든 전비를 충당한 전쟁은 거의 없다.[1] 미국이 세금으로 전쟁 비용을 모두 부담했던 한국전쟁이 유일하다. 한국전쟁 기간 중 최고 수준의 비용이 발생했던 1952년 한 해 동안 미국은 자국 국내총생산GDP의 4.2%를 세금으로 지출해 전쟁을 수행했다.[2]

화폐의 발행이나 국내외 차입은 중앙은행이나 금융기관의 개입을 통해 이루어진다. 물론 세금도 세금을 부과하는 사람이나 물건에 대한 가치 환산과 같은 금납화monetization를 전제로 하여 금융기관이 전국의 금융망을 이용해 정부를 대신하여 수납한다. 따라서 전쟁은 금융의 진화와 밀접하게 관련되어 있다. 전쟁을 수행하기 위해 작용된 구조가 금융시장의 형성과 제도의 발전에 크게 영향을 주었기 때문이다.

현대적인 개념의 이자를 주고 전쟁 비용을 조달하는 차입에 의한 방법이 개발·사용된 것은 르네상스 시기의 이탈리아에서였다.[3] 14세기

---

1 전쟁 비용을 세금으로 조달한 비중은 다음과 같다(19세기 이후 전쟁이 6개월 이상 지속된 전쟁을 대상으로 분석).

비중	국가
25~50%	- 러시아 – 터키 전쟁(1828~1829)에서 터키 - 크림 전쟁(1854~1856)에서 영국 - 제1차 세계대전에서 미국 - 프랑스 – 터키 전쟁(1919~1921)에서 터키 - 제2차 세계대전에서 영국, 미국, 러시아
50~75%	- 1차 슐레스비·홀슈타인 전쟁(1848)에서 독일
75% 이상	- 이탈리아 – 터키 전쟁(1911~1912)에서 터키 - 한국전쟁(1950~1953)에서 미국

Rosella Cappella, "The Political Economy of War Finance," *Publicly Accessible Penn Dissertations*. 1175, 2012, p.84.

2 Rosella Cappella, "The Political Economy of War Finance," p.114.

3 Niall Ferguson, *The Ascent of Money*, Penguin Books, 2008, p.71; 팀 팍스, 『메디치 머니』, 황소연 옮김, 청림출판, 2005, 137쪽.

15세기 말 이탈리아

와 15세기 동안 이탈리아의 피렌체·베니스·밀라노·로마 등 도시국가들은 크고 작은 전쟁이 일상이었다. 이 국가들은 현재와 같은 군대, 즉 상비군이 없었다. 따라서 전쟁을 치르려면 돈을 주고 용병을 고용해야 했다. 당시 용병부대의 대장을 '콘도티에레condottiere'라고 했는데, 원래 '계약'이라는 뜻을 가지고 있다. 언제나 유명한 콘도티에레를 원하는 곳이 많았기 때문에 그를 고용하려면 거액이 필요했다. 전쟁이 끊이지 않던 이탈리아에서 유명한 콘도티에레의 몸값은 천정부지로 치솟았다. 대표적인 용병대장으로 존 호크우드 경Sir John Hawkwood과 니콜로 다 톨렌티노Niccolò da Tolentino가 있었다.

잉글랜드 출신으로 용맹을 떨친 존 호크우드 경은 피렌체에 정착하여 누구든지 돈을 주는 사람을 위해 싸웠다. 그는 14세기 교황이 피렌체를 공격해 올 때 교황군을 훌륭하게 막아 내었지만 피렌체와 계약을 하기 전에는 교황을 위해 싸웠다. 돈을 주는 사람에 따라 아군이 하루아침에 적군이 되었다. 니콜로 다 톨렌티노는 1432년 피렌체가 시에나를 상대로 치렀던 역사적인 산마리노 전투를 지휘한 용병대장이다. 코시모 데 메디치와 그 가문이 정적들에 의해 투옥되었을 때 피렌체에 군대를 이끌고 나타나 메디치 가문의 석방을 요구하는 무력시위를 벌인 바 있는 메디치 가문의 은인이라고 할 수 있다.

기본적으로 용병들에게 전쟁은 직업이었고 뛰어난 용병대장에게는 많은 돈이 필요했다. 용병부대는 전쟁에 져도 돈을 받아 갔다. 용병은 특성상 직업의 안정성이 무엇보다도 중요했다. 전쟁으로 직업이 유지되기 때문에 가능한 한 전쟁이 끝나지 않고 길게 이어지기를 바랐다. 적군을 잡아도 죽이는 것도 아니고 포로로 잡는 것도 아닌 희한한 전쟁이었다.[4] 처음에는 용병부대에게 지급해야 할 돈을 시민이 낸 세금 수입으로 충당했지만 전쟁이 길어짐에 따라 세금 수입으로 감당하기 어려운 상황에 이르렀다. 이러한 상황은 1506년경 피렌체 정부가 정규 군대를 창설할 때까지 이어졌다.

피렌체 도시국가는 용병 비용을 감당할 수 없게 되자 이자를 주는 조건으로 채권prestanze을 발행했다. 처음에는 일반 평민을 대상으로 한 세금으로 충당했지만, 부자로부터 자금을 차입할 수밖에 없었다. 이에 채권을 발행해 자금을 조달했다. 미래에 발생할 세금 수입으로 원금과 이자를 갚는 구조였다. 하지만 전쟁이 길어짐에 따라 전비 규모가 급속히 상승해 15세기 말에는 피렌체 정부 연간 수입액의 70%에 달하게 되었다.[5] 피렌체 정부는 할 수 없이 모든 국민의 재산을 등록하게 하고 재산 규모에 따른 과세를 통해 세수를 확충했으나,[6] 이마저도 전비에 충분치 못해 결국 재정 파탄으로 피렌체 공화정이 막을 내리는 원인 중 하나가 되었다.

전쟁 중인 국가의 정부가 발행하는 채권은 원금을 받지 못할 리스크가 높다. 따라서 그에 상응하는 높은 이자율을 요구하는 것이 일반

4　팀 팍스, 『메디치 머니』, 125쪽.
5　Niall Ferguson, *The Ascent of Money*, p.71.
6　팀 팍스, 『메디치 머니』, 139쪽.

적이다. 투자자는 채권을 발행한 국가가 전쟁에서 승리하면 패전국으로부터 받는 전쟁 배상금이나 점령한 지역에서 거둬들이는 세금으로 채권을 상환 받을 수 있다. 하지만 전쟁에 질 경우 원금을 날리는 것도 각오해야 한다.

1499년 베니스가 롬바르디아와는 육지에서, 오스만제국과는 바다에서 전쟁을 벌였는데, 전비 부족으로 1509년 아냐델로에서 전쟁에 패했을 때 투자자들은 이자는 물론 원금도 받지 못했다.[7] 전쟁과 관련된 채권에 대한 투자는 리스크가 매우 높다. 피렌체 정부는 공식적으로 채권 이자율이 5%라고 했지만 실제 수익률은 15%의 고율이었다.[8] 정부가 발행한 채권을 산다는 것은 향후 수입이 예상되는 세금으로 되돌려 받을 수 있다는 기대에 의하거나, 전쟁으로 인해 자유를 잃어버릴 가능성이 크기 때문에 불가피한 선택에 따른 것이다. 14세기와 15세기 이탈리아에서 전쟁에 필요한 비용을 세금으로 돌려받을 수 없는 수준이 되자 부자들은 각 도시국가들이 발행한 채권에 대한 투자를 기피했다.[9]

이탈리아는 도시국가로 구성되어 있어 대부분의 금융은 국가 간에 이루어지는 국제금융이다. 더욱이 교황청을 대신해 유럽 각지로부터 현금을 수납하는 과정에서 자연스럽게 피렌체의 통화 플로린Florin[10]뿐만

---

7   Niall Ferguson, *The Ascent of Money*, p.73.
8   팀 팍스, 『메디치 머니』, 137쪽.
9   팀 팍스, 『메디치 머니』, 138쪽.
10 금화 플로린의 가치를 보면, 10플로린은 하녀의 1년 연봉, 20플로린은 은행 급사의 1년 연봉, 1,000 플로린은 궁전을 한 채 지을 수 있는 금액이었다(팀 팍스, 『메디치 머니』, 67쪽).

아니라 영국의 스털링Sterling, 베니스의 두카트Ducat 등 다양한 통화가 개입되어 국제금융이 발전하게 되었다.

대부분의 사람들은 금융이라 하면 국내로 제한하여 생각하는 경향이 있다. 그러나 국제금융은 같은 지역에서 같은 통화로 돈을 빌려주고 되돌려 받는 국내금융과는 다르다. 국가 간의 전쟁에서는 해외에서의 자금 조달이 불가피하다. 전쟁과 동시에 해당 국가의 통화가치가 폭락하기 때문에 자국 화폐로는 해외에서 필요한 물자를 조달할 수 없을 뿐만 아니라, 국내에서도 자국 통화보다는 국제적으로 교환이 가능한 통화를 요구하기 때문이다. 이런 특성 때문에 일반적으로 전비에 필요한 자금은 제3국, 특히 선진국 국제금융센터에서 조달된다. 국경을 넘어 자금을 빌리는 행위가 국제금융cross-border financing(또는 international financing)이다.

피렌체와 베니스 같은 도시국가 간의 전쟁에서는 자국 부호를 대상으로 용병 비용을 조달했기 때문에 이를 국제금융이라 보기는 어렵다. 하지만 용병들이 본국으로 자금 또는 금화를 송금할 때 피렌체의 은행을 이용해 국제 송금을 했다. 또한 전쟁 수행에 필요한 돈을 마련하기 위해 이자를 지급하는 조건으로 채권이 발행되기 시작했다는 점에서 의미가 있다.

여기에서 독자의 이해를 돕기 위해 국제금융의 기본 개념과 국가와

은행의 관계에 대해 잠깐 짚고 넘어가고자 한다.

국제금융은 외국에 자금을 빌려주거나 외국으로부터 자금을 빌리는 행위다. 이때 자금을 빌리는 국가, 즉 차입 국가에 대한 위험risk이 고려된다. 이를 국가 신용 위험country credit risk 또는 국가 위험country risk이라고 한다. 이것은 현지 통화를 달러와 같은 기축통화로 바꿀 수 없거나, 교환이 가능하더라도 기축통화를 외국으로 보내는 데 금액 한도가 있는지에 따라 달라진다. 아울러 자금을 빌려주는 자, 즉 대출을 해준 자나 채권에 대한 투자자를 보호해 주는 법률이 있는지, 그 현지 법률이 임의로 변경되어 원금과 이자를 돌려받는 데 제약이 있는지에 따라서도 달라진다. 차입 국가가 지불유예, 즉 모라토리엄moratorium을 선언해 외국으로 자금을 보내는 것을 전면적으로 금지할 수도 있고, 외국인이 투자한 자산이나 채권을 차입국 정부가 몰수할 수도 있기 때문이다. 제1차 세계대전이 끝났을 때 전쟁 수행 국가는 자국에 있던 적국의 자산을 서로 몰수했다. 이런 행위는 국내금융에서는 있을 수 없는 위험이다. 이런 것들이 얼마나 있느냐에 따라 국가 위험이 결정된다.

국제금융거래에 대한 재판관할권jurisdiction은 일반적으로 국제금융센터가 있는 국가(주로 미국 뉴욕주나 영국)의 법을 따른다. 하지만 재판 결과의 집행을 위해서는 당사국 법원의 집행 결정이 필요하다. 국제적으로 신뢰할 수 있는 법과 규범이 갖추어져 있고 집행이 합리적으로 이루어져야 한다. 런던 국제금융센터나 뉴욕 국제금융센터를 비롯한 선진국들의 금융센터는 대부분 신뢰할 수 있는 환경을 구축하고 있다. 하지만 개발도상국이나 후진국에는 이러한 환경이 조성되어 있지 않기 때문에 국가 리스크가 크다.

자금을 빌려줄 때 공짜로 주지 않는다. 상대의 신용을 보고 빌려주는데 신용에 따라 이자율이 바뀐다. 신용이 좋으면 낮은 이자율을, 나쁘면 높은 이자율을 적용한다. 국내에서 자금을 빌려줄 때에는 이자율 결정, 다른 말로 리스크 가격 결정이 상대적으로 쉽다. 금융이 국내 통화로 이루어지고, 돈을 빌린 자가 갚지 않으면 언제든지 찾아가서 상환을 독촉해 회수할 수 있기 때문이다. 국제금융의 경우에는 국가 리스크를 추가로 고려해야 한다. 국제금융의 출발점은 국가 리스크의 평가다. 즉, 나중에 대출한 통화로 되돌려 받을 수 있는지가 중요하다.

국가(궁정)와 은행의 관계는 오늘날처럼 국가가 은행을 통제하는 관계가 아니었다. 국가는 은행으로부터 돈을 빌리는 채무자 중 하나였다. 국가는 지출에 필요한 돈을 국민에게 부과한 세금으로 충당했는데, 지출이 많아지면서 부족한 돈을 은행으로부터 빌렸던 것이다. 예를 들어 가정에서 아버지의 소득으로 경비를 지출했는데 지출이 많아지면 소득이 있는 자녀로부터 빌리는 것과 같다. 지출이 너무 많아지면 은행 역할을 했던 자녀를 포함해 친인척들이 조금씩 참여하여 큰 자금을 모아서 아버지에게 빌려준다. 여기서 자녀는 개인은행가이고 친인척으로부터 자금을 모은 사람은 주식회사 형태의 은행이나 중앙은행이라고 보면 된다.

제2차 세계대전 이전에 영국·프랑스·독일 정부는 모두 개인은행가

Private Banker나 중앙은행으로부터 돈을 빌렸다. 세금 수입으로 정부의 지출액을 충당할 수 없는 상황에서 돈을 빌리고 빌려주는 금융이 활발히 일어났고 필요에 따라 개인은행, 주식회사 은행, 그리고 중앙은행이 만들어졌다. 이때 빌려주고 받는 돈은 실물과 동일하거나 실물과 교환이 가능한 증서였다. 돈은 금화·은화 등과 같은 직접 통화와 함께 금·은 교환권이 있는 증서 또는 토지·물품·수출환어음 등의 실물과 교환가능한 증서로 이루어졌다.

은행이 발행한 증서를 은행권이라고 하는데 요즘과 달리 은행은 누구나 은행권을 발행할 수 있었다. 이런 은행권은 태환권이 부여된 지폐였다. 실물과의 교환권이 없는 은행권을 불태환 지폐라고 한다. 정부(재무부)가 발행하는 채권은 화폐도 아니고 실물 교환권도 아니기 때문에 태환이 되지 않는다. 제1차 세계대전 당시 독일 중앙은행이 독일 재무부의 채권을 지폐로 인정해 줌으로써 통화량이 급증하는 계기가 되었다. 요즘의 화폐는 모두 태환권이 없는 불태환 지폐다.

2

워털루 전투

워털루 전투Battle of Waterloo는 프랑스의 나폴레옹 1세Napoléon Bonaparte가 1815년 6월 18일 벨기에 남동부의 작은 도시 워털루에서 치른 마지막 전투다. 이 전투에서 패배함으로써 유럽을 통치하려던 나폴레옹 1세의 정치적인 야심은 막을 내렸다.

먼저 워털루 전투가 있기까지의 상황을 살펴보자. 프랑스 혁명 이후 1793년 제1차 대프랑스 동맹[1]이 결성되어 동맹군은 프랑스를 공격·포위했다. 그러나 반격에 나선 프랑스군이 오히려 독일과 북부 이탈리아 등의 많은 영토를 점령하면서 동맹이 붕괴되었고, 영국만 전쟁을 계속했다. 이후 1805년 영국은 넬슨Horatio Nelson 제독의 활약으로 트라팔

---

1 제1차 대프랑스 동맹(First Coalition, 1793~1797)은 루이 16세의 처형으로 프랑스 혁명에 위협을 느낀 유럽 왕정 국가들이 프랑스에 대항하기 위해 결성한 동맹으로 신성로마제국, 프로이센, 네덜란드, 영국, 나폴리 왕국, 교황령, 사르데냐, 스페인, 포르투갈 등이 참가했다.

가르 해전(제3차 대프랑스 동맹 전쟁 중 하나)에서 프랑스에 승리하여 제해권을 장악했다.

이에 나폴레옹은 영국에 큰 타격을 주고자 1806년 11월 대륙 봉쇄령[2]을 내려 유럽 대륙 국가들이 영국과 통상하는 것을 금지했다. 그 결과 프랑스는 대륙에서 새로운 시장을 얻어 산업자본이 급속도로 발달했으며, 영국은 경제적으로 타격을 받아 궁지에 빠지고 영국과의 무역에 의존하고 있던 러시아, 프로이센, 발트해 연안 국가들은 큰 고통을 받았다. 하지만 넓은 유럽 대륙 전체에 걸쳐 영국의 상품을 배척한다는 것은 어려운 일이었기 때문에 밀무역이 성행했다.

러시아는 농산물을 영국에 수출하고 영국으로부터 생활필수품을 수입하는 무역 관행으로 인해 대륙 봉쇄령을 지키지 못하고 영국과의 통상을 재개했으며, 이에 대한 보복으로 나폴레옹은 1812년 러시아 원정을 떠났다. 긴 여정 끝에 모스크바에 입성은 했으나 도시는 러시아 군이 지른 불로 초토화되어 있었다. 프랑스군은 거주할 장소와 먹을 식량을 얻기 힘들었고 추위도 닥쳐 왔으므로 부득이 퇴각했다. 철수하는 도중의 추위와 굶주림, 그리고 러시아 기병의 추격으로 프랑스군은 무너지고 나폴레옹은 목숨만 건져 돌아왔다.

나폴레옹의 러시아 원정 실패에 자극받아 먼저 프로이센과 러시아가 동맹을 맺었고 영국·오스트리아 등이 참가한 제6차 대프랑스 동맹

---

2 나폴레옹이 프로이센군을 격파하고 베를린에 입성한 뒤에 발표했기 때문에 베를린 칙령이라고도 한다.

워털루

이 결성되었고, 동맹군은 1813년 10월 라이프치히 전투에서 프랑스군과 싸워 승리했다. 1814년 4월 나폴레옹은 이탈리아의 엘바섬에 유배되었고, 1814년 9월 전쟁의 주요 참전국과 프랑스는 오스트리아 수도 빈에서 전후 처리 문제, 즉 유럽의 체제 회복을 위한 회의를 시작했다.

한편, 나폴레옹은 엘바섬에서 채 1년을 보내기도 전에 복귀를 결심했다. 빈 회의에서 연합국이 의견 차이를 해소하지 못할 것으로 생각한 나폴레옹은 이 분열을 틈타 권력을 되찾으려 했다. 그러나 나폴레옹이 프랑스로 돌아갔다는 소식을 들은 연합국은 곧 연합군을 결성했으며, 영국의 웰링턴 공작Arthur Wellesley, Duke of Wellington이 영국·벨기에·네덜란드·프로이센·하노버공국으로 구성된 연합군을 지휘했다.

전투는 벨기에의 작은 도시 워털루에서 벌어졌다. 나폴레옹은 공격형, 웰링턴은 방어형이었다. 나폴레옹은 최선의 방어는 공격이라는 원칙에 따라 블뤼허Gebhard Leberecht von Blücher 사령관이 이끄는 프로이센 군대를 먼저 공격하여 격퇴시켰다. 웰링턴은 벨기에의 작은 마을 워털루 근방의 낮은 산등성이를 방어 지역으로 정하고 진군하는 나폴레옹 군대를 기다렸다. 마침내 나폴레옹이 이끄는 프랑스군이 도착했을 때 나폴레옹은 약 7만 2,000명의 군사와 우세한 기병대·포병대를 보유했고, 웰링턴은 약 6만 8,000명의 군대를 보유해 양측 군사력은 비슷했다. 나폴레옹은 전날 밤 내린 비 때문에 6월 18일 정오가 되어서야 공격을 시작했다. 프랑스군이 연합군을 공격하자 웰링턴군은 방어를 하면서 위험한 상황이 아니면 산등성이 너머로 후퇴시켜 프랑스군의 포격을 피했다. 또한 웰링턴은 산등성이 좌우측 앞에 있는 농가에 따로 병력을 배치했다. 특히 서쪽의 위구몽Hougoumont 농장은 귀족이 거주했던 성채와도 같은 건물이었기 때문에 연합군은 전날 이를 요새화하고 병력을 추가 배치했다. 이 병력은 총알이 떨어질 때까지 프랑스군의 진격을 격렬히 저지했다.

프랑스군은 기마병을 앞세워 신속하게 적진을 뚫고 들어갔고 연합군은 사각 밀집 대형의 방어 진지를 여러 개 구축해 대항했다. 이러한 대형은 360도 외부 공격에 대응이 가능한 구조이기 때문에 수차례의 프랑스군의 기마병 공격에도 무너지지 않았다.[3] 비로 인해 늦춰진 공격과 방어 전략으로 시간을 버는 동안 퇴각했던 블뤼허 사령관이 이끈

3 워털루 전투 다큐멘터리(유튜브 Battle of Waterloo: French Cavalry Charge)

프로이센 군대가 방향을 돌려 연합군에 합세하면서 군사력이 보강되었다. 이 보충 병력의 합세로 전투는 연합군의 승리로 끝났다.

워털루 전투를 계기로 세계 금융 역사에 로스차일드Rothschild 가문이 등장하게 된다. 금융의 보나파르트라 일컬어지는 로스차일드 가문을 확립한 나탄 메이어 로스차일드Nathan Mayer Rothschild와 네 명의 형제—프랑크푸르트의 암셸Amschel, 파리의 제임스James, 암스테르담의 칼Carl, 연락 담당인 살로몬Salomon—가 영국 정부의 요구를 성공적으로 이행한 덕분에 웰링턴이 이

나탄 메이어 로스차일드

끄는 연합군은 나폴레옹의 프랑스군을 무찌르게 되었다. 영국 정부의 요구는 전쟁 수행에 필요한 금화를 비밀리에 프랑스·네덜란드 등의 유럽 대륙에서 조달하는 것이었다. 물론 이 과정에서 로스차일드 가문은 막대한 이익을 챙겼다.

1815년 6월 18일 워털루 평원의 아침, 영국 웰링턴 공작의 지휘하에 있는 연합군은 프랑스의 황제 나폴레옹 보나파르트가 이끄는 프랑스군과 마주보고 있었다. 워털루 전투는 20여 년간 영국과 프랑스가 끊임없이 벌인 전투의 결정판이었다. 그러나 이 전투는 단순히 전투 이상의 의미를 가지고 있었다. 즉 양국이 갖고 있는 금융 시스템 간의 싸움이기도 했다. 프랑스는 정복지로부터 거둬들인 세금을 전비로 삼았고, 영국은 채권을 발행해 조달한 자금을 전비로 삼았다.

프랑스가 세금을 전비로 삼은 데에는 은행에 대한 뼈아픈 경험이 있기 때문이다. 워털루 전투가 있기 99년 전인 1716년 프랑스는 존 로John Law의 영향으로 프랑스 최초의 은행인 방크 제네랄Banque Générale(나중에 방크 루아얄Banque Royale로 바뀜)을 설립했다. 루이 14세의 호화스런 생활과 많은 전쟁으로 인해 누적된 정부의 채무를 해소하기 위해 특단의 방법이 필요했던 오를레앙 공작Duc d'Orléans은, 금을 보유하지 않고도 은행권banknote(지폐)을 발행해 정부 채무를 해소할 수 있다고 주장한 존 로의 의견을 받아들여 그를 방크 제네랄의 은행장으로 임명하고 세계 최초로 지폐를 발행했다. 하지만 프랑스는 세금마저 지폐로 징수하는 등 지폐의 과도한 발행으로 극심한 물가 상승을 경험하게 되었고 미시시피 버블(47~53쪽 존 로에 대한 내용 참조)로 1720년 이후 태환이 보장되지 않는 지폐를 발행하지 않았다.

1776년 프랑스는 루이 14세부터 이어져 온 부채에 더해 미국 독립전쟁에 개입하면서 폭증한 정부 부채를 감당할 수 없어 이를 해소하기 위해 또다시 지폐 발행 은행을 설립했다. 재무총감 튀르고Anne-Robert-Jacques Turgot의 도움으로 스위스 출신 아이작 판쇼드Isaac Panchaud가 주도하여 만든 께스 데스콩트Caisse d'Escompte는 정부에 대규모 대출을 일으키는 한편 지폐를 남발했다. 이에 따라 화폐가치는 폭락하고 자본은 해외로 급속히 유출되었으며 주식량인 밀가루 값이 폭등했다. 프랑스 혁명이 시작되었고 루이 16세는 단두대에서 사라졌다. 부르봉 왕조가 막을 내렸다.

혁명 이후인 1790년에도 토지를 담보로 채권(아시냐assignat 공채)을 대량 발행했는데, 나중에 토지와의 교환권, 즉 태환권을 일방적으로 폐지함으로써 불태환 지폐가 되었다. 설상가상으로 1790년 1천 리브르의 지폐를 5리브르의 소액 단위로 쪼개어 유통함으로써 평민 계급까지 모두 영향을 받게 되었다. 결국 께스 데스콩트는 1793년에 청산되었고, 이후 프랑스는 은행에 대한 트라우마로 국가 재정 수지의 균형을 과도할 정도로 고수했으며, 금은본위 화폐에 절대적으로 의존하게 되었다.

1799년 쿠데타로 집권한 나폴레옹 1세는 통화가치를 안정시키기 위해 1800년 중앙은행인 방크 드 프랑스Banque de France를 설립했지만 1848

년까지 은행권의 유통을 파리로 제한했다.[4] 또한 은행에 대한 불신으로 지역 은행이 발행한 은행권은 해당 지역에서만 유통되었다. 나폴레옹 보나파르트 통치하의 프랑스 정부는 영토를 확장하면서 식민지에서 금을 계속 모으고 국가 재정 수지 균형을 엄격히 관리했다. 이처럼 은행에 대한 불신과 균형 재정 기조로 프랑스는 채권의 발행이 매우 어려운 상황이었다.

영국에서 은행업이 발전한 것은 산업 발전과 연관이 있다. 무역과 운송 및 환전을 영위하는 사람들이 자본을 축적하면서 본업을 보조하는 수준으로 은행업을 시작했다가 나중에 독자적인 은행으로 발전시켰던 것이다. 산업혁명이 태동하고 무역이 활발해지면서 해외 네트워크로 벌어들인 높은 수입으로 자본 축적이 가능하게 되었고 이를 기반으로 한 개인은행가들이 많이 생겼다.

워털루 전투가 발발할 당시, 잉글랜드은행Bank of England을 제외하고는 정부 은행이나 주식회사 형태의 은행이 없었던 영국에서는 개인은행가들이 막강한 금융권력을 행사하고 있었다. 은행의 소재지에 따라 런던 은행과 지방 은행으로 구분했는데, 런던 은행은 잉글랜드은행을 제외하고 은행권의 발행이 금지되어 있었다. 런던 은행과 지방 은행은 잉글랜드은행이 발행한 은행권의 환전을 통해 성장했다. 지방 은행은 런던의 은행을 '지급결제대행은행correspondent bank'으로 지정하여 런던에서 발생하는 거래에 참여했다. 특히 더 시티 은행들The City banks(금융기관이

---

4 Glyn Davies, *A History of Money*, University of Wales Press, 2002, pp.558-559.

모여 있는 지역의 이름을 따서 더 시티 은행이라 함)은 지방 은행을 대신하여 잉글
랜드은행에 대한 청산결제를 수행하는 등 중요한 역할을 하게 되었고,
이를 계기로 지방 은행도 본점을 더 시티로 이전하게 되었다.

1800년대 초반 영국에는 개인은행이 540여 개에 달했다.[5] 그중에서
가장 오래된 은행은 1762년 런던에 설립된 존 앤 프랜시스 베어링 은행
John and Francis Baring & Co.(이후 베어링 브러더스 은행Baring Brothers & Co.으로 변경)으로,
주로 미국과의 무역에 종사하면서 금융을 취급했다. 따라서 베어링 은
행은 미국 기업과 미국 정부에 대한 금융 지원을 활발하게 벌였는데,
미국이 프랑스로부터 루이지애나주를 매입할 때도 네덜란드의 호프 은
행Hope & Co.과 함께 미국 정부에 1,100만 달러를 대출해 줄 정도로 막강
한 금융 파워를 보유하고 있었다.[6]

18세기까지는 암스테르담이 금융 중심지 역할을 했다. 1795년 제1
차 대프랑스동맹에 참여했던 네덜란드를 프랑스가 차지하자 암스테르
담은 그 역할을 수행할 수 없게 되었다. 암스테르담의 은행과 자본이
런던으로 이동했고 네덜란드 최고의 은행 가문인 호프도 그중 하나
였다.

프랑스와의 전쟁에서 영국의 개인은행가들이 자금줄 역할을 했다.
대프랑스동맹이 결성된 이후 대륙 국가들은 전쟁 중이었으므로 영국
정부는 은행으로부터 전비를 빌려야 했다. 은행은 전쟁 리스크가 큰

---

5 Karl Erich Born, *International Banking in the 19th and 20th Centuries*, Burg Publishers, 1983, p.21.
6 Karl Erich Born, *International Banking in the 19th and 20th Centuries*, p.22.

대륙 국가에게 돈을 빌려주지 않으려 했기 때문에 영국이 대신 전비를 마련해 동맹국을 지원해야 했던 것이다.

한편, 영국에는 개인은행가 외에도 잉글랜드은행이 영국 정부에 대출하고 있었다. 영국은 워털루 전투가 발발한 1815년에는 사실상 금본위 제도를 운용하고 있었다. 은행권은 17세기 부유층들이 금을 안전하게 보관하기 위해 맡겼던 은행이나 금세공업자가 발행한 금보관증으로부터 시작되었다. 이를 금세공업자의 증권 또는 은행권이라 불렀다. 이 증서는 즉시 태환이 가능하고 휴대하기 편하고 전달하기에도 좋았다. 점차 실제 보관한 금이나 화폐보다 더 많은 증서를 발행할 수 있게 되면서 신용 창출이 발생했다.

하지만 잉글랜드은행의 은행권 발행 업무는 배경이 다르다. 프랑스 루이 14세와의 오랜 전쟁으로 세금만으로는 전비를 감당할 수 없게 된 영국 정부는 은행으로부터 대출을 받았다. 하지만 모두 단기 대출로 상환 부담이 높아지자 '영구채perpetual loan'를 모색하는 과정에서 잉글랜드은행이 설립되었다. 다시 말해서 1694년 스코틀랜드인 윌리엄 패터슨 William Paterson의 제안으로 설립된 잉글랜드은행은 암스테르담은행Amsterdamsche Wisselbank을 모델로 영국 정부가 프랑스와의 전쟁 수행에 필요한 금융을 지원받기 위해 세운 주식회사 형태의 은행이었다.[7] 잉글랜드은행의 초기 자본금 120만 파운드는 주식으로 발행되었는데, 1,509명 주식 인수자에게는 연 8%의 이자만 지급하는 구조였다.[8] 영국 의회는 잉글랜드은행에 대한 영국 왕실의 통제를 방지하기 위해 1인당 1만 파운드로 인수 한도를 정했다.

이후 1697년 2월 영국 정부는 단기 차입 문제를 해결하기 위해 잉글랜드은행의 자본금을 증액함과 동시에 두 가지 특권을 부여했다. 은행권 위조범에 대한 사형 집행과 다른 은행에 대한 은행권 발행 금지

7   잉글랜드은행은 1946년 국유화되었다가 1998년 독립 공적 기관으로 바뀌었다.
8   Glyn Davies, *A History of Money*, p.261.

조치였다.[9] 이에 따라 잉글랜드은행은 영국 정부의 단기 채무를 상환하기 위한 채권, 은행권banknote 등을 발행했는데, 종이 화폐의 비중은 1698년 기준 56%였다.[10] 1707년 잉글랜드와 웨일스에서는 잉글랜드은행만이 은행권을 발행할 수 있는 독점권을 부여받았다.[11]

대륙 국가들을 대신해 전비를 부담해야 하는 영국은 동맹국에 대한 지원으로 금 보유량이 급속히 줄어들었다. 영국 정부가 오스트리아에 120만 파운드를 지원했던 1796년 7월, 프랑스는 '아시냐'를 포기하고 금본위 화폐로 전환하여 금 확보는 더욱 어려워졌다. 또한 1797년 2월에는 프랑스군이 영국에 상륙했다는 소문으로 뱅크런bank run[12]이 발생하여 잉글랜드은행의 준비금이 127만 파운드의 최저 수준으로 떨어졌다. 이때 영국은 은행권에 대한 금 환전을 금지했고, 1821년 5월 금 보유고를 충분히 확보할 때까지 파운드 지폐는 불태환 지폐가 되었다.

한편 영국 정부는 잉글랜드은행을 설립함으로써 장기 차입이 가능하게 되었고 화폐의 발행으로 전비 확보가 가능해졌다. 1793년부터 1816년의 전쟁 기간 동안 영국 정부가 잉글랜드은행으로부터 차입한 금액은 9억 1,100만 파운드에 이르렀다.[13] 영국은 그때까지 전쟁을 수

---

9 Glyn Davies, *A History of Money*, p.263.
10 Glyn Davies, *A History of Money*, p.280.
11 정확하게는 파트너가 6명을 초과하는 은행에 대해 은행권 발행이 금지되었다. 그에 따라 소규모 개인은행만 은행권을 발행할 수 있었다(Karl Erich Born, *International Banking in the 19th and 20th Centuries*, p.6).
12 예금 인출 사태. 당시에는 은행권으로 금을 인출했다.
13 Karl Erich Born, *International Banking in the 19th and 20th Centuries*, p.35.

행하는 데 필요한 비용을 그렇게 대규모로 채권을 발행해 조달한 적이 없었다. 1815년 기준 영국의 국가 채무는 7억 4,500만 파운드로 영국의 연간 GDP의 두 배가 넘었다. 이러한 채권의 과잉 공급은 시장을 크게 압박했다. 실제로 1792년 2월의 100파운드 영구채consol가 워털루 전투 직전에는 60파운드까지 하락했다.[14]

앞서 언급한 대로 영국은 1793년 이후 유럽에서 나폴레옹과 계속 전쟁을 해야 하는 상황이었다. 전쟁을 수행하는 데 필요한 군사의 확보와 전쟁 물자의 조달을 위해 영국은 금화가 더 필요했다. 영국 정부는 공식적으로는 1816년부터 금본위제를 시작했지만 이미 오래전부터 금본위를 중심으로 화폐를 사용하고 은銀을 보조 화폐로 사용하고 있었다. 이에 영국 정부는 유럽 대륙과 영국 간의 금 수송을 맡을 인물을 찾았고, 그러던 중 나탄 로스차일드[15]를 알게 되었다. 당시 나폴레옹은 영국을 고립시키기 위해 대륙 봉쇄령을 내리고 영국과의 금 교역도 금지했기 때문에 금 교역은 프랑스 법 위반이었다. 이런 상황에도 불구하고 나탄 로스차일드는 금을 밀수한 경험이 있었기 때문에 영국 정부는 그를 고용하게 되었다.

1814년 1월 영국 정부는 로스차일드에게 2개월을 시한으로 금화 60만 파운드를 조달하도록 극비리에 지시했는데, 그해 5월 로스차일드는 120만 파운드의 금화를 영국 정부에 전달해 전비로 사용하도

---

14 Niall Ferguson, *The Ascent of Money*, Penguin Books, 2008, p.80.
15 나탄 로스차일드는 1798년 영국에 오기 전에는 프랑크푸르트에서 오래된 물건, 동전, 직물 등을 거래하면서 환어음 딜러를 했으며, 1811년까지 북잉글랜드에서 독일과의 섬유 무역에 종사했다.

록 하는 데 성공했다.[16] 이탈리아의 엘바섬에 유배되었던 나폴레옹이 1815년 3월 섬을 탈출하여 프랑스 대군을 만들었을 때도 나탄 로스차일드는 즉시 200만 파운드 금화를 조달했다. 또한 유럽의 동맹국으로부터 지원금 980만 파운드 금화를 받아 웰링턴 장군에게 전달하기도 했다.[17]

금화를 확보하라는 영국 정부의 지시는 앞서 설명한 국가 리스크 중 하나인 환전 리스크를 제거하는 것이다. 전쟁 중에는 불태환 파운드화는 믿을 수 없지만 금은 안정된 가치가 보장되므로 신뢰할 수 있는 화폐였다. 환전의 위험이 없는 금이 있었기에 전쟁에 필요한 인력과 물자의 조달에 문제가 없었다. 또한 신뢰할 수 있는 금화를 충분히 확보함으로써 전쟁에 대한 승률을 높이게 되었고, 엄청난 규모로 발행된 채권에 대한 신뢰도 회복할 수 있었다. 실제 종전 후 금화에 대한 가치는 급락한 반면 파운드 채권에 대한 가치는 급등했다.

영국은 상상을 초월하는 전쟁 소요 비용을 조달하기 위해 채권을 발행하는 한편, 국제적으로 활용 가능한 금화를 적기에 확보함으로써 안정적으로 전쟁을 치를 수 있었다. 전비를 대부분 세금에 의존한 프랑스보다 채권을 발행하여 금화를 확보한 영국과 동맹군 측이 승리를 거두었다. 전투가 종료된 후 영국은 채권이 활발하게 거래되는 국제 금융시장으로 발전했다.

16　Niall Ferguson, *The Ascent of Money*, p.82.
17　Niall Ferguson, *The Ascent of Money*, p.83.

그러나 전쟁 이후 영국은 경기 침체를 겪었다. 전쟁 기간 동안 전쟁 물자의 생산으로 경제가 활력을 찾고 철강과 섬유 산업이 발전했지만 그 수요가 사라졌기 때문이었다. 유럽 대륙이 철강이나 섬유 제품에 대한 수입 관세를 대폭 올림(프랑스는 120%나 올렸다)으로써 영국은 수출에서도 어려움을 겪었다. 또한 프랑스와 전쟁을 수행하기 위해 조달한 전비에 대해 이자를 지급하기 위해 영국은 중산층에 대한 세금을 올렸다. 이에 따라 전쟁 전 1,500만 파운드 수준의 세금 수입이 6,900만 파운드로 증가했지만 그중 약 80% 수준인 5,100만 파운드가 이자로 지급되었다. 결과적으로 세금 수입의 92%가 전쟁 관련 비용으로 지불되었고 8%만 정부에서 사용했다.[18]

영국은 1819년 태환재개법Act for the Resumption of Cash Payments이 통과되면서 금본위제로 회복하는 과정에서 디플레이션이 심해졌다. 나폴레옹을 엘바섬으로 유배를 보낸 1814년의 인플레이션은 △12.7%, 워털루 전투가 있은 1815년에는 △10.7%, 1816년에는 △8.4%였다가 태환재개법이 통과된 1819년부터 1822년까지는 △2.5~△13.5%였다.[19] 영국은 1822년이 되어서야 전쟁 이전 수준의 물가로 회복했다.

다시 금융 산업으로 돌아가자. 로스차일드의 성공 요인은 형제들이 이미 확보해 놓은 은행 네트워크에 있었다. 즉 런던·프랑크푸르트·파

---

18 Sami Kardos-Nyheim, "How far was the government responsible for the economic depression of 1815?"(https://www.academia.edu/31929667/How_important_was_Britains_government_in_causing_the_Depression_of_1815).
19 Granhame Allen, "Inflation: the value of the pound 1750-2002"(https://commonslibrary.parliament.uk/research-briefings/rp12-31/).

리·암스테르담의 하우스 운영과 이들 하우스 간의 연락 담당에 로스차일드 가문의 형제가 있었기에 가능했다. 로스차일드는 국가별 가격 차이에서 발생한 이익, 즉 재정거래arbitrage로 막대한 수익을 거둘 수 있었다. 금값이 런던보다 파리에서 더 높으면 파리에서 금을 팔아 채권을 사고, 이 채권으로 런던에서 금을 사고 다시 금을 파리에서 파는 방식으로 금과 채권의 가격 차이를 이용해 돈을 벌었다.

로스차일드 형제가 구축한 은행 간 네트워크는 성공적인 재정 거래와 금 확보에 중요한 역할을 했다. 현대에는 실시간으로 정보를 주고받을 수 있는 시스템이 갖추어져 있지만, 당시에는 사람이 직접 메시지를 전달하는 방식이므로 지역마다 다른 금값의 차이를 활용해 수익을 얻었다. 이것은 런던, 프랑크푸르트, 파리, 암스테르담 간의 가격 차이를 알려 주는 채널(살로몬 로스차일드의 역할)이 있었기에 가능했다. 특히 로스차일드는 비둘기를 메신저로 활용하거나 영국 남부 도버 인근의 포크스톤에 밀사를 상주시켜 영국 외교관보다 먼저 정보를 런던에 전달했다. 심지어 영국 외교관보다 10~12시간 빨리 정보를 파악했다.[20] 일반인은 획득할 수 없는 정보의 비대칭asymmetry을 활용해 영업하는 오늘날의 은행 영업과 유사하다.

은행 네트워크의 유용성은 14세기 이탈리아에서 확인되었다. 당시 교황청이 있는 로마는 정치·경제의 중심지였다. 영국은 유럽의 변방에 불과했고 국제 거래는 이탈리아가 주도하고 있었다. 국제 결제도 주로

---

20 론 처노, 『금융제국 J. P. 모건』, 강남규 옮김, 플래닛, 2007, 58쪽.

이탈리아의 플로린(피렌체 금화)과 두카트(베니스 금화)로 이루어졌다. 영국 스털링(파운드)은 영국 국내 거래에 주로 이용되었다.[21]

교황청의 명령에 따라 유럽 곳곳에서 로마로 헌금을 보내야 했다. 헌금은 교황이 산 사람과 죽은 사람의 죄를 씻어 주는 면죄부 역할을 했으니, 유럽 사람들이 송금을 하지 않을 수 없었다. 교황청으로 돈을 보내기 위해 런던, 바르셀로나(스페인), 브루게(벨기에), 겐트(벨기에), 쾰른(독일), 아비뇽(프랑스), 제네바(스위스) 등 유럽 곳곳에 설립된 이탈리아의 은행 지점들이 헌금을 모았다. 이렇게 모은 돈을 직접 교황청으로 운반하려면 사고의 위험이 따른다. 이를 해결하기 위해 신용에 기반한 신용장이라는 수단이 개발되었다. 사람들은 가까운 곳에 있는 은행에서 신용장을 개설하고 그 서류를 가지고 로마의 은행에 들러 현금화했다. 교황청의 필요에 따라 이 제도가 적극 활용됨으로써 은행업이 활성화되었다. 이렇게 시작된 네트워크는 양모, 직물, 와인 등을 도매하는 무역상의 무역 거래의 결제망으로 발전했으며 이탈리아의 은행은 전대미문의 호황을 누렸다. 이 시기에 등장한 대표적인 은행은 바르디 은행, 페루치 은행, 리카르디 은행,[22] 메디치 은행[23] 등이다.

인편에 의한 네트워크가 현재는 전신통신망으로 바뀌었다. 세계적으로 가장 많이 사용되고 있는 은행 간 통신망은 국제 은행 간 통신

---

21 Glyn Davies, *A History of Money*, p.174.
22 Glyn Davies, *A History of Money*, p.173.
23 1397~1494년 조반니 디 비치 메디치에 의해 이탈리아의 피렌체에 설립된 은행.

협정이라고 불리는 스위프트SWIFT(The Society for Worldwide Interbank Financial Tele-communication)이다. 이러한 네트워크의 중요성은 2012년 유럽연합EU의 대이란 제재에서 찾아볼 수 있다. 2006년 이란은 핵 개발 프로그램에 따라 핵 개발을 추진했다. 유엔은 같은 해 12월 안전보장이사회 결의를 통해 이란 핵 개발에 대한 국제적 제재를 개시하여 2012년 6월까지 총 7개의 결의안을 채택했다. 이런 상황에서 2012년 시행한 EU의 대이란 제재는 강력한 방안[24]이었다. 유럽에 본사를 두고 있는 스위프트는 EU의 제재 조치에 따라 2012년 3월 이란중앙은행을 포함하여 30여 개의 이란 은행에 대해 스위프트 접속을 차단하고 퇴출시켰다. 이 퇴출 조치는 2016년 이란이 핵 협정JCPOA(Joint Comprehensive Plan of Action)[25]에 합의할 때까지 지속되었다.[26]

스위프트는 컴퓨터 및 통신 설비를 이용해 국제 은행 간 자금 결제 및 일반 정보 교환을 하는 시스템이다. 따라서 한 은행이 네트워크를 사용하지 못한다는 것은 정보를 교환할 수 없다는 것을 의미하므로 은행 영업이 사실상 중단된다. 정보 교환 방식도 암호화·표준화되어 있

---

24 이란중앙은행의 자산 동결, 이란계 은행들의 지점 개설 금지, 스위프트 네트워크 접속 차단, 보험회사들의 대이란 운송보험 제공 금지 등.

25 2015년 7월 이란과 유엔 안보리 5개 상임이사국(미국, 중국, 러시아, 영국, 프랑스) 및 독일이 체결한 합의서. 이란의 저농축우라늄 비축량 감축, 국제원자력기구IAEA 사찰단의 정기 시설 점검 등의 비핵화 조치 협정.

26 유엔 안전보장이사회 외에도 국제금융 거래에 영향을 미치는 제재에는 자금세탁방지기구(Financial Action Task Force), 미국 국무부 외국자산통제국(Office of Foreign Assets Control), 미국 국방수권법(National Defense Authorization Act)의 제재가 있다.

다. 예를 들어 신용장을 발급하려면 MT700시리즈[27]로 통신해야 하는데, 이를 활용하지 못하면 무역대금 결제가 매우 어렵다. 과거 물물교환 방식이나 청산결제 방식으로 수행해야 하는데 사실상 무역 거래가 중단될 가능성이 높다. 19세기 로스차일드가 재정 거래로 막대한 수익을 거두었던 금을 현재 거래한다면 아마 즉각적인 정보 교환으로 정보의 비대칭이 사실상 사라져 큰 수익이 나는 곳에 자금이 몰리면서 수익을 내기 어려울 것이다.

로스차일드의 네 개 거점은 근대적 개념의 국제금융 지점의 역할을 수행했다. 금화를 확보하더라도 안정적으로 팔 수 있는 상대가 있었기 때문에 리스크가 낮았다. 게다가 영국 정부의 신용도도 높았다. 거래에 필요한 상대방 리스크counterparty risk를 정확히 알고 있었고 신용도도 높았다. 그래서 오직 금화를 확보하면 되었던 것이다. 로스차일드에게 금화를 판 당사자는 이러한 정보가 없었을 것이다. 비밀리에 금화를 확보하라고 했던 영국 정부가 다른 곳에 정보를 유출할 리가 없지 않은가. 영국 정부는 로스차일드 네 개 거점을 활용하여 원하는 금을 충분히 확보할 수 있었다.

전쟁으로 금화 수요가 높았지만 전쟁이 끝나면 금화 수요가 낮아지고 오히려 채권의 가격은 안정적으로 돌아온다. 이 점을 파악한 로스

---

27 MT100대 비금융기관에 대한 자금 이체 및 정보 교환, MT200대 금융기관 간 자금 이체, MT300대 외환, 대출/예치, 파생상품 거래, MT400대 무역금융 거래, MT500대 유가증권 거래, MT600대 귀금속/신디케이션 거래, MT700대 신용장 및 지급보증서 거래, MT800대 여행자수표 등, MT900대 잔액 보고, 통지 등.

차일드는 워털루 전투가 끝난 뒤 금을 매각하고 채권에 엄청나게 투자해 막대한 돈을 벌었다. 전쟁이 끝났지만 1817년 하반기까지 로스차일드는 영국 정부채에 대한 투자를 계속했는데, 매각 완료 후 이익이 현재 가치 기준으로 6억 파운드에 이르렀다.[28]

1825년 로스차일드 가문의 총자산은 방크 드 프랑스와 베어링 은행의 자산 합계보다 9배 많은 수준에 이르렀고, 1836년 나탄 로스차일드가 사망할 때의 자산은 영국의 국민소득national income의 0.6%에 달했다.[29] 영국 하원의원 토머스 돈스쿰(Thomas Donscombe)은 1828년 나탄 로스차일드에 대해 이렇게 언급했다. "무궁한 부의 주인인 그는 전쟁과 평화의 결정권자이고, 국가 신용도를 결정하고, 그의 특사가 절대군주나 왕자를 능가하고, 유럽의 장관들은 그에게서 보수를 받고 있다고 자랑했다. 유럽 대륙의 최고 각료 중에 최고로서 그는 우리 위에 지배하기를 열망한다."[30]

로스차일드 가문의 창설자는 유대인 출신의 메이어 암셀 로스차일드Mayer Amschel Rothschild이다. 독일 프랑크푸르트에서 고물건, 보석, 동전, 직물은 물론 환어음을 취급했다. 19세기 독일에는 궁정 은행가 또는 팩터Court Factor[31](또는 Court Jews)가 있었는데, 궁정 은행가들은 대부분 유대

---

28 Niall Ferguson, *The Ascent of Money*, p.85.
29 Niall Ferguson, *The Ascent of Money*, p.88.
30 Niall Ferguson, *The Ascent of Money*, p.78.
31 무역금융 상품의 하나인 팩토링(factoring)도 팩터(factor)에서 유래. 수입자의 신용을 보증해 주는 수입 팩터(import factor)와 수출자의 수출대금을 선지급하는 수출 팩터(export factor)로 구성.

인으로 절대왕정 시절 궁정에 필요한 귀금속은 물론 동전을 제작해 주기도 했고 금융도 마련해 주었다. 로스차일드 가문은 셀리그만Seligmann 가문, 오펜하임Oppenheim 가문 등과 함께 많은 궁정 팩터 중의 하나였다.

헤세카셀Hesse-Kassel 궁정의 팩터로서 메이어 로스차일드는 무역업을 유지했지만 점차 은행업에 주력했으며, 1810년 아들 다섯 명을 사업 파트너로 불러들여 '엠 에이 로스차일드와 아들들M. A. Rothschild & Söhne'을 설립했다.[32] 다섯 아들은 나이순으로 암셀, 살로몬, 나탄, 칼, 제임스이다. 나탄 로스차일드는 1798년 이미 영국 맨체스터에서 직물 무역과 환어음 거래를 했으며, 1804년 은행업을 영위하기 위해 '엔 엠 로스차일드N. M. Rothschild'를 런던에 설립했다. 제임스는 1812년 파리 사무소를 설립했다.

전쟁이 끝난 1815년, 다섯 형제는 사업 재정비를 위해 파트너십 계약을 맺었다. 암셀과 칼은 프랑크푸르트를 맡고, 나탄은 런던을, 제임스와 살로몬은 파리를 맡았다. 1815년 자본금(330만 프랑)은 나탄에게 8분의 5, 암셀과 살로몬에게 각각 8분의 1, 제임스와 칼에게 각각 16분의 1로 분배되었다. 계약에 따라 형제들은 정보 교환을 위해 매주 만났으며 1836년 나탄이 사망할 때까지 런던이 로스차일드 가문을 주도했다. 살로몬이 빈 지점(1816)을, 칼이 나폴리 지점(1820)을 열었는데 신설 지점은 모두 파리(제임스) 소속이었다.

---

32   Karl Erich Born, *International Banking in the 19th and 20th Centuries*, p.26.

1844년부터 다섯 개 지점을 독립 법인으로 운영했는데 프랑크푸르트는 암셀, 런던은 나탄의 네 아들(라이어널Lionel, 앤서니Anthony, 너새니얼Nathaniel, 메이어Mayer), 파리는 제임스, 빈은 살로몬, 나폴리는 칼이 책임졌다. 1863년 상속인이 없는 암셀이 사망하면서 그 지분을 칼의 두 아들(마이어Mayer, 빌헬름Wilhelm)이 인수했으며, 영업이 신통찮은 나폴리 법인을 폐쇄하고 4개 지점으로 운영되었다. 1863년 로스차일드 은행의 자본금은 5억 5,800만 프랑에 달했는데 4개 지점에 균등 분배되었다.[33]

역사가 오래된 베어링 은행(1762년 설립)을 비롯하여 개인은행들이 많은 런던에서 설립된 지 10년 정도밖에 되지 않은 로스차일드 은행이 워털루 전투를 계기로 세계적인 금융 제국으로 거듭난 것은 믿기 어려운 결과이다. 로스차일드 금융 제국은 20세기 들어서도 국가 간의 정치와 경제에 지대한 영향을 미쳤다.

————

존 로John Law는 루이 15세의 통치 시기인 1710년대 후반부터 프랑스에서 새로운 통화 시스템을 시도했지만, 속임수와 버블로 프랑스의 절대왕정을 조기에 마감시키는 데 간접적으로 기여한 희대의 사기꾼으로 알려져 있다. 그는 세계 최초로 종이 화폐paper money를 발행한 사람이란 점에서 오늘날 양적 완화 정책과도 관련이 있다고 할 수 있다. 또한 그는 본인이 의도하지는 않았지만 프랑스 대혁명이 발생하는 데 간접적

33   Karl Erich Born, *International Banking in the 19th and 20th Centuries*, p.53.

존 로

으로 기여했다.

　존 로가 프랑스에 왔을 무렵, 프랑스 왕실은 루이 14세의 사치스럽고 호화스러운 생활과 수많은 전쟁으로 인해 재정 압박에 시달리고 있었다. 당시 프랑스의 연간 지출은 연간 수입의 두 배를 넘었다. 1714년 프랑스에 온 존 로는 오를레앙 공작과 친분을 쌓았다. 이듬해 루이 14세가 죽자 다섯 살의 루이 15세가 즉위했고 루이 14세의 친동생인 오를레앙 공작이 섭정을 맡았다. 그리고 존 로는 섭정을 맡은 오를레앙 공작에게 은행의 설립을 요청했다.

　루이 14세 때의 외무상이었던 장 바티스트 콜베르Jean Baptise Colbert, marquis de Torcy는 존 로를 전문 도박꾼이며 어쩌면 스파이일지도 모른다

48

고 의심했지만, 왕실의 재정 문제를 해결하기 위해서는 어쩔 수 없이 그가 필요하다고 생각했다. 왜냐하면 존 로는 1705년에 출간한『화폐와 무역에 관한 견해』[34]라는 저서에서 은행권을 발행하면 금·은 통화를 발행할 필요가 없다고 주장했기 때문이다. 그는 금화는 품질이나 함유량이 일정하지 않아 국제 무역에 장애가 되지만 은행이 발행한 증서는 이런 문제를 해결할 뿐만 아니라 금의 공급 부족 문제를 해소할 수 있으므로 금화보다 은행권이 훨씬 우수하다고 주장했다. 오를레앙 공작과 프랑스 정부는 1716년 5월 5일 파리에 프랑스 최초의 개인은행인 '방크 제네랄Banque Générale'의 설립을 존 로에게 허락했다.

존 로는 스코틀랜드 에든버러의 금 세공업자 겸 은행가 가문에서 태어났다. 1692년에 런던으로 이사하여 상속 재산을 도박에 탕진하고 1694년에는 애정 문제로 발생한 결투에서 상대방을 살해한 죄로 종신형에 처해졌다. 하지만 감옥을 탈옥하여 네덜란드 암스테르담으로 피신했다. 그는 17세기 초부터 네덜란드의 동인도회사와 암스테르담은행 및 증권거래소가 유기적으로 움직이는 시스템을 보았다. 네덜란드 동인도회사는 해외에서 독점적인 시장을 확보해 수익을 창출하면서 발행 주식을 자유롭게 증권거래소에서 거래할 수 있었다. 동인도회사의 주식 매매를 원하는 투자자에게 은행이 융자해 주는 시스템을 암스테르담에서 경험한 존 로는 이를 프랑스에 적용해 볼 기회를 얻은 것이다.

---

34 원제: *Money and Trade Considered: With a Proposal for Supplying the Nation with Money.*

프랑스 정부(왕실)는 금·은 주화를 매개로 한 통화 교환권이 있는 지폐의 발행을 허용하고 세금도 지폐로 납부할 수 있게 했다. 이렇게 지폐가 널리 유통되자 프랑스 경제가 활기를 띠기 시작했다. 초기 2년 동안 산업 생산은 60% 증가했고 수출 선박도 16척에서 300척으로 늘었다. 존 로는 방크 제네랄을 안정적으로 운영하여 왕실의 재정 위기를 해소시켰고 상공업 발전에 유익한 세수 환경도 마련했다.

1718년 12월, 존 로의 요청으로 방크 제네랄을 인수한 프랑스 정부는 방크 루아얄Banque Royale로 이름을 바꾸고 존 로를 은행장에 임명했으며, 정부의 채권으로 자본금의 4분의 3을 출자하고 일부는 은화로 채웠다. 이렇게 해서 프랑스 최초의 국영 중앙은행이 설립되었다. 방크 루아얄은 설립 초기에는 금·은화와 교환할 수 있는 지폐를 발행했지만 1719년 7월부터는 금·은화와의 교환을 중단함으로써 방크 루아얄의 지폐가 말 그대로 종이 화폐가 되었다. 종이 화폐 시대가 열린 것이다. 아울러 정부는 방크 루아얄의 지폐를 프랑스의 법정화폐로 삼았다. 세금도 지폐로 납부할 수 있게 했다. 프랑스는 처음에는 화폐의 발행을 통제했으나 시간이 지남에 따라 재정을 화폐의 발행에 의존하게 되었고, 세금 징수자를 통해 세금을 거두는 일을 등한시하면서 세수 수입에 크게 의존하지 않게 되었다.

한편, 네덜란드 동인도회사를 벤치마킹하여 존 로는 모든 해외 무역을 한곳에 집중해야 한다고 보았다. 1717년 존 로는 오를레앙 공작에게 프랑스령 루이지애나의 미시시피 지역에 대한 무역 독점권을 갖는 '서방회사'를 제안하여 허락을 받았다. 서방회사는 미시시피강 하류의 '뉴올리언스'에 설립되었다(뉴올리언스는 뒤에 나올 남북전쟁에서 중요한 의미를 가지는 도시로 등장한다). 서방회사의 설립 자본금은 1억 리브르였는데, 주당 500리브르로 발행된 주식은 신분·계급에 관계없이 프랑스인 누구나 살 수 있었고 외국인도 투자할 수 있었다.

1719년 서방회사는 프랑스 동인도회사와 프랑스 중국회사 등을 인수하여 프랑스 인도회사로 변경했는데 이 회사는 '미시시피 회사Compagnie du Mississippi'로 더 알려져 있다. 미시시피 회사는 유럽 대륙을 제외한 프랑스의 모든 해외 무역을 독점했다. 같은 해 미시시피 회사가 프랑스 왕실의 전체 채무를 갚아 주는 대가로 존 로는 한 달 뒤 직접세를 거둘 수 있는 권리를 획득했다. 이듬해 1월에 존 로는 재무상이 되었다. 그는 은행장이면서 정부를 위해 세금과 국가 부채를 관리하고 조폐창을 책임지는 권한을 갖고 있었고 루이지애나 식민지와 미시시피 회사에 대한 경영을 책임지고 유럽을 제외한 전 세계 무역을 독점한, 유럽에서 가장 성공한 다국적 기업집단의 대표였다.

하지만 거짓으로 가득 찬 존 로의 시스템은 버블의 붕괴로 끝이 났다. 다른 회사의 인수 자금을 미시시피 회사의 자체 이익이 아닌 신규 주식을 발행해 충당했던 것이다. 1719년 5월 미시시피 회사의 신규 주식 5만 주를 발행했을 때 발행 가격은 500리브르였지만 같은 해 7월에는 1,000리브르가 되었다. 존 로는 미시시피에 금은보화와 귀한 물품이 많은 것처럼 회사의 미래 가치를 부풀리는 수법으로 주식 가치를 유지했다. 실제 회사의 현금 흐름이 없었지만, 약 40% 수준이었던 배당금은 방크 루아얄에서 지폐를 발행해 공급했고[35] 1719년 여름부터는 방크 루아얄에서 주식을 담보로 대출을 받은 투자자는 다시 이를 주식에 투자했던 것이다. 이렇게 미시시피 회사의 주식 가격은 급격히 상승했다.

1720년 봄이 되면서 은행의 지폐 발행이 과도해지고 미시시피 회사에 대한 주식 투기가 극심해지면서 프랑스의 금화가 런던이나 암스테르담으로 급속히 흘러들어갔다. 금화 유출을 막기 위해 보유 금화를 500리브르로 제한하는 법령이 공표되었지만 그 즉시 미시시피 회사의 주가는 붕괴되었다. 풍부한 금광 자원이 있는 미시시피 지역의 광활한 토지를 매입했다는 거짓말로 1720년 상반기 1만 8,000리브르에 달했던 미시시피 회사의 주가는 12월에는 1,000리브르로 추락했고, 1721년 9월에는 다시 500리브르가 되었다. 지폐를 금화로 교환해 줄 것을 요구하는 대량 인출 사태와 미시시피 회사의 주가 폭락으로 사회적 혼란이 극심해졌다. 법령은 공표한 지 얼마 되지 않아 바로 폐지되었다. 1720년 5월 29일 존 로는 해임되었고 방크 루아얄도 같은 날 문을 닫았다. 지폐의 교환도 모두 중단되었다. 미시시피 회사는 파산했다. 프랑스는 10월 10일에 국내 거래에 금화의 사용을 다시 허용했다.

프랑스는 더 이상 은행을 신뢰할 수 없었다. 자연히 프랑스의 은행 산업은 낙후되었다. 영국이나 네덜란드에 비해 약 100년 이상 늦은

---

35 Niall Ferguson, *The Ascent of Money*, p.145.

1800년이 되어서야 중앙은행의 역할을 하는 방크 드 프랑스가 설립되었다. 1890년대 말까지도 영국 중앙은행인 잉글랜드은행이 단지 7개의 지점을 갖고 있는 데 반해, 프랑스에서는 다른 일반 은행의 설립을 제한하고 방크 드 프랑스가 지점을 411개나 늘리는 사실상의 독점 체제[36]로 운영된 배경에도 존 로의 사기에 따른 피해의식이 자리 잡고 있다.

미시시피 회사의 버블이 터질 당시 프랑스 사회는 1계급(성직자)·2계급(귀족)·3계급(평민)으로 구성되어 있었는데, 1·2계급은 50만 명 수준으로 전체 인구 2,300만 명의 2.1%에 불과했다. 그런데 이 미시시피 회사의 주식은 신분에 관계없이 누구나 살 수 있었기 때문에 이로 인한 피해는 평민 계급에게까지 심각하게 영향을 미쳤다.

영국에서는 산업의 발달과 함께 은행과 금융 산업이 안정적인 성장을 누린 반면에, 프랑스에서는 은행에 대한 불신이라는 국민적 DNA까지 만들어 내는 상황이 전개되어 은행과 금융 산업의 발달이 지체되었다. 신뢰를 먹고 사는 금융 산업이 신뢰를 잃어버린 결과는 단순히 한 금융회사나 사람에게만 영향을 미치지 않는다. 그래서 금융업은 공공의 성격이 강하다.

---

36   Glyn Davies, *A History of Money*, p.558.

3

미국 남북전쟁

영화 〈바람과 함께 사라지다〉 중 트웰브 오크Twelve Oak 농장의 파티에서 사람들이 대화를 나누는 장면이 있다.

> 해밀턴: 연방군에서 탈퇴하는 것은 조지아주의 주권이요. 섬터 요새에서 우리가 양키 녀석들에게 포격했는데, 우리가 싸워야 하지 않겠어요!
>
> 버틀러: 말만으로는 전쟁에서 이기기가 힘들다고 생각합니다.
>
> 해밀턴: 그게 무슨 말입니까?
>
> 버틀러: 무슨 말인가 하면, 해밀턴 씨, 남부 전체를 통틀어 대포 공장 하나 없다는 뜻입니다.
>
> 해밀턴: 양키 녀석들이 저희를 이길 수 있다는 뜻을 내비치는 겁니까?

버틀러: 아니요, 내비치는 것이 아닙니다. 저는 양키 녀석들이 우리
보다 더 잘 무장되어 있다는 것을 아주 대놓고 말하는 겁니
다. 그들은 공장, 조선소, 탄광을 가지고 있으며 우리의 항
구를 봉쇄시켜 굶겨 죽일 수 있는 함대를 지니고 있습니다.
우리가 가지고 있는 거라곤 목화와 노예들 그리고 … 오만
함뿐이죠.

사람들: 반역이오! 저는 그런 반역자의 말을 듣지 않겠소!

실제로 그랬다. 북부에서는 끊임없는 변화를 추구하여 우수한 인
재와 기술로 제조업과 무역 그리고 은행업이 발달했다. 이에 반해 남
부에서는 따뜻한 기후와 비옥한 토지로 목화 플랜테이션(대농장)이 발
달했고 노동력을 흑인 노예로 충당했다. 방직 산업이 발전하면서 남
부의 플랜테이션은 더욱 넓어졌다. 영국이 미국산 목화로 만든 의류
를 전 세계에 수출하면서 미국의 면화 산업은 말 그대로 폭발적으로
커 나갔다.

미국은 1784년 처음 시험적으로 면화를 수출한 이후 수출 물량이
1800년 약 1,000만 파운드, 1830년 약 1억 파운드, 1840년 8억여 파운
드 그리고 1850년에는 20억여 파운드를 수출했다. 1861년 미국은 전 세
계 목화 생산량의 80% 이상을 차지하게 되었다.[1] 여기에는 1793년 휘

---

1   Henry Hobhouse, *Seeds of Change: Six Plants That Transformed Mankind*, The Folio
    Society, 2007, p.165.

트니Eli Whitney가 목화솜과 씨를 구분해 추출하는 조면기를 발명한 것도 많은 영향을 미쳤다. 인력 투입이 많은 씨 분리를 기계로 자동화하면서 목화의 대량 생산이 가능해진 것이다. 하지만 드넓은 목화밭에서 대량의 목화를 따기 위해서는 노예가 불가피했으며 남부에서 노예 없이는 플랜테이션을 유지할 수 없는 상황이었다.

반면 북부에는 산업자본이 들어섰다. 제조업체나 은행들은 노예제가 불가피할 수도 있지만 도덕적으로는 잘못된 것으로 생각했다. 도덕이 경제 논리를 지배하면서 노예 폐지 운동이 일어났다. 그러다가 1860년 노예제를 반대하는 공화당 후보 링컨Abraham Lincoln이 제16대 대통령이 되면서 남부인들은 링컨이 노예제를 제한하거나 폐지할 것이라고 우려했고, 남부의 지도자 다수가 연방에서 탈퇴할 것을 주장했다.

노예해방과 관련해서 1850년에도 논쟁이 있었다. 노예를 영구히 생산 활동에 투입하기 때문에 이를 고정자산으로 인식한 면화 생산은 자본 집중 산업이었다. 남부에서는 은행으로부터 자금을 차입하여 노예를 사는 데 투자하고 있었다. 노예의 가치는 1850년 기준 20억 달러 이상으로서 현재 가격으로 환산하면 약 500억~600억 달러 수준이다. 이는 1850년 연방정부 예산의 약 10배에 해당하는 큰 규모이자 연간 면화 생산 금액의 약 10배에 해당했다. 노예 금액이 천문학적이어서 배상 불가능한 것으로 결론 났다.[2] 이제 방법은 노예제가 자연히 소멸

---

2 Henry Hobhouse, *Seeds of Change*, p.177.

남북전쟁 당시의 미국 남부

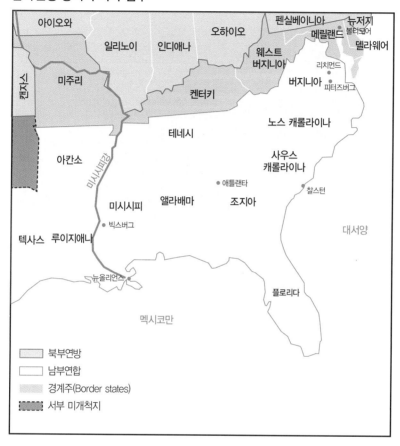

아이오와
일리노이
인디애나
오하이오
펜실베이니아
뉴저지
메릴랜드
볼티모어
델라웨어
켄자스
미주리
켄터키
웨스트
버지니아
리치먼드
버지니아
피터즈버그
노스 캐롤라이나
테네시
아칸소
미시시피강
사우스
캐롤라이나
애틀랜타
찰스턴
미시시피
앨라배마
조지아
빅스버그
대서양
텍사스
루이지애나
뉴올리언스
플로리다
멕시코만

□ 북부연방
□ 남부연합
□ 경계주(Border states)
▨ 서부 미개척지

되기를 기다리거나, 보상 없이 노예해방을 하거나, 전쟁이 일어나는 것밖에 없었다.[3]

1860년 12월 사우스캐롤라이나를 시작으로 미시시피, 플로리다, 앨라배마, 조지아, 루이지애나, 텍사스가 연방에서 탈퇴했다. 탈퇴한 7개

---

3 Henry Hobhouse, *Seeds of Change*, p.178.

주는 1861년 2월 남부연합Confederate States of America을 구성하고 제퍼슨Davis Jefferson을 대통령으로 선출했다.

전쟁은 1861년 4월 12일 남부군이 사우스캐롤라이나의 찰스턴에 있는 북부군의 섬터 요새를 공격하면서 시작되었다. 남북전쟁의 개시와 더불어 버지니아·아칸소·노스캐롤라이나·테네시가 남부에 가입했다. 남부는 수도를 버지니아의 리치먼드로 삼았다.

초기 전투에서는 남부가 승리했다. 1862년 9월 남부군의 리Robert Edward Lee 장군은 여세를 몰아 메릴랜드를 공격했으나, 매클렐런 장군 George Brinton McClellan이 이끄는 북부군에 패해 버지니아로 후퇴하는 등 승패가 엇갈렸다. 1863년 1월 링컨이 노예해방령을 공포하자 남부의 노예가 북부로 도망하여 남부에 큰 타격을 주었다.

한편 1863년 4월 북부군의 그랜트Ulysses S. Grant 장군은 남부군의 중요 거점인 미시시피 강변의 빅스버그에 대한 본격적인 공격을 시작했다. 3개월 가까이 계속된 빅스버그 전투는, 남북전쟁에서 가장 많은 피해를 남긴 게티즈버그 전투에서 남부군이 크게 패한 다음 날인 7월 4일 마침내 북부군의 승리로 끝이 났다. 같은 날 북부군은 루이지애나의 허드슨 요새를 점령해 미시시피강을 완전히 장악했다. 남북전쟁의 전환점이 된 전투였다.

1864년 6월 북부군 총사령관 그랜트 장군은 남부연합의 수도 리치먼드의 공급선을 차단하기 위해 철도 중심지인 피터즈버그에 대한 포위 공격을 시작했다. 이 전투는 9개월 이상 지속되었다. 1865년 4월 마침내 그랜트 장군이 피터즈버그를 점령하여 리 장군이 항복했고 나머지 남부군도 5월 26일 항복함으로써 전쟁이 끝났다. 이 전쟁으로 북부군 약 36만 명, 남부군 약 26만 명이 죽어 인명 손실이 컸다.

1861년 남부에는 철도 시설이 부족하여 물자 수송은 주로 강과 바다를 통해 이루어졌는데, 면화의 98%가 강과 바다로 운반되었다. 내륙에서 생산된 면화도 철도로 뉴올리언스로 운송된 후 선박에 실려 영국으로 수송되었다. 뉴올리언스는 면화를 집산하고 수송하는 중심 항구였으며, 남부의 도시 중에서 유럽 수준의 높은 도시 인프라를 갖춘 유일한 도시였다.

당시 전 세계 면화의 80%가 남부에서 생산되었는데, 바로 이 뉴올리언스의 항구를 통해 영국을 포함한 전 세계로 선적되었다. 초과 수요가 매우 큰 상황에서 생산된 면화는 즉시 영국 파운드화나 금으로 교환이 가능했다. 면화 자체가 화폐와 다름없었다. 1850년 8천만 달러였던 수출액은 1860년에는 약 2.5배 수준인 1억 9천만 달러로 증가했다. 이는 면화를 제외한 미국의 다른 수출 품목을 모두 합친 금액보다 많았다. 노예제를 유지하고 있던 남부인은 런던에서 미국 국내 은행에 지불하는 이자의 절반 수준으로 자금을 빌릴 수 있었다. 면화는 현지에서 역외 금융offshore financing[4]을 받을 수 있을 정도로 중요한 물품이

---

4   해외 시장에서 자금을 마련하여 해외 차입자에게 대출해 주는 방식의 금융.

었다.[5]

하지만 남부는 금, 경화 지폐, 장기 대출 등이 부족하여 만성적인 현금 부족에 시달렸다. 따라서 남부의 대다수 농장주는 북부 은행으로부터 자금을 끌어왔다. 플랜테이션을 담보로 은행에서 자금을 대출받은 후 추수하면 대출금을 갚았다. 하지만 북부 은행의 대출 이자가 너무 높아서 남부인들은 은행에 대해 증오심도 가졌다.[6] 그들은 은행에서 주로 단기로 빌려 장기로 투자했다. 그중 약 25~35%는 노예에 투자되었다.[7] 플랜테이션 노예에 대한 금융비용은 1850년 기준 연 5~7%로, 토지 임대비용보다 두 배 정도 비쌌지만[8] 노예에 대한 투자는 면화 생산에서 필수불가결한 투자였다.

전쟁이 발발하자 북부는 이렇게 중요한 면화를 그냥 놔둘 수 없었다. 면화 수출을 통해 남부가 전쟁비용을 조달하는 것을 방지하고자 북부는 남부 지역에 대한 해상 봉쇄 명령을 내렸다. 반면에 남부는 다른 사유로 영국에 면화 공급을 잠정 중단했다. 영국에 면화 공급을 중단하면 면화에 절박한 영국이 북부에게 해상 봉쇄를 거두도록 압력을 가해 해상 봉쇄가 해제되기를 기대했다. 실제 영국은 자국의 이익을 보호하기 위해 중립을 선언했지만, 북부의 해군력에 대항하기 위한 남부연합의 요청에 따라 앨라배마호를 비롯한 몇 척의 배를 건조했다. 우

---

5   Henry Hobhouse, *Seeds of Change*, p.166.
6   천위루·양천, 『금융으로 본 세계사』, 하진이 옮김, 시그마북스, 2015, 256쪽.
7   Henry Hobhouse, *Seeds of Change*, p.173.
8   Henry Hobhouse, *Seeds of Change*, p.175.

수한 장비를 갖춘 앨라배마호는 약 2년간 공해상에서 북부군의 선박을 68척이나 나포하거나 격침했다.[9] 그래서 면화 수출이 완전히 중단된 것은 아니었다. 최소한 1862년 4월 뉴올리언스가 북부군에 넘어가기 전까지는.

영화 〈바람과 함께 사라지다〉에서 남북전쟁이 끝난 후 스칼렛이 거의 폐허가 된 '타라' 농장으로 돌아와 아버지와 나눈 대화에는, 남부연합이 전비를 조달한 내용이 들어 있다.

> 스칼렛: 그 종이는 뭐예요?
>
> 아버지: 채권이란다. 지금까지 모아 놓은 거다. 남은 거라고는 이것뿐이지. … 채권.
>
> 스칼렛: 무슨 채권인데요, 아버지?
>
> 아버지: 그야 물론, 남부연합이 발행한 채권이지. 그렇고말고.
>
> 스칼렛: 남부연합 채권이라니. 그따위 채권이 무슨 소용이 있겠어요?
>
> 아버지: 그런 식으로 말하지 마라, 케이티 스칼렛.
>
> 스칼렛: 오, 아버지, 이제 돈도 한 푼 없이 어떻게 살아요. 그리고 먹을 거 하나 없이 말이에요?

남부군이 전쟁에서 패한 후 정신이 이상해진 아버지는 휴지조각에

---

9 전쟁이 북부의 승리로 끝난 후 미국 정부는 영국에 피해 배상을 요구했고 제네바의 국제중재재판소의 결정에 따라 영국은 1872년 9월 미국에게 1,550만 달러 상당의 금을 배상했다(베르타 폰 주트너, 『무기를 내려놓으라!』, 정지인 옮김, 뿌리와이파리, 2010, 572쪽).

불과한 패전 측의 채권을 계속 지니고 있었던 것이다.

전쟁이 발발하면 채권을 발행하여 시중에 있는 자금을 끌어들여 전비로 사용한다. 전쟁을 수행하기 위해 조세 수입과 차입 그리고 통화 발행 등 가용 자원을 총동원하여 자금을 조달한다. 얼마나 체계적이고 집중적으로 조달하고 통제하여 전비를 지출하느냐가 전쟁 승패의 관건이다.

남북전쟁에서 북부연방과 남부연합이 조세 수입, 차입 및 통화 발행의 세 가지를 활용한 방법은 극명하게 달랐다. 남북전쟁에 소요된 비용은 총 91억 9,400만 달러인데, 북부의 비용은 41억 7,100만 달러, 남부의 비용은 27억 달러, 남북으로 분할할 수 없는 금액이 23억 2,300만 달러로 추산된다.[10] 자금 조달 면에서의 큰 차이는 일차적으로 남북 정부의 경제 규모 차이에서 기인한다. 인구 면에서 북부는 2,200만 명으로 900만 명의 남부보다 두 배 이상이었다. 남부의 노예 350만 명을 제외하면 550만 명으로 그 차이는 네 배 수준으로 벌어진다. 또한 북부는 철도의 70%, 은행 예금의 75%, 제조 설비의 80% 이상을 보유하고 있었다.[11]

북부 정부는 체계적으로 세금을 부과했다. 직접세와 간접세로 세수원을 구분했는데, 최고 세율 10%의 소득세율과 인두세 등으로 거둔

---

10 *Financial History of the United States*, Myers, 1970, p.170; 국세청 특별위원 David Wells 의 1869년 조사자료(Glyn Davies, *A History of Money*, University of Wales Press, 2002, p.487에서 재인용).

11 Glyn Davies, *A History of Money*, p.490.

직접세 수입은 2억 달러를 넘지 않은 반면에 간접세는 10억 달러 이상으로 전비 재원에 큰 비중을 차지했다. 간접세는 전쟁 발발과 무관하게 즉시 거둘 수 있는 세금인 반면 직접세는 1863년 처음 도입된 소득세처럼 도입 시기가 늦었을 뿐만 아니라 연간 단위의 후취로 거둬들이기 때문에 수입 시기가 늦고 규모도 작았다.[12]

반면 남부 정부는 조세 수입이 매우 적었다. 북부보다 적은 인구 탓에 조세 수입을 높이기 위해 최고 세율도 북부보다 높은 15%를 적용해 세금을 부과했지만, 남부연합이 처음부터 북부연방 정부에 대한 반발로 출범한 탓에 조세 저항으로 성과는 별로 없었다. 더욱이 남부에는 세금 징수 시스템도 갖춰지지 않았다. 세금을 거두려면 은행 등 징수 기관이 필요하고, 징수 대상에 대한 정확한 정보, 즉 소득과 재산에 대한 과표 설정과 적용 대상이 파악되어야 하며, 비현금 재산에 대한 가격 산정 표준화와 금납화 등 징수 능력의 요건이 충족되어야 한다.[13] 평화 시에 이런 준비를 해 놓아야 하는데 연방으로부터 갑자기 분리를 선언했기 때문에 남부는 징수 능력이 부족한 상태에 있었고, 심지어 세금을 받아야 하는 은행도 1880년대까지 뉴욕·필라델피아를 중심으로 북동부 지역에 집중되어 있었다. 남부에서 은행은 남북전쟁 종료 후 19세기 4분기 이후에 발전하기 시작했다.[14]

---

12 Rosella Cappella, "The Political Economy of War Finance," *Publicly Accessible Penn Dissertations*. 1175, 2012, p.29.
13 Rosella Cappella, "The Political Economy of War Finance," pp.38-42.
14 Karl Erich Born, *International Banking in the 19th and 20th Centuries*, Burg Publishers, 1983, p.49.

금융 조달 측면에서 북부 정부는 14억 달러의 장·단기의 차등 금리로 채권을 발행[15]했다. 1861년 4월 전쟁이 발발한 초기에는 전쟁이 곧 끝날 것이라는 기대로 북부 정부는 은행으로부터 단기 자금을 빌려 전비로 썼으나 같은 해 7월 불런 전투[16]에서 남부군에게 패한 후 장기전을 염두에 두고 전비 조달을 채권 발행으로 전환했다.

특히 남부에 있는 지주들이 뉴욕과 필라델피아의 은행들로부터 대거 자금 인출을 하는 바람에 초기에는 북부도 자금난에 시달렸다. 더욱이 영국 섬유 산업의 중심지인 랭커스터 고객들을 상대로 한 런던 은행가들이 북부의 전쟁 채권을 인수하려 하지 않았다. 북부의 유대계 은행가들이 독일 시장에 채권을 팔아 막대한 자금을 조달하여 연방정부를 지원해 주었다. 또한 금융자본가 쿡Jay Cooke이 링컨의 구원자로 등장했다. 그는 북부 재무부 발행 채권을 소액으로 분할하고 2,500명의 세일즈맨을 동원하여 전국을 돌아다니며 일반 국민에게 팔았다.[17]

기간별로 다양한 투자자의 수요를 충족시킬 수 있는 채권을 발행할 수 있었던 것은 은행이 있었기에 가능했다. 다양한 만기의 채권 판매는 사후관리까지 복잡한 업무 특성으로 인해 전문적 지식과 경험을 보유하고 있는 은행이 수행했으며, 이는 북부의 은행 시스템을 크게 발전시키는 계기가 되었다.

---

15 1863년 중반까지 5억 달러, 20년 만기, 5%의 저리로 애국심에 호소하여 자국 내에서 성공적으로 발행했다. 이어진 9억 달러 규모의 채권은 수요자의 요구에 맞춰 장단기, 차등 금리로 발행했다.
16 불런(Bull Run) 전투는 버지니아주의 매너서스 언덕 근처 불런강 일대에서 남군과 북군이 1861년 7월과 1862년 8월 두 차례 벌인 전투로 모두 남부군이 승리했다.
17 론 처노, 『금융제국 J. P. 모건』, 강남규 옮김, 플래닛, 2007, 46쪽.

남부 정부는 전비 소요 자금 27억 달러의 3분의 1을 금융으로 충당했다.[18] 전쟁 초기 남부에는 세금 징수 시스템도 없었기 때문에 주로 남부는 주민을 대상으로 채권을 팔아 자금을 충당했다. 전쟁 전에는 남부의 주된 산업인 농산물 생산에 필요한 자금을 대부분 북부의 은행으로부터 차입했다. 남북전쟁이 발발했을 때 남부로부터 3억 달러를 넘는 대출금을 회수하지 못해 파산한 북부 은행도 많았지만, 전쟁이 발생한 후에는 산업시설과 노동력이 부족한 남부는 외부 자금 조달이 더욱 어려워졌다.

남부 정부는 전통적인 자금 조달 방식에 의존하는 한계를 극복하기 위해 새로운 자금 조달 방법을 모색할 수밖에 없었다. 당시 로스차일드는 국가 정치에 영향력을 행사할 수 있는 특별한 위치에 있다는 명성[19]을 얻고 있었고, 실제로 유럽의 정부들은 로스차일드로부터 자금을 끌어다 쓰고 있었다. 남부 정부도 로스차일드에 의지하려고 했다.

하지만 원하는 자금을 확보하지 못했다. 남부는 전 세계에서 가장 큰 면화 수출국이었지만 직물 공장도 리넨 공장도 없어 텐트는 물론 신발도 만들 수 없었다. 심지어 종이·연필·성냥·의약품을 만들 수 있는 공장도 없었다. 자동차를 생산할 시설조차 없었고 철로 생산 시설은커녕 유리를 만들 수 있는 대장간도 없었다. 심지어 군수물자 생산 공장도 없었다. 모든 물자를 북부나 유럽에서 수입했다. 따라서 남부는

18 Glyn Davies, *A History of Money*, pp.487-489.
19 J. A Hobson, *Imperialism: A Study*, 1902(Niall Ferguson, *The Ascent of Money*, Penguin Books, 2008, p.90에서 재인용).

장기전을 할 수 있는 여건이 되지 않았다. 믿는 것은 오직 면화였다.

1860년 영국은 방직 산업에 필요한 면화의 80% 이상을 미국 남부로부터 수입했다. 따라서 남부 정부는 면화 구매 권리를 담보로 제공하고 채권을 발행하면 투자자들이 채권을 사 줄 것이라고 생각했다. 실제 프랑스의 금융투자회사 에밀리 에를랑게사Emile Erlanger & Co.[20]가 남부 정부를 대신하여 면화를 담보로 한 채권을 발행하려고 할 때 런던과 암스테르담의 반응은 긍정적이었다. 총 발행 채권 금액은 1,500만 달러 상당이었으며 20년 만기, 이자율 연 7%의 파운드화 채권으로 면화 1파운드당 6펜스의 가격이었던 전쟁 전의 면화 가격으로 면화를 구입할 수 있는 전환권이 붙은 채권이었다.[21] 남부가 군사적으로 밀렸음에도 불구하고 이 채권의 가격은 안정적으로 유지되었다. 남부 정부가 면화 공급을 제한하는 한편 전쟁 기간 중 면화 수요가 증가하여 면화 가격이 상승한 데 따른 것이다.

이런 상황에서 북부군은 뉴올리언스를 통제하에 넣게 되었다. 즉 1862년 4월 패러것David Farragut 사령관은 잭슨 요새와 성필립 요새를 공격하여 뉴올리언스를 통제하에 두었다. 면화 담보부 채권의 가격이 안정적이 되려면 남부 정부가 뉴올리언스를 통제하에 두어야 했다. 하지만 뉴올리언스가 북부군의 손에 들어가자 담보로 되어 있는 면화의 실

20　프랑스는 자국 산업의 발전을 목적으로 로스차일드 은행을 벤치마크 한 크레디트 모빌리에(Crédit Mobilier)를 1852년 최초 설립한 이래 상업은행을 계속 설립했다. 에밀리 에를랑게 사는 철도 건설 등 인프라 사업에 대한 금융이 주 업무였다.

21　Niall Ferguson, *The Ascent of Money*, p.94. 전쟁 발발 후 면화 가격은 파운드당 27펜스로 상승했다.

제 소유가 매우 어렵게 되었다. 시장에서 면화 담보부 채권에 대한 신뢰가 상실[22]되자 남부의 경제는 극도로 악화되었으며, 후속 면화 담보부 채권의 발행조차 불가능해졌다.

일반적으로 남북전쟁의 전환점은 1863년 5월 그랜트 장군이 남부의 핵심인 미시시피주의 주도 잭슨시를 점령하고 이어서 미시시피 서부의 빅스버그시를 무너뜨렸을 때라고 알려져 있다. 하지만 금융적 관점에서는 면화 담보부 채권을 무력화시킨 사건, 즉 1862년 4월 뉴올리언스의 점령이 남북전쟁의 전환점이다.[23]

현대적 개념으로 보면, 면화 담보부 금융은 상품 금융commodity finance의 하나이다. 통상 개발도상국에 소재한 기업이나 국가는 자체 신용으로는 대출이나 자금을 구하기 어렵다. 설혹 자체 신용으로 자금을 빌릴 수 있다고 하더라고 높은 이자를 부담해야 한다. 하지만 해당 기업이 원유·구리·면화 같은 상품을 생산하거나 보유하고 있다면 이야기가 달라진다.

예를 들어, 아프리카에 있는 가나는 국가 위험이 높다. 2019년 말 기준으로 국제신용평가기관인 무디스의 국가 신용 평가 등급이 B3[24]이고 경제협력개발기구OECD에서 평가한 국가 신용 등급은 6등급[25]이다. 이 등급은 무디스 전체 21개 등급 중 16번째에 해당하고, OECD 국가

---

22 에밀리 에를랑게사를 통해 남부 정부는 면화 담보부 채권을 발행하여 당초 목표였던 1,500만 달러보다 적은 600만여 달러를 조달했다.
23 Niall Ferguson, *The Ascent of Money*, p.96.
24 신용 등급은 Aaa, Aa1~Aa3, A1~A3, Baa1~Baa3, Ba1~Ba3, B1~B3, Caa1~C까지 있다.
25 국가 신용 등급은 1등급부터 7등급까지 있다.

등급 기준으로는 7개 등급 중 6번째로 최하위 바로 위 등급이다. 사실상 대출이 불가능한 C등급(무디스 기준)이나 7등급(OECD 기준)을 제외하면 대출이 가능한 최하위 등급 수준이다. 따라서 일반적으로 국제금융시장에서의 차입은 어렵다. 하지만 상품 금융으로는 금융 조달이 가능하고 조달 비용도 낮아진다. 실제로 1999년에 국가 신용 6등급인 가나의 국영코코아기업Cocobod은 상품 금융 방식으로 리보Libor[26] +0.5%(+50bps) 내외의 금리로 자금을 조달했는데, 이는 국가 신용 등급이 같은 케냐의 국영차기업KTDA의 금리(리보 + 2% 이상)보다 훨씬 낮은 수준이었다.

왜 이런 차이가 나는 것인가? 상품 금융은 상품의 판매를 통해 얻은 수입금이 대출금을 갚을 때 사용되도록 보완 조치를 해 놓은 구조화 금융의 일종이기 때문이다. 자원이 풍부한 개발도상국에 주로 활용된다. 외화(통상적으로 달러화)로 금융을 일으키는 경우에는 외화 상환능력을 고려해야 하는데, 개발도상국의 외화 상황이 나쁘면 개별 기업의 영업 상황이 좋아도 신용 등급이 좋을 수 없다. 대출 통화로 상환해야 하기 때문이다. 더욱이 신용 평가는 회계감사보고서를 기준으로 하는데, 개발도상국에 있는 기업의 회계감사보고서를 믿기 어려운 것이 현실이다. 차입자가 국가인 경우에도 별도 외화 현금 흐름을 관리하는 방식으로 동일하게 활용이 가능하다. 외화 수입이 별도의 제3국 소재 통장에 안전하게 송금되고 차입금 상환에 사용되는 구조를 갖는다.

상품 금융은 두 가지를 기본적으로 갖추고 있다. 첫째는 상품에 대

---

26 런던 은행 간 금리(London Interbank Offered Rate). 1개월, 3개월, 6개월, 1년의 변동 금리.

한 계약 이행이 가능해야 한다. 시장에서 외화 가격이 형성되어 있는 에너지(석유, 가스), 메탈(철, 비철금속), 소프트 상품soft commodity(곡물, 면화, 커피 등), 펄프와 종이 등이 주요 대상으로 취급된다. 과거 몇 년간의 평균 생산량이나 수확량의 변동을 고려해 상품의 매매가 실제 이행될 수 있는지가 중요하다.

둘째는 판매되는 수입금이 국가 위험에서 분리될 수 있는 구조를 갖추고 있어야 한다. 상품의 판매대금이 제3의 국가(미국, 영국 등)의 에스크로 계정escrow account[27]에 예치되어야 한다. 아울러 상품 가격의 하락으로 담보 비율이나 융자금 상환 비율이 적정 수준을 밑도는 경우에는 추가 상품 공급 의무가 부과된다. 이렇게 구조화되면 외국에서 판매한 외화 대금이 외국에 소재한 은행에 예치되고, 그 예치금으로 대출금을 우선 상환해야 하므로 환전과 송금 위험과 같은 국가 위험이 배제될 수 있다. 시장에서는 상품 금융이 일반적인 기업 금융보다 안전한 것으로 평가하고 있다.

면화 담보부 채권의 경우에는 대출의 형태는 아니지만 자금 조달 측면에서 유사한 금융 수단으로 채권이 활용된 사례이다. 상품 금융의 입장에서 보았을 때 뉴올리언스 항구를 북부군이 점령하면서 상품 공급에 대한 계약의 불이행이 문제가 된 것이다. 더 이상 면화에 대한 공

---

27 선순위 대출 우선 상환 등 특정 조건이 충족될 때까지 중립적인 제3자에게 서류 증서와 자금을 예치하는 것으로, 대출 은행을 수탁자로 하여 모든 자금의 입출금을 관리하는 특별예금계좌를 일컫는다. 국제금융의 경우에는 제3국 해외 은행에 개설토록 하여 다른 채권자 등의 압류를 방지하고 개발도상국의 외화 지급 정지 등의 송금 위험을 회피할 때 사용한다.

급 의무가 지켜질 수 없게 되었다.

한편, 남부 정부는 무담보 달러 지폐를 17억 달러나 찍어 전비에 충당했다. 금화 등과 교환할 수 있는 실물을 담보로 지폐를 찍어 낼 때 그 실질가치가 보전될 수 있다. 하지만 전쟁 기간 중에는 남북 불문하고 지폐의 태환이 금지되었다. 물론 북부도 달러 지폐를 발행했다. 1863년 북부 의회가 '국가은행법National Banking Act'을 통과시키고 정부에 3억 달러 한도의 지폐 발행 권리를 부여했다. 남부에서 찍은 달러는 그레이백greyback, 북부에서 찍은 달러는 그린백greenback이라고 한다. 전쟁이 끝날 즈음 북부의 그린백은 금 50센트의 가치가 있었으나 남부의 그레이백은 1센트의 가치밖에 되지 않았다.

남부 정부가 지폐를 남발하면서 남부는 극심한 인플레이션을 겪었다. 전쟁 종료 직전인 1865년 5월에는 인플레이션율이 5,725%에 달했다.[28] 이처럼 남부는 초인플레이션까지 경험했지만 미국 전체적으로는 전쟁 기간 중 양호한 수준의 인플레이션(인플레이션율 11~27%)을 유지했다. 도리어 미국은 전쟁이 종료된 후 화폐가치의 회복 과정에서 3년 동안 디플레이션(△4.8~△4.3%)의 경험을 시작으로 약 14년 동안 인플레이션과는 반대의 길(△9.4~0.0%)을 걸었다.[29]

북부는 풍부한 기술인력, 자본과 과학기술을 기반으로 제조업이 발전했고 철도와 선박을 이용해 필요한 군수물자를 보급할 수 있어, 누

---

28 Confederate Inflation Rates(1861-1865), p.2(InflationData.com).
29 Federal Reserve Bank of Minneapolis, Consumer Price Index, 1800-, p.4.

가 봐도 남부보다 전쟁에 유리한 입장이었다. 남부가 전쟁을 일으킨 것은 무지에서 비롯되었다. 면화만 믿고 경제력의 차이를 무시한 채 남부가 시작한 전쟁이 남부연합의 패배로 끝난 것은 당연한 결과였다.

전쟁이 진행되면서 북부는 제조업을 중심으로 전쟁에 필요한 군수 제품을 생산하기 위한 투자를 늘렸고 노예해방으로 부족해진 일손을 대체할 수 있는 농기계를 만드는 등 공업 투자를 늘림으로써 경제가 호황을 맞았다. 또한 새로운 공업 투자로 인한 경제 호황은 화폐 발행과 함께 증권시장의 호황도 가져왔다. 1865년 뉴욕증권거래소 거래량은 당시 최고였던 런던증권거래소 거래량의 10배에 달했다.[30]

한편, 남북전쟁 전후 미국의 은행 상황을 보면 의미할 만한 변화가 있었다. 대부분의 주요 은행은 뉴욕에 있었다. 1784년 설립된 뉴욕뱅크Bank of New York나 체이스맨해튼뱅크Chase Manhattan Bank, 케미컬뱅크Chemical Bank 등은 주식회사로 설립되었고 남북전쟁 이전까지 해당 지역에 국한하여 은행업이 허용되었다. 재산 관리 신탁을 주업으로 하는 개런티 트러스트 컴퍼니 오브 뉴욕Guarantee Trust Company of New York(1864), 뱅커스 트러스트 컴퍼니Bankers Trust Company(1903) 등과 같은 뉴욕 소재 회사는 투자 업무와 예금을 취급하면서 은행으로 발전했다. 규모가 큰 개인은행 역시 뉴욕에서 활동했는데, 개인은행들은 남북전쟁 이전부터 활동하기 시작하여 규제 적용을 받지 않았기 때문에 지역 제한이 없이 자유롭게 영업을 할 수 있었다.

---

30 천위루·양천, 『금융으로 본 세계사』, 259쪽.

뉴욕뱅크의 설립자 중 한 사람으로 초대 재무부 장관을 역임한 해밀턴Alexander Hamilton은 영국 잉글랜드은행을 모델로 한 미국 중앙은행의 설립을 제안하여 1791년 아메리카합중국은행이 설립되었다. 설립 자본금 1,000만 달러 중 20%는 연방정부가 인수하고 나머지 80%는 시장에서 모집했는데, 주식이 상장되어 거래가 시작되면서 주가가 폭등했다. 이처럼 미시시피 버블 같은 현상이 나타나자 사회적 우려가 커지면서, 1792년 3월 당시 증권 거래를 하던 중개인 24명이 모여 주식 거래 방법과 수수료율에 대한 합의서를 체결했다. 이것이 오늘날 뉴욕증권거래소의 출발점이다. 이 영향으로 해밀턴은 미국 금융의 아버지라 일컬어진다.

하지만 아메리카합중국은행(제1은행First Bank of the United States)은 1811년에 특권 만료로 문을 닫았고, 1816년 재건(제2은행Second Bank of the United States)되었지만 1836년에 폐쇄되었다. 중앙은행의 폐쇄에는 불공정 특권에 대한 시비, 은행에 대한 부정적 시각을 가진 대통령(매디슨, 앤드루 잭슨 등)과 남부 여러 주의 의원들의 폐지 주장 등이 영향을 주었다.[31] 중앙은행이 폐지되면서 종이 화폐도 한동안 사라졌다.

이렇게 사라진 종이 화폐는 앞에서 언급했듯이 1863년 북부 의회에서 통과된 '국가은행법'에 의해 통화 발행에 대한 법적 구조가 만들어지면서 다시 발행되었다. 의회는 개인은행을 제외한 미국의 모든 은행을 연방은행national bank과 주립은행state bank으로 구분하고, 연방은행은 연

---

31 천위루·양천, 『금융으로 본 세계사』, 235-246쪽.

방정부로부터 정관을 인가받도록 규제했다. 이듬해 뉴욕에 있는 연방 은행들은 예금과 은행권 발행 총액의 25%에 해당하는 법정통화(금화·은화)를 유동성 준비금으로 보관하도록 규정했다. 또한 뉴욕을 '중앙 준비금 도시Central Reserve City'로 지정하고 18개 도시를 추가 '준비금 도시'로 지정하여 연방은행은 예금과 은행권 발행 총액의 25%를 법정통화로 유보하도록 했는데 그중 절반(12.5%)은 중앙 준비금 도시에 있는 연방은행에 보관하도록 정했다. 이에 따라 자금이 뉴욕으로 집중되었고 금융산업은 더욱 호황을 누리게 되었다.[32] 1900년 금본위제도가 도입되면서 준비금은 금화로 보유하게 되었다.

미국도 유럽과 마찬가지로 개인은행가들이 막강한 영향력을 행사하고 있었다. 하지만 미국의 개인은행은 남북전쟁이 끝난 후 19세기 말에서 20세기에 걸쳐 크게 발전했다. 로스차일드는 뉴욕(1835)과 뉴올리언스(1843)에 대리인을 둔 적은 있으나 두 차례(1848, 1858)의 조사에도 불구하고 미국에 지점을 개설하지 않았다.[33] 미국의 대표적인 개인은행으로 쿤롭사Kuhn Loeb & Co.와 제이피모건사J. P. Morgan & Co.가 있다.

쿤롭사는 원래 신시내티에서 의류상을 시작한 독일 유대인 이민자 출신인 아브라함 쿤Abraham Kuhn과 살로몬 롭Salomon Loeb에 의해 1867년 자본금 50만 달러로 뉴욕에 설립되었다. 쿤롭사를 대표하는 인물인 폴 와버그Paul Warburg는 미국 연방준비제도Federal Reserve System를 만든 인물 중

---

32 Karl Erich Born, *International Banking in the 19th and 20th Centuries*, p.94.
33 Karl Erich Born, *International Banking in the 19th and 20th Centuries*, p.95.

제이콥 쉬프   존 피어폰트 모건

하나이고, 제이콥 쉬프Jakob Schiff는 쿤롭사를 글로벌 금융 그룹의 반열
에 올렸으며 러일전쟁 때 일본에 전비를 조달해 주어 일본이 전쟁에서
승리할 수 있게 한 결정적인 인물이다. 이 밖에 대표적인 유대인 출신
의 은행가로는 조지프 셀리그먼Joseph Seligman을 비롯하여 앨라배마에서
면화 중개업에서 시작한 리먼 브러더스Lehman Brothers, 펜실베이니아에서
의류점으로 시작한 골드만삭스Goldman Sachs 등이 있다.[34]

　　제이피모건사는 1871년 존 피어폰트 모건John Pierpont Morgan이 오스트
리아 이민자 앤서니 드렉셀Anthony J. Drexel과 함께 설립했는데 처음 명칭
은 드렉셀 모건사Drexel Morgan & Co.였다. 피어폰트 모건의 아버지 주니어

---

34 론 처노, 『금융제국 J. P. 모건』, 174-175쪽

스 스펜서 모건Junius Spencer Morgan이 아들을 위해 설립을 중재했다. 주니어스는 런던에서 로스차일드·베어링에 이어 3대 대형 개인은행가로 알려진 인물로, 선대로부터 코네티컷주에서 호텔, 증기선, 철도, 직물·면화 무역 등을 운영하는 지주 계급 출신이었다. 그는 런던에 미국인 최초로 진출한 피버디George Peabody와의 파트너십이 1864년 만료되면서 은행 이름을 J.S.모건사로 변경했다. J.S.모건은 프로이센–프랑스 전쟁 후 프랑스가 전쟁 배상금을 마련하는 과정에서 150만 파운드의 수익을 거둠으로써 정부 대출에 명성을 날리게 되었다. 이후 이집트 중앙은행, 러시아 철도, 브라질 주정부, 아르헨티나 공공사업 등 많은 대외 거래를 지원했다.[35]

피어폰트 모건은 남북전쟁이 발발했을 때 이를 돈 벌 수 있는 기회로 삼았다. 소총 거래에서 성능을 개선해 두 배에 이르는 소총 값을 받았고, 맨해튼 골드룸에서 금을 매집하여 전선의 전황에 따라 변동되는 불환지폐의 시세 차익으로 거액을 벌었다.[36] 1873년 남북전쟁 관련 전쟁 채권 3억 달러를 차환하는 과정에서 피어폰트 모건은 중요한 경험을 하게 되었다. 당시 남북전쟁 때 전쟁 채권을 조달해 준 인연으로 제이 쿡이 전쟁 채권의 차환 발행도 독점하고 있었다. 피어폰트 모건은 제이 쿡이 주도하는 신디케이트(제이 쿡, 셀리그먼, 로스차일드)에 도전장을 내밀어 자신이 주도하는 신디케이트(드렉셀 모건, J.S.모건, 베어링 브러더스, 머튼 블

---

35 론 처노, 『금융제국 J. P. 모건』, 52, 67, 120쪽.
36 론 처노, 『금융제국 J. P. 모건』, 59-60쪽.

리스)가 치열한 로비 끝에 50%를 배정받았다.

1892년에는 철도회사에 대한 자금 조달을 위해 거짓으로 유럽 투자자를 유치하고 정·관계에 뇌물을 뿌렸던 제이 쿡이 파산하면서 미국 정부의 전쟁 채권 차환은 제이피모건(제이피모건, 로스차일드, 오거스트 벨몽트[로스차일드 뉴욕 대리인])이 주도했다. 제이 쿡의 위선과 패망으로 도덕성이 매우 중요해졌는데 피어폰트는 도덕주의자로 자처하면서 도덕부흥운동에 참여했고 독선적이지만 공정하게 일을 처리하면서 시대정신을 체현하는 인물이 되었다.[37]

한편, 1890년 아버지 주니어스의 사망으로 제이피모건은 1,240만 달러의 유산을 받았고 1895년 파트너인 드렉셀의 사망(드렉셀 2세가 경영권 승계 포기)으로 최대 3,000만 달러에 달하는 재산을 넘겨받았다. 이때 드렉셀모건에서 개명한 제이피모건은 뉴욕을 모건하우스의 본부로 삼아, 파리의 모건하예스, 필라델피아의 드렉셀은행, 런던의 J.S.모건(이후 '모건그렌펠'로 개명)을 연결하는 글로벌 네트워크를 갖추게 되었다.[38]

1880년대 이후 아르헨티나 채권에 대한 투자 붐을 주도했던 베어링 브러더스가 아르헨티나의 경제 침체로 이자도 받지 못하는 유동성 위기가 발생하면서 1894년 잉글랜드은행으로부터 구제 금융을 받아 회생했다.[39] 이후 베어링 브러더스는 주식회사 형태의 은행으로 전환했지만 미국 시장에서는 더 이상 갈 데가 없는 이름뿐인 은행이 되었다. 이

---

37 론 처노, 『금융제국 J. P. 모건』, 85-89쪽.
38 론 처노, 『금융제국 J. P. 모건』, 125, 132, 133쪽.
39 Karl Erich Born, *International Banking in the 19th and 20th Centuries*, p.119.

에 19세기 내내 앙숙 관계였던 로스차일드와 베어링 브러더스가 암묵적으로 연합전선을 구축하고 나섰다.[40] 1902년 보어전쟁의 전비 마련을 위해 영국 정부가 자금 조달에 나섰을 때 로스차일드는 제이피모건을 축출하려고 했지만 실패했고, 자금의 절반이 뉴욕 시장에서 조달되었다.[41] 금융 권력이 런던에서 뉴욕으로 넘어오기 시작한 것이다.

제이피모건은 미국의 경제 발전과 함께 성장하면서 20세기 들어서면서 '금융 제국의 나폴레옹', '제우스', '주피터' 등의 별명으로 영국, 벨기에, 독일, 러시아, 일본 등의 정부 및 궁정과 거래하는 가장 유명하고 영향력이 큰 민간 은행가가 되었다.[42] 민간 은행가이지만 제이피모건은 1913년 미국 연방준비위원회가 구성될 때까지 미국 중앙은행의 역할을 했다.[43]

19세기에 로스차일드 가문이 최고의 명성을 날렸듯이 20세기에는 제이피모건이 금융 제국을 건설했다. 미국의 주요 인프라 금융 지원 사업에서 유대인으로 대표되는 쿤롭사와 양키로 대표되는 제이피모건사는 대부분 경쟁하면서 발전했다.

40 론 처노, 『금융제국 J. P. 모건』, 191쪽.
41 론 처노, 『금융제국 J. P. 모건』, 192쪽.
42 론 처노, 『금융제국 J. P. 모건』, 156쪽.
43 론 처노, 『금융제국 J. P. 모건』, 153쪽.

이탈리아의 독립전쟁

이탈리아는 중세 이후 소국으로 갈라져 있었다. 1815년 빈 회의 후에도 사르데냐 왕국, 양시칠리아 왕국(나폴리, 시칠리아) 및 여러 개의 소공국으로 나누어진 데다가 북이탈리아의 롬바르디아와 베니스는 오스트리아의 지배를 받고 있었다. 오스트리아에 독립을 요구하는 피에몬테, 나폴리 등에서 크고 작은 반란이 19세기 중반까지 지속되어 왔지만, 대부분 오스트리아에 진압되고 말았다. 빈 회의 의장인 오스트리아 출신의 외교가 메테르니히Klemens Fürst von Metternich가 유럽을 프랑스 혁명 전의 상태로 되돌리기 위해 자유주의와 민족주의에 강력히 반대하며, 이탈리아의 민족주의 통일 운동을 무력으로 간섭·진압했던 것이다. 1848년 프랑스에서 2월 혁명이 일어나면서 빈 체제가 무너졌지만 오스트리아의 이탈리아에 대한 간섭은 계속되었다.

통일 전쟁 전 이탈리아

    사르데냐 왕국은 이탈리아 가운데서 외국군이 주둔하지 않은 유일한 나라였으며, 그 핵심을 이루고 있는 피에몬테는 토지가 비옥해 이탈리아에서는 가장 일찍 산업혁명이 일어난 곳이었다. 1849년 비토리오 에마누엘레 2세Vittorio Emanuele II가 즉위하면서 카밀로 디 카보우르Camillo di Cavour를 수상으로 등용해 국력의 부흥에 힘썼다. 카보우르는 인구 500만 명에 불과한 사르데냐가 이탈리아를 통일하기 위해서는 외국의 원조가 필요하다고 보았다. 그래서 사르데냐는 크림 전쟁(1853~1856)[1] 기간 중인 1855년 프랑스, 영국, 오스만제국 연합군 편에 가담함으로써 나폴레옹 3세의 호의를 얻고 전쟁이 끝난 후에는 승전국 중 하나가 되었다. 파리 강화회의에 참석해 오스트리아의 횡포를 호소하는 한편 1858년에는 나폴레옹 3세와 동맹을 맺어 사보이와 니스를 프랑스에 떼어 주는 대신에 프랑스로부터 원조를 약속받았다. 그리고 1859년 4월 9일 오스트리아에 대해 전쟁을 선포하며 "아드리아해에 이르기까지 자유로운 이탈리아!"라는 슬로건으로 이탈리아의 통일을 목표로 한 전쟁임을 명확히 했다.[2]

사르데냐와 프랑스 연합군은 오스트리아군을 무찌르며 곳곳에서 대승했다. 그 결과 교황령과 나폴리·시칠리아를 제외한 중부·북부의 이탈리아 국가들이 거의 사르데냐에 합류해 통일의 대업이 성공하는 것같이 보였다. 그러나 이탈리아가 거대해지는 것을 두려워한 나폴레옹 3세는 돌연 사르데냐를 배반하고 오스트리아와 단독 휴전 협약을 맺어 사르데냐에게 겨우 롬바르디아의 병합만 인정했다. 나폴레옹 3세의 배신행위에 토스카나·파르마 등 중부 이탈리아 국가들의 시민이 반

---

1 크림 전쟁(Crimean War)은 1853년 10월부터 1856년 2월까지 크림 반도에서 러시아와 오스만제국·프랑스·영국·사르데냐 연합군과 벌인 전쟁으로 영국 플로렌스 나이팅게일이 활약한 전쟁으로도 유명하다.
2 베르타 폰 주트너, 『무기를 내려놓으라!』, 정지인 옮김, 뿌리와이파리, 2010, 39쪽.

란을 일으켜 군주를 몰아내고 사르데냐와 병합을 요청했다. 카보우르는 1860년 나폴레옹 3세와 새로운 협정을 맺어 사보이·니스를 프랑스에 넘겨주는 대신에 중부와 북부 이탈리아의 여러 공국을 사르데냐에 병합시켰다.

이후 카보우르는 1860년 가리발디와의 교섭으로 나폴리와 시칠리아를 사르데냐에 포함시켰다. 또한 1866년 프로이센–오스트리아 전쟁에서 프로이센을 지원해 베니스를 얻었고, 1870년 프로이센–프랑스 전쟁 때에는 로마에서 프랑스군이 철수한 틈을 타서 로마를 점령함으로써 전 이탈리아를 통일했다.

유럽은 빈 체제 이후 크고 작은 전쟁의 연속이었다. 1850년대부터 1860년대에는 전반적으로 돈이 부족한 국가들이 많았다. 채무가 적은 국가는 정부가 직접 자금을 조달했고 채무가 많은 국가는 은행을 통해 자금을 마련했다. 직접 차입하더라도 차입 업무는 은행이 대행했다. 1860년대까지 채무가 많은 국가 중 대표적인 국가는 이탈리아와 오스트리아였다.

오스트리아 정부에 자금을 대는 은행은 개인은행이 대부분이었는데, 대표적인 은행이 프랑크푸르트에 소재한 베트만방크Bethmannbank였다. 무역업을 겸하여 은행업을 영위했던 베트만방크는 오스트리아 정부가 18세기 말 대출 원리금 상환에 어려움을 겪을 때 신규 자금을 조달해 도와줄 정도로 오스트리아와 밀접한 관계를 유지하고 있었다. 하지만 빈 체제 이후 그 역할은 로스차일드의 빈 하우스가 차지했다.

1835년 로스차일드 빈 하우스의 설립자인 살로몬 메이어 로스차일드Salomon Mayer Rothschild는 빈 회의 의장인 메테르니히로 하여금 오스트리아에서 유대인의 부동산 취득을 허용하게 만들 정도로 정치적 영향력이 있었다.[3] 이는 다분히 오스트리아가 재정 위기에 빠졌을 때 로스차일드가 자금을 마련해 위기에서 구해 준 데 대한 상호주의 혜택이었다. 하지만 호전적인 메테르니히와 평화를 희망하는 로스차일드는 외교 문제에서는 입장이 달랐다. 메테르니히는 프랑스 혁명 전의 상태로 유럽을 되돌리기 위해 자유주의와 민족주의를 강력히 반대했고 민족주의 운동을 제압하기 위해 이탈리아 등에 대한 개입을 늘렸다. 로스차일드는 전쟁을 억제하기 위해 노력했다. 그는 금융을 무기로 활용했다.

로스차일드는 금융으로 국가에 압력을 행사했다. 1830년 8월 벨기에가 네덜란드에서 독립하기 위해 반란을 일으켰을 때 프랑스는 언어와 종교가 같은 벨기에를 위해 대규모 지원을 했는데, 오스트리아가 군사 개입을 하려고 했다. 로스차일드는 제임스(파리)와 살로몬(빈)을 통해 프랑스의 왕 루이 필리프Louis Philippe와 오스트리아 메테르니히 사이에 비공식 접촉으로 평화적인 해결을 모색했다. 이때 오스트리아에 압력을 가하기 위해 금융을 활용했다. 1831년 로스차일드(빈)가 오스트리아

---

3 Karl Erich Born, *International Banking in the 19th and 20th Centuries*, Burg Publishers, 1983, p.32.

정부에 5,700만 굴덴의 장기 자금을 주선하면서 향후 3개월 내 전쟁이 발생하면 대출금을 회수한다는 조건을 붙였다. 자금 사정이 좋지 않은 오스트리아에 압력을 가하기 위한 조건이었다.[4] 양국 간 긴장 완화에 일시적인 도움 정도밖에 안 되었지만 로스차일드는 평화를 유지하기 위해 노력했다. 전쟁이 일어나면 채권자의 손실이 커지기 때문에 다분히 불가피한 선택이었다. 한편 로스차일드를 경유한 비공식 정보 교환 채널은 독일의 통일 과정에서 프랑스와 프로이센 사이에도 활용되었다.

로스차일드는 오스트리아에 대한 이해관계가 컸다. 1816년 살로몬 로스차일드가 빈에 오스트리아 최초 은행인 로스차일드은행을 설립했고, 그의 아들 안셈Anselm은 1855년에 크레디탄슈탈트Creditanstalt[5]를 설립했다. 크레디탄슈탈트는 오스트리아에서 가장 큰 은행이 되었다. 1815년 빈 회의 결과에 따라 독일연방으로 불리게 된 합스부르크제국은 1866년 프로이센–오스트리아 전쟁 이전까지는 오스트리아가 지휘하고 있었다. 로스차일드는 제국의 철도·광산 등의 개발 프로젝트에 금융을 지원하고 수상과 보헤미안 헝가리 귀족들의 자금줄 역할을 했다.

한편 이탈리아에서는 통일 운동의 움직임이 오래전부터 계속되었다. 1858년에 이르러 피에몬테가 프랑스의 나폴레옹 3세에게 이탈리아

---

4 Karl Erich Born, *International Banking in the 19th and 20th Centuries*, p.41.
5 로스차일드가의 중앙유럽본부의 역할을 했던 크레디탄슈탈트(Creditanstalt)가 1931년 5월 무너지면서 유럽에 도미노 효과로 대공황이 촉발된 것으로 알려져 있다. 크레디탄슈탈트는 오스트리아에서 가장 큰 은행으로, 1931년 기준 오스트리아 기업의 70%가 이 은행과 거래하고 있었다(Global Finance Data, 2019.1.5.).

의 독립 지원을 계속 요구했고, 마침내 1859년 1월 프랑스와 피에몬테가 이끄는 사르데냐는 합의에 이르렀다. 이탈리아는 사보이와 니스를 프랑스에 넘기는 대신에 프랑스의 원조를 약속받았다.

1858년 프랑스 언론 매체에서 오스트리아에 대한 전쟁의 기사가 나오자 프랑스의 제임스 로스차일드는 나폴레옹 3세를 만나 외교적인 해결을 시도했다. 제임스 로스차일드는 모든 전쟁 위험이 사라질 때까지 피에몬테에 대한 금융을 일으키지 않겠다고 선언했다. 이탈리아가 오스트리아와 전쟁을 하게 되면 그로 인한 로스차일드의 손실이 막대해지는 것을 우려했기 때문이었다. 영국의 라이어널 로스차일드(나탄의 장남)도 유럽 대륙에 조성되고 있는 전쟁 징후에 대해 영국 정부에게 책임 있는 '강한 정부' 역할을 요구했다.[6] 하지만 영국은 중립적 위치를 고수했다.

1859년 4월 프랑스의 지원을 업은 이탈리아 피에몬테는 오스트리아에 전쟁을 선포했다. 로스차일드는 이탈리아에는 금융을 하지 않을 것이라고 했지만, 나중에 밝혀진 바에 의하면 이탈리아는 물론 프랑스와 오스트리아에도 전비를 지원하는 역할을 했다. 당시 개인은행가들은 정부 대출의 경우에는 리스크를 분산하기 위해 특정 국가에만 지원하지 않고 여러 국가를 지원했다.[7] 로스차일드는 1859년 4월 전쟁 전까지 프랑스에는 1858년 5억 프랑을, 오스트리아에는 1859년 600만 파운드

---

6 Niall Ferguson, *The House of Rothschild: The World's Banker* 1849-1999, Penguin Books, 2000, p.92.
7 Karl Erich Born, *International Banking in the 19th and 20th Centuries*, p.34.

를, 이탈리아 피에몬테에는 1858~1859년 4,640만 리라를 각각 지원했다.[8]

한편 나폴레옹 3세와 사르데냐의 연합군이 마젠타 전투[9]에서 오스트리아에 대승을 거둔 데 자극받은 프로이센은 프로이센 컨소시엄을 구성했다. 빌헬름 왕자(후에 빌헬름 1세)는 군사 동원에 필요한 자금 모집을 위해 프로이센 컨소시엄을 구성했는데, 프랑스와 사르데냐 연합군이 오스트리아를 크게 물리친 후 이 연합군이 프로이센을 침략할 것을 걱정해 대비한 것이었다. 프로이센 컨소시엄은 영구적인 형태[10]로 디스콘토 게젤샤프트Disconto-Gesellschaft의 소유주 한제만Adolph von Hansemann이 주도하여 베를리너 한델스 게젤샤프트Berliner Handels-Gesellschaft와 개인은행가인 블레이흐뢰더Gerson von Bleichröder, 멘델스존Alexander Mendelssohn, 마그누스Friedrich Martin von Magnus, 쉬클러David Schickler 등이 참여하여 총 3,000만 탈러를 조달했다.[11] 오스트리아에 지원한 컨소시엄은 아니었기에 전쟁은 프랑스의 지원을 받은 이탈리아 연합군의 승리로 끝났다. 하지만 프로이센의 군사 동원으로 양 진영 간 협상이 평화적으로 신속히 마무리될 수 있었다.

오스트리아가 이탈리아와의 전쟁에서 패한 주요 원인 중 하나로 자

---

8 Niall Ferguson, *The House of Rothschild: The World's Banker 1849-1999*, pp.98-99.
9 마젠타(Magenta)는 이탈리아 롬바르디아주 밀라노현에 있다. 이곳에서 1859년 6월 사르데냐와 오스트리아가 전투를 벌였다.
10 John M. Kleeberg, *The Disconto-Gesellschaft and German Industrialization: A Critical Examination of the Career of a German Universal Bank 1851-1914*, New York, 1989, p.165.
11 Karl Erich Born, *International Banking in the 19th and 20th Centuries*, p.173.

금 조달 능력의 부족이 꼽힌다. 먼저 세수가 적었다. 영국처럼 관세를 인하하고 무역 협정을 체결해 줄어든 관세를 무역량의 증가로 충당하고자 했다. 하지만 오스트리아는 세금 징수 시스템을 구축하는 데 매우 큰 어려움을 겪어 1860년대에 이르기까지 단 한 번도 균형 예산을 달성하지 못했다.[12]

그리고 은행 설립과 같은 새로운 자금 조달원의 발굴이 부족했다. 1850년 이후 유럽 국가들은 전반적으로 현금이 부족했다. 따라서 은행의 역할이 그 어느 때보다 중요했다. 각 국가는 세금 수입원 외에 다른 조달원을 모색하고자 새로운 은행을 설립했고 이로 인해 국제금융 시스템이 발달하게 되었다. 개인은행 외에도 상업은행, 투자은행, 개발은행[13]이 설립되었다. 하지만 오스트리아는 로스차일드에게 주로 의존했다. 세수원이 적고 조달원이 부족한 오스트리아는 막대한 금융비용을 부담해야 했다.[14]

---

12 Niall Ferguson, *The House of Rothschild: The World's Banker 1849-1999*, p.94.
13 영국의 London & Westminster Bank(1834), Bank of Liverpool(1831), National Westminster Bank(1833), Midland Bank(1836), George Grenfell Glyn(1862), 프랑스의 Crédit Mobilier(1852), Credit industriel et commercial(1859), Societe Generale(1864), Credit Lyonnais(1865), 오스트리아의 Creditanstalt(1855), 독일의 Royal Prussian Seehandlung(1722), Schaaffenhausen(1848), Bank für Handel und Industrie(1853), Disconto-Gesellschaft(1856) 등.
14   1858~1859년 오스트리아와 이탈리아 전쟁 종료 시점의 영구채 동향

구분	최고 가격	날짜	최저 가격	날짜	감소(%)
영국 콘솔(consols)	98.00	1858.12	89.62	1861.6	-8.6
프랑스 렌테(rentes)	72.00	1858.12	60.00	1859.5	-16.7
오스트리아 메탈리크(metalliques)	81.88	1858.4	38.00	1859.5	-53.6

출처: Niall Ferguson, *The House of Rothschild: The World's Banker 1849-1999*, p.98.

1859년 오스트리아가 이탈리아와의 전쟁에서 패한 후 로스차일드는 오스트리아를 더 이상 강대국으로 인정하지 않았다. 전쟁이 끝난 후인 1860년 3월 2억 굴덴 규모의 대출을 주선할 때 제임스 로스차일드는 적자에 허덕이는 오스트리아의 약점을 이용해 여러 가지 부대조건을 달아 외국 은행의 참여를 방해했다. 로스차일드가 단독으로 거래를 맡지 않는다면 오스트리아는 금융시장에서 신뢰를 상실하게 될 것이라는 협박도 서슴지 않았다.[15]

로스차일드는 프랑스에 대해서도 동일하게 적용코자 추진했으나 뜻대로 되지 않았다. 1852년에 설립된 크레디트 모빌리에Crédit Mobilier를 시작으로 프랑스 정부가 자국 산업의 발전을 위해 만든 은행과 국민이 예치한 풍부한 예금이 산업으로 흘러 들어감에 따라 본격적으로 프랑스의 금융이 제 역할을 수행하기 시작한 결과이다.

한때 메테르니히와 우호적 관계를 유지했던 로스차일드는 오스트리아의 국가 신용이 떨어지자 태도를 완전히 바꾸었다. 재정 악화에 따른 신용도 하락으로 부담해야 하는 비용은 금전뿐만 아니라 명예도 포함되어 있었던 것이다.

---

15 Niall Ferguson, *The House of Rothschild The World's Banker 1849-1999*, p.101.

프로이센 – 오스트리아 전쟁

프로이센–오스트리아 전쟁은 독일통일전쟁 또는 북통일전쟁이라고도 한다. 워털루 전투 이후 유럽 체제 재편을 논의한 1815년 빈 회의 합의에 따라 독일에는 독일연방이 창설되었다. 독일연방은 오스트리아제국과 프로이센, 바이에른, 작센, 하노버왕국, 홀슈타인공국, 프랑크푸르트시 등 총 39개 회원국으로 이루어졌다.

1866년 발생한 프로이센–오스트리아 전쟁은 세 개의 전선, 즉 동부전선(오스트리아–프로이센 전쟁), 남부전선(오스트리아–이탈리아 전쟁), 서부전선(프로이센의 마인 원정)에서 치러진 오스트리아와 프로이센 및 이탈리아의 전쟁이다. 독일연방 내 주도권 장악을 둘러싼 프로이센과 오스트리아 간 분쟁은 슐레스비히·홀슈타인의 영유권 다툼[1]에서 촉발되어 프로이센의 홀슈타인 점령과 더불어 시작되었다.

오스트리아는 홀슈타인에 대한 침공을 독일연방 규약의 위반으로 간주하여 프로이센을 독일연방 의회에 제소했다. 이에 특별위원회가 소집되었고 단독 투표권이 있는 국가는 모두 오스트리아 편을 들었다. 프로이센-오스트리아 전쟁은 바로 오스트리아 지지 국가와 프로이센 간의 전쟁이었다. 프로이센의 우군은 이탈리아였다.

전쟁 발발 2개월 전인 1866년 4월 비스마르크와 이탈리아의 전권대표 주세페 고보네 장군은 프로이센의 수도 베를린에서 3개월 기한의 비밀공수동맹조약을 체결했다. 전쟁에 승리하면 베니스를 이탈리아에 할양한다는 구속력 있는 비스마르크의 약속에 부응해 프로이센이 오스트리아에 전쟁을 선포하면 프로이센의 동의 없이는 정전협정이나 평화조약을 오스트리아와 단독으로 체결하지 않는다는 내용이었다. 전쟁은 이탈리아와의 비밀동맹조약에 따라 이 조약을 체결한 후 정확히 2개월이 지난 시점에 개시되었다.

베르타 폰 주트너의 『무기를 내려놓으라!』에서 프로이센이 사용하는 무기에 대해 주인공 마르타의 아버지는 이렇게 말했다.

이럴 줄은 예상도 못했다! 연전연패라니! … 그 후장총. 그 저주받을

---

1 1864년 독일연방군(프로이센과 오스트리아)과 덴마크의 전쟁에서 전쟁에 패한 덴마크가 슐레스비히·홀슈타인을 연방군에 양도했는데, 오스트리아는 연방 의장국으로서 기득권을 행사하려고 했고 반면에 지정학적으로 유리한 프로이센은 자국 행정 체제에 편입시키려 한 것에서 생긴 갈등.

후장총이 우리 군을 줄줄이 도륙하고 있어. 적군의 가장 강력한 두 군단, 황태자가 이끄는 군단과 프리드리히 칼 왕자가 이끄는 군단이 연합하여 이제 뮌헨그레츠로 진격하고 있다.

전장총은 병기를 세운 상태에서 장전해야 했기 때문에 탄약을 재기 위해 사수는 앉거나 선 자세를 취해야 했지만, 격침 발사총인 후장총은 발사 속도가 빠를 뿐만 아니라 엎드린 자세에서도 장전할 수 있었기 때문에 사수가 노출되지 않았다. 전장총과 후장총은 단발총과 연발총에 비유할 수 있다. 이 후장총으로 프로이센군은 오스트리아군을 곳곳에서 물리쳤다.

하지만 후장총이 없는 이탈리아군과 싸웠던 남부전선에서는 오스트리아군이 승리했다. 베니스를 점령하려 한 이탈리아군은 쿠스토자 전투[2]에서 패했고 아드리아해 해전[3]에서도 오스트리아 해군에 패했다. 이탈리아군이 유일하게 승리한 것은 베제카 전투가 전부였으나 전쟁이 끝난 후 오스트리아는 베니스를 프랑스에 양도해야 했고 프랑스는 이를 다시 이탈리아에 넘겨주었다.[4] 이탈리아는 전쟁에 패하고도 프로이

---

2 쿠스토자 전투(Battle of Custoza). 1866년 6월 북부 이탈리아의 쿠스토자에서 벌어진 전투에서 사르데냐, 피에몬테 등 이탈리아군 12만 명이 오스트리아군 8만 명에게 무참한 참패당했다.
3 1866년 7월 이탈리아 해군은 아드리아해에 있는 리사에서 오스트리아 해군 및 베니스 해군과 전투를 벌여 보유한 선박 대부분이 침몰당하는 패배를 당했다.
4 사보이와 니스를 병합한 프랑스는 이탈리아 편을 들었다. 이탈리아는 베니스 외에도 아드리아해 연안 지역의 반환을 오스트리아에 요구했으나 베니스로 양도 지역이 제한되었고, 베니스의 양도에 대한 반대급부로 이탈리아는 3,500만 굴덴을 오스트리아에 지불하는 의무를 부담했다. 이는 베니스 왕국의 국가 채무에 대한 오스트리아의 변제 요구 수준보다 낮았다(임종대, 『오스트리아의 역사와 문화 2』, 유로, 2013, 107쪽).

센이 전쟁을 승리로 이끎으로써 전승국의 입장에서 오스트리아와 평화조약을 체결할 수 있었다.

동부전선은 전쟁의 향방을 결정하는 전투가 있었다. 바로 '쾨니히그레츠Königgrätz 전투'이다. 프로이센은 빌헬름 1세와 육군 참모총장 헬무트 몰트케 원수가 진두지휘했다. 오스트리아군은 연전연패하여 전력이 약화되었고 보유한 병기 역시 열등해 프로이센군을 상대하는 데 한계가 있었다. 앞서 언급한 대로 프로이센군은 후장총을 사용한 반면 오스트리아군은 전장총을 사용했는데, 오스트리아군은 후장총의 사격 속도를 당해 내지 못해 병사를 많이 잃었다. 또한 프로이센군의 참모총장 몰트케는 철도의 수송력과 현대식 통신망(전신)을 이용해 각 병력을 신속히 이동·배치·투입하여 연합 공격하는 전술을 처음으로 펼쳤다. 프로이센은 기병보다 훨씬 빠른 기동력을 갖춘 보병으로 전투에서 압승했다.

서부전선에서는 프로이센군이 전승을 거두었다. 특이한 점은 동부전선에서 프로이센이 승리한 후 서부전선의 전쟁이 시작되어 오스트리아와 프로이센 간의 '니콜스부르크' 예비평화조약이 체결되었을 때 비로소 끝났다는 점이다. 니콜스부르크성은 전쟁 기간 동안 빌헬름 1세와 비스마르크 수상 그리고 프로이센군 참모총장 몰트케를 위한 숙소 겸 전쟁 지휘본부였다. 쾨니히그레츠 전투의 승리로 전쟁에서 사실상 승리했음에도 불구하고 비스마르크는 예비평화조약을 유리하게 체결하기 위해 서부전선을 유지시켰다. 오스트리아를 제외한 독일 통일이

16세기 합스부르크제국의 영토

- 스페인 왕국
- 스페인 합스부르크가의 지배 지역
- 오스트리아 합스부르크제국
- 오스트리아 합스부르크제국의 지배 지역
- 신성로마제국

브뤼셀
파리
빈
부다페스트
밀라노
베니스
마드리드
로마
나폴리

독일 통일 전쟁 후 오스트리아 - 헝가리 제국과 현재의 오스트리아

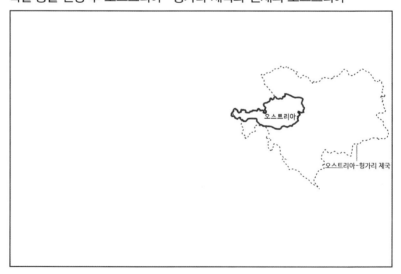

오스트리아
오스트리아-헝가리 제국

비로소 눈앞으로 다가온 것이다.

아울러 프로이센은 프랑스의 나폴레옹 3세가 평화회담을 중재한 대가를 요구하는 것을 물리치기 위해 예비평화조약을 전격적으로 체결했다. 프로이센군과 오스트리아군 간의 마지막 전투가 있은 지 불과 4일 후에 체결했던 것이다. 오스트리아와 평화조약을 서둘러 체결했기 때문에 영토 요구를 제기할 시점을 놓쳐 버린 것이 프랑스와 관계를 악화시킨 원인으로 작용하게 되었다. 한편 오스트리아는 이후 제1차 세계대전을 거치면서 합스부르크 왕조의 옛 땅을 모두 잃어버리고 현재의 모습과 같은 유럽 대륙의 오지로 변해 버렸다.

로스차일드는 오래전부터 전쟁 수행에 필요한 자금은 빌려주지 않는다고 했다. 자금이 전비로 사용되지 않더라도 전쟁에 기여해서는 안 된다는 입장이었다. 프로이센과 오스트리아 간의 전쟁 개시 4년 전인 1862년 프랑스의 제임스 로스차일드가 이러한 입장을 직접 언급한 후로는 비스마르크도 로스차일드에 거의 의존하지 않았다. 1851년 비스마르크가 프랑크푸르트에 프로이센의 공사로 있는 동안에는 암셀 로스차일드와 식사도 같이 했고, 개인 금융 관련 업무를 로스차일드 프랑크푸르트 하우스에 맡겼으며, 프로이센 대표단의 공식 은행으로 지정하기도 했다. 하지만 비스마르크는 로스차일드에 계좌를 개설해 경비를 충당했지만 거액을 빌리는 경우는 없었다.[5] 프로이센은 베를린 출신으로 군수물자를 만들면서 은행업을 영위하는 쉬클러 브러더스, 로스차일드의 대리인 역할[6]을 하는 투자은행가 블레이흐뢰더뿐만 아니라 프랑크푸르트의 메틀러은행Bankhaus Metzler 등과도 거래하고 있었다.[7]

1859년 이후에는 비스마르크는 자신의 개인 금융 관리인으로 베를린의 블레이흐뢰더를 활용했다. 로스차일드와 친분 관계가 있는 블레이흐뢰더는 비스마르크로부터 수집한 정치적 정보를 프랑스에 있는 제임스 로스차일드에게 제공했다. 비스마르크는 정치 문제에 대해 논의하기 위해서는 나폴레옹 3세를 만나야 했고 이 목적을 위해 제임스 로스차일드와 연락 채널을 구축해야 했다. 하지만 오스트리아와의 전쟁에서 승리한 후 1867년 1월 로스차일드 계좌를 폐쇄했다.[8]

한편 비스마르크는 1862~1866년 사이에 프로이센의 군제 개혁과 군비 확충을 달성하기 위해 의회의 승인 없이 예산을 집행했다. 평균적으로 매년 1861년에 승인된 금액보다 3,800만 탈러를 초과해 집행했다. 1864년에는 진보당이 장악한 의회에서 비스마르크의 1,200만 탈러 요청안이 거절되자 비스마르크는 다른 자금 조달 방법을 찾지 않을 수 없었다. 더욱이 의회와 정부 간에 헌법 분쟁이 발생한 후 프로이센 의

5   Niall Ferguson, *The House of Rothschild: The World's Banker 1849-1999*, Penguin Books, 2000, p.120.
6   Karl Erich Born, *International Banking in the 19th and 20th Centuries*, Burg Publishers, 1983, p.55.
7   Karl Erich Born, *International Banking in the 19th and 20th Centuries*, pp.24-25.
8   Niall Ferguson, *The House of Rothschild: The World's Banker 1849-1999*, p.122.

오토 폰 비스마르크

회가 정부에 더 이상 대출을 해 주지 않을 것이 명백해지자 1864년 라파엘 에를랑게(Raphael Erlanger)가 1,500만 탈러의 컨소시엄을 제안했다. 에를랑게를 매우 싫어하는 제임스 로스차일드의 반감을 막기 위해 블레이흐뢰더는 비스마르크에게 이 제안을 거절하도록 조언했다.

문제는 로스차일드가 에를랑게와 거래하지 말도록 요구하면서 자신도 비스마르크에게 대출하지 않은 데 있었다. 실제로 블레이흐뢰더가 의회의 승인을 마친 실레스 철도 공사[9]에 대한 2,000만 탈러의 모기지론을 제임스 로스차일드에게 제안했다. 하지만 이 제안은 거절당했다. 1865년 7월이 되면서 비스마르크는 쾰른-민덴 철도 사업으로

---

9 당시 철도는 운송 수단으로 매우 유용하게 사용되어 가치가 높았다.

1,300만 탈러를 확보하게 되었다. 이로써 1년 전쟁에 필요한 비용으로 추산되는 약 6,000만 탈러를 확보하게 된 것이다.[10]

프로이센은 통일을 위해 두 가지 방향으로 정책을 준비했다. 하나는 경제 부흥과 은행의 설립이었다. 다른 하나는 오스트리아가 국제금융시장에서 자금을 빌리지 못하도록 방해하는 것이었다.

그런데 경제 부흥을 위해서는 자금을 확보하는 것이 무엇보다도 중요했다. 프랑크푸르트는 프로이센을 비롯한 독일 북부 지역과 연관된 금융을 공여하고 있었던 반면에 빈은 오스트리아 제국에 대한 금융을 주로 취급하고 있었다. 따라서 프로이센도 프랑크푸르트의 개인은행으로부터 자금을 조달할 수 있었다. 하지만 19세기 중반 이후 기술의 발전으로 자본이 대규모 필요하게 되어 개인은행으로는 감당하기 어려운 상황이 되었다. 1850년에서 1870년 동안 독일의 석탄 생산량은 700만 톤에서 4,200만 톤으로 6배 증가했다. 19세기 초 소규모 인프라 사업에 치중했던 시기와는 달리 후반 들어 중공업 위주의 대규모 투자가 이루어졌기 때문이다.[11] 영국보다 산업화가 늦은 프로이센은 국력을 배양하기 위해 은행을 설립하기 시작했다.

프로이센은 18세기 초부터 영국 등의 은행을 모방하여 유사한 은행의 설립을 추진했다. 프리드리히 빌헬름 1세는 1722년 쾨니글리체 제한들룽Königliche Seehandlung(일명 '제한들룽')을 설립했는데, 이것은 대외 무역을

10   Niall Ferguson, *The House of Rothschild: The World's Banker 1849-1999*, pp.131-132.
11   W. R. Lee ed., *German Industry and German Industrialisation*, Routledge, 1991, pp.118-119.

하는 국가 기업인 동시에 프로이센 최초의 은행이었다. 이 은행은 19세기 상반기까지 프로이센에서 가장 강력한 대출기관이었다. 또한 프리드리히 2세는 1765년 최초의 발권은행이자 중앙은행인 쾨니글리체 지로운트렌방크Königliche Giro-und Lehnbank를 설립했다. 이 은행은 1846년에 프로이센방크Preußische Bank로 이름이 바뀌었고 1875년 라이히스방크Reichsbank로 전환되었다.

1848년 이후에는 개인은행이 주식회사 형태로 전환되고 대규모 자금이 공급되면서 독일 산업화는 빠르게 진행되었다. 1851년 프로이센 탄광법 개정으로 루르 지역 탄광 개발과 철도 건설 및 중공업 육성을 위해 다양한 형태의 은행이 설립되었다. 최초의 주식회사인 샤펜하우젠Schaaffenhausen과 프랑스의 크레디트 모빌리에Crédit Mobilier의 성공에 자극을 받아 이를 모델로 설립된 주식회사 형태의 다름슈타트방크Darmstädt Bank für Handel und Industrie, 합자회사 형태로 설립된 디스콘토 게젤샤프트와 베를리너 한델스 게젤샤프트가 대표적이다.[12]

다름슈타트방크는 쾰른 출신의 개인은행가 메비센Gustav Mevissen과 오펜하임Abraham Oppenheim 등의 주도로 설립됐는데, 로스차일드 등 개인은행가들의 압력으로 프랑크푸르트에서 신규 은행을 설립할 수 없었기 때문에 프랑크푸르트 아래 작은 도시 다름슈타트에 설립했다. 이후 프랑크푸르트의 개인은행가 베트만과 골트슈미트Goldschmidt도 다름슈타트방크의 자본금 모집에 참여했다. 1,000만 굴덴의 설립 자

---

12 W. R. Lee ed., *German Industry and German Industrialisation*, p.120.

본금에서 가장 많은 금액을 출자한 곳은 아이러니하게도 프랑스의 크레디트 모빌리에였다. 비스마르크는 이 은행이 로스차일드와 오스트리아의 영향력을 약화시킨다고 보고 프로이센 정부의 지원을 권고했다.[13]

프로이센에서 산업과 은행 간의 유대관계는 밀접했고, 전쟁에서도 차입을 통한 자금 조달에 의존했다. 전비 마련을 위해 앞서 이탈리아 통일전쟁에서 언급한 프로이센 컨소시엄[14]이 다시 구성되었다. 이번에는 쾰른의 오펜하임과 제한들룽이 추가로 참가했다. 디스콘토 게젤샤프트를 대신하여 제한들룽이 주간사를 맡아 자금 조달을 추진했다.[15] 프로이센은 자금 조달의 중요성을 그 어느 국가보다 잘 알고 있었다.[16] 하지만 당시 프로이센은 슐레스비히·홀슈타인 영유권을 두고 1864년 덴마크와 벌인 전쟁으로 자금 사정이 어려워져 있었다.

한편 프로이센은 선제적으로 독일연방 지역 내 관세 통일을 주도했다. 1815년 빈 회의 합의 이전에 314개 주권 지역으로 나뉘어 있던 독일연방은 39개 회원국으로 줄어들었지만 독일연방 지역 내에는 1,800개에 달하는 관세 장벽이 있었다. 프로이센 내에서만 67개 관세 장벽이 있었다. 경제 발전을 위해 관세 통일의 필요성을 인지한 프로이

---

13 Karl Erich Born, *International Banking in the 19th and 20th Centuries*, p.83.
14 1859년 프로이센 컨소시엄에는 디스콘토 게젤샤프트, 베를리너 한델스 게젤샤프트, 블레이흐뢰더, 멘델스존, 마그누스, 쉬클러 등이 참여했다.
15 Karl Erich Born, *International Banking in the 19th and 20th Centuries*, p.174.
16 Glyn Davies, *A History of Money*, University of Wales Press, 2002, p.567.

센이 가장 먼저 1818년까지 역내 관세 장벽을 모두 폐지했다. 프로이센은 1833년 말까지 독일연방 내 관세 통일을 위해 장벽을 거의 모두 제거했고, 최초의 신용은행Kreditbanken을 설립하여 1850년부터 1857년까지의 경제 부흥을 이끌었다. 프로이센에는 세금 징수 시스템이 잘 작동하고 있었고 국영기업의 상황도 좋았다. 1820년대부터 이어온 경제 발전 덕분에 영국과의 교역이 늘어나고 재정적으로는 안정되어 있었다.[17]

반면에 오스트리아제국은 금융과 관련해서는 로스차일드와 뗄 수 없는 관계였다. 제임스 로스차일드의 조카 안셈은 1861년에 오스트리아제국 평의회 금융위원회의 위원에 임명되었을 뿐만 아니라, 이에 앞서 1855년에 오스트리아에서 크레디탄슈탈트Creditanstalt를 설립했는데 이 은행은 오스트리아에서 가장 큰 은행이었다. 하지만 오스트리아가 1859년 이탈리아와의 전쟁에서 패한 후 제임스 로스차일드는 오스트리아에 대한 금융 거래에 신중을 기하고 있었다. 신용이 추락한 오스트리아에 대한 지원은 주로 로스차일드 가문의 단합 차원에서 이루어졌지만 로스차일드의 파리 하우스는 계속 부정적이었다.[18] 안셈은 로스차일드로부터 자금 조달이 어려워지자 1863년에는 반反로스차일드 은행과 프랑스의 크레디트 모빌리에 등에게 손을 벌려 신디케이션으로 자금을 조달하기도 했다.

---

17   Glyn Davies, *A History of Money*, p.569.
18   Niall Ferguson, *The House of Rothschild: The World's Banker 1849-1999*, p.129.

프로이센이 통일을 위해 정책을 펼친 두 번째 방향은 외교·심리적인 측면이 강했다. 비스마르크는 오스트리아가 자금 조달에 성공하는 것을 두려워했다. 1865년 여름 비스마르크의 목표는 모든 수단을 써서 오스트리아 정부의 자금 조달을 방해하는 것이었다.[19]

비스마르크는 오스트리아에 대출이 이루어지지 않도록 집요하게 노력했다. 심지어는 외교관이나 관료들이 로스차일드로부터 자금을 받으려고 언급한 말들을 문제 삼았다. 외교관들은 "대출을 받지 못하면 오스트리아는 파산한다"[20]거나 "오스트리아 정부는 신용이 부족하기 때문에 강대국 지위를 포기해야 할 것이다"[21]라고 말했다. 비스마르크는 이런 발언을 전략적으로 활용했다. 비스마르크는 1865년 10월 제임스 로스차일드를 만나 오스트리아에 대한 대출을 막기 위한 사보타주를 계속했는데 성공한 것처럼 보였다.[22]

한편 오스트리아가 1859년 이탈리아와의 전쟁에서 패한 후 제임스 로스차일드는 연체가 발생하고 있는 일부 오스트리아 거래를 청산하려고 했다. 오스트리아는 이에 대해 강력히 반발했다. 오히려 오스트리아 정부는 전쟁이 끝나자마자 2억 굴덴의 대출을 요청했다. 비록 제임스는 부정적으로 보았지만 다른 경쟁 은행은 오스트리아제국에 대한 믿음이 있었다. 오스트리아는 유대계 은행인 비쇼프하임앤골트슈미

19 Niall Ferguson, *The House of Rothschild: The World's Banker 1849-1999*, p.132.
20 Niall Ferguson, *The House of Rothschild: The World's Banker 1849-1999*, p.133.
21 Niall Ferguson, *The House of Rothschild: The World's Banker 1849-1999*, p.135.
22 Niall Ferguson, *The House of Rothschild: The World's Banker 1849-1999*, p.136.

트Bischoffheim & Goldschmidt[23]로부터 자금을 조달했다. 이에 제임스는 도리어 보유하고 있던 오스트리아 정부 채권을 시장에 매각하여 가격 하락을 부추겨 오스트리아와의 관계가 악화되었다. 1862년 오스트리아 정부는 또다시 5,000만 굴덴 규모의 신규 대출을 추진했다. 처음에 참여를 거부했던 제임스와 다른 로스차일드 하우스는 에를랑게 등 경쟁 은행이 컨소시엄으로 자금을 지원할 것이라는 상황을 파악하고 나서 참여하기로 결정했다. 오스트리아는 1863년 프랑스의 크레디트 모빌리에 등 라이벌 신디케이트로부터 400만 파운드를 조달했고, 1864년에는 크레디탄슈탈트 등 2개 기관으로부터 1,900만 굴덴을 조달했다.[24]

1865년 7월이 되면서 오스트리아는 돈이 떨어졌고 8,000만 굴덴 규모의 재정 적자가 발생했다. 1865년 9월 오스트리아의 파산 우려로 로스차일드(파리, 런던)는 소시에테 제네랄Societe Generale 등 다른 은행들과 함께 리스크를 분담했다. 10월에 오스트리아 정부는 담보를 제공하고 1억 5,000만 굴덴을 조달하려고 했다. 롬바르디아 철도를 담보로 받고 채권 금액 1억 5,000만 굴덴에 대해 프랑스 은행 컨소시엄이 지급한 금액은 9,000만 굴덴에 불과했다. 1866년 4월 오스트리아는 1,000만 굴덴

---

23 독일 유대인 출신의 개인은행가 비쇼프하임이 골트슈미트와 함께 1846년 브뤼셀에 설립한 은행으로 프랑크푸르트, 런던, 파리, 암스테르담 등에 지점을 확장하면서 영업력이 당시 로스차일드와 대등한 수준이었다. Huibert Schijf, "Networks of International Jewish Bankers. Königswarter and Bischoffsheim in Amsterdam, 1817-1862"(Conference Paper for XVth World Economic History Congress, Utrecht, 3-7 August 2009), p.8. 1863년에 비쇼프하임이 암스테르담에 설립한 Banque de Crédit et de Dépôt des Pays-Bas(현재 비앤피파리바BNP Paribas)와 합병, 금융 그룹이 되었다.
24 Niall Ferguson, *The House of Rothschild: The World's Banker 1849-1999*, pp.128-129.

의 자금이 필요했다. 이를 위해 어떤 조건도 수용할 의사를 나타낼 정도로 절박했다.[25] 이탈리아와의 전쟁에서 패한 후 오스트리아는 로스차일드의 부정적 입장으로 인해 주로 로스차일드의 라이벌 은행이나 반로스차일드 은행으로부터 자금을 조달했음을 알 수 있다.

로스차일드 가문의 사람들은 1866년 프로이센의 수상이 된 비스마르크를 축출하기 위해 온갖 노력을 기울였다. '미친 놈'이라든가 '분노의 거품으로 가득 찬 멧돼지', '전쟁광', '약탈자' 등의 나쁜 평가를 서슴지 않았다.[26] 비스마르크도 로스차일드에 대한 반감이 컸기 때문에 그들의 비난을 이해할 수 있다. 프로이센이 다름슈타트방크를 설립하려고 할 때 로스차일드는 개인은행가들을 앞세워 프랑크푸르트에 신규 설립 인가를 막도록 했고, 프로이센이 자금이 필요할 때 로스차일드는 계속 거부했다.

특히 다름슈타트방크는 프랑스의 크레디트 모빌리에를 모델로 설립되었는데, 크레디트 모빌리에의 설립 목적 자체가 로스차일드의 영향력을 줄이기 위한 소위 '반로스차일드'였다. 쌍방이 반감을 가질 수밖에 없었다. 더욱이 크레디트 모빌리에의 설립을 막기 위해 로스차일드가 나폴레옹 3세에게 이 은행의 설립 취소를 요구했으니 유사한 은행의 설립을 로스차일드가 반가워할 리 없었다. 하여간 나폴레옹 3세는 크레디트 모빌리에를 만들었다.

---

25   Niall Ferguson, *The House of Rothschild: The World's Banker 1849-1999*, p.138.
26   Niall Ferguson, *The House of Rothschild: The World's Banker 1849-1999*, p.122.

로스차일드는 1856년 로스차일드 지지 은행가로 구성된 리유니온 금융Réunion Financière이라는 컨소시엄을 만들어 해외 시장에 대응하는 한편, 1855년 빈에 크레디탄슈탈트, 1864년 파리에 소시에테 제네랄을 설립하고 직접 관할하며 대응했다. 1867년 마침내 크레디트 모빌리에가 문을 닫으면서 로스차일드는 프랑스의 '반로스차일드' 은행에 대한 반격에 성공했다.[27] 하지만 프로이센의 다름슈타트방크는 잘 돌아가고 있었다.

오스트리아는 최종적으로 자금 조달에 실패했다. 1866년 7월 전쟁에서 프로이센이 이겼고, 이날 잠정적인 휴전에 들어갔다. 프랑크푸르트에 있던 로스차일드의 자산은 프로이센의 지배를 받게 되었다. 전쟁의 승리로 비스마르크를 4년 동안 괴롭혔던 의회와의 위헌 분쟁은 사후 승인을 받으며 종결되었다. 비스마르크는 프로이센이 치른 전쟁비용을 패전국에게 부담시켰다. 오스트리아에는 3,000만 굴덴을, 프랑크푸르트에는 3,100만 탈러를 부과했다. 비스마르크가 프랑크푸르트에 부과한 금액 중 2,500만 탈러는 로스차일드(프랑크푸르트)가 마련해야 했는데 부담할 수 없는 과중한 수준이었다. 로스차일드는 프로이센 왕에게 청원하여 프랑크푸르트를 프로이센에 병합하는 조건으로 이 부담을 면제받았다. 이외에도 프로이센은 자기편에 서지 않은 공국에게 전쟁 배상금을 요구했다.[28]

---

27 Karl Erich Born, *International Banking in the 19th and 20th Centuries*, p.56.
28 Niall Ferguson, *The House of Rothschild: The World's Banker 1849-1999*, p.151.

로스차일드는 1865년 9월부터 프로이센과 거래할 수 없었다. 로스차일드는 프랑크푸르트 하우스가 파리 하우스에 비해 영업이 부진하고 칼 로스차일드 등이 죽으면서 남자 상속인이 없는 사유로 프랑크푸르트 하우스의 자산을 디스콘토 게젤샤프트에 이관시키고 1903년 청산했다.[29]

1866년 오스트리아를 연방에서 축출시키고 북독일연방이 탄생했다. 1871년 프랑스—프로이센 전쟁에서 독일이 승리함으로써 오늘날의 독일의 전신인 독일제국이 탄생했다. 독일 정부에 대한 대출은 프로이센 컨소시엄이 여전히 주도했다. 컨소시엄의 구성 은행이 점차 확대되었는데, 개인은행도 추가로 참여했다. 하지만 도이체방크Deutsche Bank는 1877년이 되어서야 합류했다.

도이체방크는 1870년대 4대 대형 은행[30]의 하나로 독일의 산업 발전에 큰 역할을 했지만 컨소시엄에서는 항상 디스콘토 게젤샤프트 등보다 후순위였다. 도이체방크가 단독으로 독일 정부에 대출을 시도했지만 한 번을 제외하고는 모두 컨소시엄의 일원으로서 소수 지분을 할당받아 참여했다. 1929년 도이체방크는 디스콘토 게젤샤프트를 흡수·합병함으로써 더 이상 불만을 가질 수 없게 되었다. 한편 독일제국 정부가 들어서면서 1880년대에 라이히 컨소시엄이 별도로 구성되어 독일제

29 Karl Erich Born, *International Banking in the 19th and 20th Centuries*, p.57.
30 디스콘토 게젤샤프트(1856), 코메르츠운트디스콘토(Commerz und Disconto, 1870), 도이체방크(1870), 드레스드너방크(Dresdner Bank, 1872)를 일컫는다(Glyn Davies, *A History of Money*, p.571).

국 정부에 대출했다. 라이히 컨소시엄은 중앙은행인 라이히스방크가 주도했다.[31]

이탈리아와 독일의 통일 과정에서 세 나라의 대외 정책에 뚜렷한 차이가 드러난다. 이탈리아(사르데냐)는 자국의 신용도와 국력이 약한 점을 잘 알고 있었다. 따라서 강대국과의 동맹을 염두에 두고 오래전부터 대외 정책을 추진했다. 프랑스에 잘 보이려고 크림 전쟁에 참여했고, 나폴레옹 3세에게 지속적으로 지지를 요구한 점이 그렇다. 또한 국제관계 힘의 흐름을 정확히 읽고 프랑스 및 독일과 동맹을 결성하여 원하는 이탈리아 통일을 달성할 수 있었다.

독일(프로이센)은 스스로 원하는 힘을 기르기 위해 준비를 했다. 영국을 따라잡기 위해 산업을 육성시키고 그에 필요한 금융 지원 시스템을 도입했다. 로스차일드에 휘둘리지 않기 위해 영국이나 프랑스의 은행 모델을 도입하여 국가와 산업은 필요한 자금을 지원받을 수 있었고 경제는 급성장했다.

오스트리아는 한때 합스부르크제국의 왕좌였으나 시대의 변화를 정확히 읽지 못했다. 많은 전쟁으로 재정이 악화되었지만 과거의 영광에 집착해 무리하게 유럽 질서의 재편에 앞장섰고, 그에 따라 재정이 고갈되었다. 그럼에도 불구하고 독자적으로 산업을 발전시키고 금융 시스템을 구축하는 데 게을렀다. 로스차일드와 외부 은행들에게 너무 많이 의존함으로써 위기 시 국가가 제 역할을 하지 못했던 것이다.

---

31 Karl Erich Born, *International Banking in the 19th and 20th Centuries*, pp.174-175.

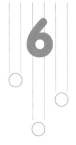

러일전쟁

러일전쟁은 뤼순과 펑톈을 지키고 빼앗는 전쟁이었다. 따라서 일본이 뤼순 항을 빼앗고 펑톈(현 선양)을 점령함으로써, 최종적으로는 일본해군이 러시아 발트함대를 쓰시마 해협에 침몰시킴으로써 전쟁의 막이 내렸다.

일본은 만주를 지배하기 위해 뤼순과 펑톈을 반드시 확보할 필요가 있었다. 독일의 지리학자 겸 기자인 지그프리트 겐테가 1901년에 쓴 기행문에 이 지역에 대한 언급이 있다.

1901년 러시아인들은 지금 톈진-상하이 구간 철로 연결에 이어 해안에서 남부지방까지 이어지는 광범위한 구간을 완성했다. 뤼순 항 인접의 잉커우에서 약 13시간 정도면 베이징까지 갈 수 있다. 그들은 청일전쟁 때 일본에 의해 파괴된 뤼순 항의 방어시설과 저장고를 대대적으로 수리하고 정비하면서 장비를 새로 보강하고 있었다. 그들이 아무런 이유 없이 잉커우에서 뤼순 항에 이르는 전 구간에 철도를 건설해놓았을 리가 없다.

만주의 수도 펑톈(만주어로 무크텐, 현재의 선양)은 정말 볼 만한 도시라고 한다. 리히트호펜의 여행기에 따르면, 그가 본 중국의 도시 중에서 가장 깨끗하고 아름다우며, 그 아름다운 매력을 능가할 곳으로는 산악지대인 쓰촨의 수도 청두뿐이다.[1]

부동항인 뤼순은 블라디보스토크의 극동함대에게 매우 중요한 항구였다. 사계절 바다로 항해가 가능하기 때문에 극동함대의 군함은 이 항구에 정박하고 있었다. 물자 수송은 시베리아 횡단열차를 이용할 예정이었다. 1891년 프랑스의 자본을 빌려 착수한 시베리아 횡단열차는 모스크바와 이르쿠츠크와 블라디보스토크를 연결한다. 러시아는 이르쿠츠크와 블라디보스토크를 직선으로 연결하여 만주를 관통하는 철로를 건설하고 그 중간 지점인 하얼빈에서 뤼순까지 연결하는 동청철도東淸鐵道(Chinese Eastern Railway)를 계획했다. 이 노선의 중간 지점에 펑톈이 있다.

1895년 청일전쟁의 승리로 일본은 청나라와 시모노세키 조약을 체결하면서 랴오둥반도를 얻었으나, 러시아가 독일·프랑스와 함께 견제

---

1 지그프리트 겐테, 『독일인 겐테가 본 신선한 나라 조선, 1901』, 권영경 옮김, 책과함께, 2007, 38쪽.

하여 랴오둥반도를 청나라에게 되돌려주었다. 그런데 러시아는 1898년 러청밀약으로 뤼순을 조차하고 이듬해 동청철도를 놓기 시작했고, 철도의 부설을 위해 러시아-중국 합자은행을 설립했다. 1900년 의화단사건이 일어나자 동청철도와 남만주철도를 지킨다는 구실로 러시아가 만주를 점령했다. 이렇게 랴오둥반도가 다시 러시아의 차지가 되자 일본으로서는 러시아와의 대립을 피할 수 없게 되었다.

일본은 오래전부터 러시아의 남진에 예민하게 반응했다. 러시아는 1581년 우랄산맥 동쪽으로 원정을 시작하여 50여 년 만에 오호츠크와 캄차카 등지에 도착했다. 이들은 이후 쿠릴 열도와 사할린에 거주하는 아이누인Ainu을 유럽의 물산으로 회유하며 남하를 시도했다. 그러나 일본은 먼저 사할린에 탐험대를 보내고 아이누인을 일본인에 포함시켰으며, 아이누인이 살고 있는 사할린도 항상 일본의 지배 영역이라고 간주했다. 하지만 러시아는 사할린은 이를 먼저 발견한 국가의 것이라고 주장했다.

러일전쟁이 발발하기 100년 전인 1804년, 러시아는 통상 관계 수립을 일본에 제안했다. 심지어 러시아어·일본어·만주어로 작성된 문서로 제안했다. 일본은 러시아의 의도가 무엇인지 고민하던 끝에 이를 거부했고, 1806~1807년 러시아는 사할린과 쿠릴 열도에서 일본군을 공격했다. 13세기 몽골·고려 연합군 이래 본토에 대한 외국 세력의 공격을 받아 본 적이 없던 일본은 매우 심각한 위기감을 느꼈다. 1860년에는 러시아의 주장이 받아들여져 북쪽 지역 사할린이 러시아 영역에 포함되었고, 1875년에는 러시아의 압력으로 남쪽 지역 사할린마저 러시아에 양도되었다. 사할린에 대한 굴욕적인 양도[2]를 잊지 않고 있던 일본은 오명을 씻어야 했다. 그 방법은 복수밖에 없었다.[3] 힘이 약한 일본은 오랜 기간 동안 전쟁을 준비했다.

일본은 러시아 해군 전력에 대항하기 위해 1896년부터 대대적인 해군 군비 확장에 나섰다. 1896년 의회에서 통과된 해군 군비 확장안은 1896년부터 1905년까지 10년간 군함 94척을 건조하려는 것이었다. 러시아와의 관계가 악화됨에 따라 예정보다 빨리 1902년까지 106척의 군함이 건조되었다.[4]

또한 1854년 미국과의 화친 조약으로 개국하게 된 후 일본은 영국을 연구하는 과정에서 영국이 세계를 제패한 배경에는 강력한 해군이 있다는 것을 알게 되었다. 일본은 영국의 해군 시스템을 연구하면서 해상 전략·전술을 습득하고,[5] 마침내 1902년 1월에는 러시아와 대립 관계에 있던 영국과 동맹을 맺었다. 일본은 개국과 동시에 동맹이 외교의 전략·전술에서 매우 중요하다는 점을 알았던 것이다. 일본은 영일 동맹을 체결한 후 러시아를 심층 연구했는데 모든 정보는 영국에서 제공받았다.[6] 또한 일본은 청일전쟁 배상금으로 영국 조선소에서 군함을

---

2 Richard Connaughton, *Rising Sun and Tumbling Bear*, Cassell Military, 2004, p.14.

3 이름(名)에 대한 기리(義務): 명예의 일본식 변형이다. 사람으로부터 모욕이나 핀잔을 받았을 때 그 오명을 '씻는' 의무. 즉, 보복 또는 복수의 의무를 말한다(루스 베네딕트, 『국화와 칼』, 김윤식·오인석 옮김, 을유문화사, 2015, 155쪽).

4 성희엽, 『조용한 혁명』, 소명출판, 2016, 592쪽.

5 Richard Connaughton, *Rising Sun and Tumbling Bear*, p.25.

6 유민호, 『일본 내면 풍경』, 살림, 2014, 216쪽.

건조시켰다. 1923년 8월까지 지속된 영일동맹은 일본의 국력 상승의
바탕이 되었다.

러시아는 극동함대(이후 제1태평양함대로 변경), 발트함대(이후 제2태평양함대
로 변경), 흑해함대 등 세 함대를 보유한 세계 최강의 해군력을 보유하고
있었다. 수적으로는 극동함대만으로 일본의 해군 전력과 비슷했다. 그
러나 일본의 해군 전력 강화로 1902년에 극동함대가 수적 열세를 보이
자 러시아는 1904년까지 함정 건조를 강화하여 수적으로 유사한 수준
을 만들었다. 전쟁 발발 시 극동함대는 7대의 전함을 보유하고 있었고
일본은 6대의 전함을 보유하고 있었다. 러시아는 자체 조선소를 보유하
고 있었지만, 상당 부분의 전함을 영국, 미국, 독일 및 프랑스에서 건조했
다. 반면 일본은 대부분의 전함을 영국에서 건조했다.

전함의 구조에서도 명확한 차이가 난다. 러시아 해군은 글로벌 이
권에 개입할 목적으로 항해하기 때문에 장거리 항해에 필요한 대량의
석탄 연료 적재를 위한 대규모 벙커를 내재하도록 전함을 설계했다.[7]
반면 일본의 전함은 인근해 항해를 주목적으로 건조되었기 때문에 적
은 연료 적재 벙커 설계로 방어적이면서 날렵하게 설계되었다.[8] 따라서
전함의 평균 속도는 일본 전함이 훨씬 빨랐다. 또한 흑해함대가 있는
보스포루스 해협은 국제법상 군사적 항행이 금지돼 있어 이동이 불가
능했고, 발트함대가 전쟁에 참여하려면 희망봉을 도는 긴 여정을 거쳐

---

7 러시아 함대는 장거리 항해에 필요한 대량의 석탄 연료 적재를 위한 대규모 벙커를 내재하도록 전함
   이 설계된 텀블홈(Tumble Home) 구조이다.
8 Richard Connaughton, *Rising Sun and Tumbling Bear*, p.35.

야 하는 지리적 약점이 있었다.

육군의 경우 일본은 프로이센–프랑스 전쟁에서 프로이센이 승리하자 프랑스식 군사 제도를 버리고 독일 방식의 군제 개혁을 단행했다. 중앙집권적인 참모본부를 설치하고 프로이센 방식의 전략·전술을 연구했다. 일본 육군은 1895년 러시아·독일·프랑스의 삼국 간섭 이후 약 10년에 걸친 대대적인 군비 증강을 통해 근대적인 군대로서의 편제와 위용을 갖추게 되었다.[9]

1904년 2월 개전 당시 일본군 병력은 85만 명이었으며, 예비군과 훈련되지 않은 자원 등 동원 가능 병력의 규모는 425만 명에 이르렀다. 한편 러시아의 훈련된 군인은 450만 명에 이르렀다. 그러나 25개 유럽 군단 중 6개 군단만 전쟁에서 참여했고 추가로 일곱 번째 군단이 파견되었지만 너무 늦게 도착해 전쟁에 참여하지 못했다. 결과적으로 1904년 2월 8일 블라디보스토크와 뤼순에 배치된 러시아의 전투 병력은 보병 기준으로 6만 명이었는데, 같은 달 중순에 9만 5,000명까지 증원되었다. 신속한 증병이 어려운 데에는 시베리아 횡단철도가 단선이고 바이칼호 아래의 철도 구간이 완성되지 않은 상태였기 때문이다. 이로 인해 모스크바에서 펑톈까지 군대를 배치하는 데 한 달이 걸렸다.[10] 1904년 9월이 되어서야 환바이칼 연결 철도 구간이 완성되었고, 이를 통해 그해 연말까지 러시아는 41만 명의 병사를 이동시킬 수 있었다.[11]

---

9   성희엽, 『조용한 혁명』, 593쪽.
10 Richard Connaughton, *Rising Sun and Tumbling Bear*, p.29.
11 Richard Connaughton, *Rising Sun and Tumbling Bear*, p.30.

전쟁이 개시되었을 때 유럽의 러시아군과는 달리 만주의 러시아 병사는 구색 맞추기식으로 차출된 현지의 농부 출신이 많았다. 교육 훈련을 받은 정교하고 판단력이 뛰어난 일본 군인과는 구분될 정도로 부드러운 곰이었다. 심지어 일본군이 잘하면 용맹한 적이라고 존경을 표하기도 했다. 러시아 병사는 처음에는 전쟁 속에서 혼란스러워 보였고, 일본군에 대항하지도 일본군을 이해하지도 못했다.[12]

러시아 장교 부대는 큰 규모였고 차이는 있으나 효율적이고 용감하여 당시의 미군보다 뛰어난 것으로 알려져 있었다. 하지만 낮은 보수에 승진이 늦어지고, 부대에 필요한 군수물자를 장교가 스스로 조달한 돈으로 충당해야 함에 따라 용맹이 점점 무뎌졌다. 가장 결정적인 약점은 능력보다 나이를 우선시하는 연장자 우대제, 연공서열제였다. 부대 지휘관은 에너지가 없고 무기력했다. 일반적으로 책임지는 일을 회피하고 의사결정을 미루고 전략을 짜는 데 허술했다. 보드카를 너무 좋아하고 부대원에 대한 동료의식이 낮고 전투에서는 환경 변화에 탄력적으로 대응하지 못했다.[13] 하지만 전쟁이 이어지면서 러시아군은 조금씩 좋아졌다.

러시아가 1903년 10월까지 만주에서 철수하겠다고 한 약속을 이행하지 않을 뿐만 아니라 만주를 넘어 한반도의 북위 39도 이북에 대한 중립 지역 설정을 요구하고 한반도에 대한 군사적 이용 불가를 주장하

---

12 Richard Connaughton, *Rising Sun and Tumbling Bear*, p.31.
13 Richard Connaughton, *Rising Sun and Tumbling Bear*, p.33.

도고 헤이하치로

자, 일본은 1904년 2월 4일 러시아와의 교섭중단을 선언했다. 그리고 드디어 일본은 1904년 2월 8일 러시아와 개전했다.

　일본은 지리적 인접성과 군사력의 열위를 고려해 육군과 해군의 협동작전, 속전속결과 선제공격 전략을 취했다. 도고 헤이하치로東鄕平八郎 제독을 중심으로 한 일본 군함이 1904년 2월 8일 뤼순에 정박한 러시아 제국 함대를 기습 공격했다. 러시아 황제는 전례가 없던 공격에 대단히 놀랐고, 같은 해 6월에 극동함대를 지원하기 위해 발트함대에 출격 준비를 명령했다. 일본은 동시에 제물포 상륙 작전[14]을 감행했다. 2

14　1905년 러일전쟁 종전 후 루스벨트 대통령의 지시로 아서 맥아더 주니어 장군이 극동 투어를 할 때 아들인 더글러스 맥아더 중위도 함께 있었다. 더글러스 맥아더의 기록에서 1894년과 1904년 일본의 작전을 모두 언급했는데 이 경험이 더글러스 맥아더의 인천 상륙 작전에 영향을 미쳤다.

러일전쟁 전개과정

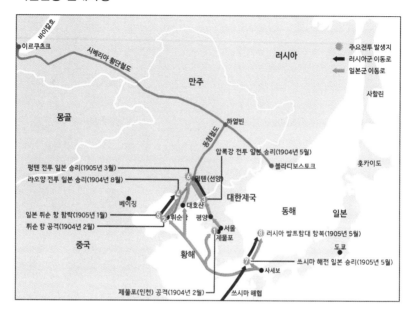

월 8일 밤부터 5만 명의 일본군이 다음 날 새벽까지 상륙했지만 아무런 제재를 받지 않았다. 대한제국의 땅, 수도가 코앞인 제물포에 일본군이 들어왔지만 대한제국이 아무런 제재를 하지 않고 일본군의 진입을 방임한 것은, 일본의 최북단 사할린에서 남하를 시도하는 러시아를 견제한 일본과 너무 대비되는 부분이다. 일본군은 이후 서울과 평양을 거쳐 압록강 전투에 참여하게 된다. 제물포에 러시아 함정이 있었으나 일본 군함과의 전투에서 모두 침몰되거나 자폭했다.

　기함旗艦 미카사三笠에서 도고 헤이하치로의 지휘로 일본 함대가 뤼순을 공격하여 러시아 극동함대의 전함을 격침시켰지만, 일본은 해안 포대의 공격으로 뤼순을 탈환하기 어려웠다. 하지만 일본 해군은 러시

오야마 이와오   알렉세이 쿠로팟킨

아 함대가 황해로 나오려는 시도를 성공적으로 저지했다. 러시아 함정
이 침몰되거나 파손되고 제독들이 전사한 뤼순은 봉쇄되었다. 러시아
함대를 봉쇄했지만 일본은 오랫동안 러시아군이 점령하고 있는 203고
지를 탈환할 수 없었다. 203고지를 탈환해야 뤼순을 함락시킬 수 있었
다. 한편 제물포에 상륙했던 일본 육군은 평양을 거쳐 압록강에서 러
시아군과 첫 전투를 벌였다. 1904년 5월 일본은 러시아의 시베리아 제
3군단과 전투에서 첫 승리를 거뒀다. 동양의 육군이 유럽의 육군을 물
리친 값진 승리였다. 당연히 일본군의 사기는 치솟았다.

　1904년 8월에는 오야마 이와오大山巌 원수가 이끄는 일본 육군이 랴
오양 전투에서 러시아의 쿠로팟킨Aleksey N. Kuropatkin 사령관이 이끄는 러시

아 육군을 물리쳤다. 일본 제3군의 합류 없이 이루어 낸 승리였다. 오야마 이와오는 1904년 6월에 임명된 역전의 장군으로 10년 전 청일전쟁 때 뤼순을 점령한 경험이 있는 노장 노기 마레스케乃木希典 장군이 제3군을 이끌고 랴오양 전투에 합류하길 기대했다. 하지만 뤼순의 203고지 전투는 1904년 말까지 이어졌다. 노기 마레스케는 203고지를 지키는 러시아군과의 전투에서 병력의 태반을 잃었다.

203고지 전투의 승패는 1905년 1월 1일 러시아의 스토에셀Anatolii M. Stoessel 장군이 갑작스럽게 항복하면서 결정되었다. 더욱 놀라운 것은 러시아군 창고에는 탄약과 음식은 물론 샴페인, 보드카 등의 물자가 충분했고 1만 6,000명은 부상했지만 868명의 장교와 2만 3,491명의 사병은 건강하여 행군도 가능했다는 점이다. 러시아군 3만 1,306명 사상자 중 약 30%는 사망했는데, 일본 제3군의 사망자는 이보다 두 배 많았다. 뤼순에 정박한 러시아의 군함은 일본군의 포격으로 모두 파괴되었다.[15] 1905년 1월 2일 마침내 일본군에 의해 뤼순이 함락되었다.

펑톈 전투는 1905년 2월 21일 양동 부대의 움직임으로 시작되었다. 펑톈 전투는 기만전술이 동원된 최초의 근대전이었다. 규모 면에서도 이전의 전투와는 다르다. 쿠로팟킨이 이끄는 러시아군은 27만 5,000명의 보병과 1만 6,000명의 기마병을 보유하고 있었고, 오야마 이와오가 지휘하는 일본군은 20만 명의 보병과 7,300명의 기마병을 보유하고 있었다. 러시아군은 시베리아 횡단철도의 펑톈역을 배후에 두고 진영을

---

15 Richard Connaughton, *Rising Sun and Tumbling Bear*, p.256.

구축하여 모스크바로부터 병력의 충원이 가능했다. 객관적으로 보면 전력은 러시아군이 우세했다. 일본군은 모든 가용 자원을 동원한 러시아군 섬멸전을 계획했으나, 러시아군은 방어전을 생각하고 있었다. 그런데 규모 면에서나 전투 성격 면에서나 러시아군이 유리해 보였지만 결국 일본군이 승리했다. 일본군은 러시아군을 양동 부대로 유인하고 전선의 빈틈이 생겼을 때 총공격하여 무너뜨렸던 것이다. 그러나 이 전투에서 러시아군 사상자는 9만 명 정도 되었고 일본군 사상자도 7만 명을 넘었다.

러시아의 발트함대 파견은 1904년 6월에 결정이 났지만 실제 출발은 1904년 10월에 이루어졌다. 희망봉을 돌아 약 3만 4,000km의 장거리 항해를 위해서는 그만큼 준비에 시간이 많이 걸렸다. 항해 도중 뤼순이 함락되었다는 소식으로 발트함대는 사기가 꺾였다. 로제스트벤스키Zinovy P. Rozhestvensky 사령관은 블라디보스토크로 향했다. 발트함대가 블라디보스토크로 향할 것이라고 판단한 도고 헤이하치로는 발트함대의 석탄 운반석이 상하이에 입항했다는 정보를 입수하고 쓰시마 해협의 길목에서 기다렸다.

5월 27일 러시아 함대가 나타나자 도고 제독의 기함 미카사는 'Z' 깃발을 게양[16]했다. 전투 개시 신호가 떨어지자 일본 함대는 T자 전술[17]

---

16 뤼순에서 선제공격할 때 게양했던 깃발. 제2차 세계대전에서 일본이 진주만을 '선제공격'할 때 미카사의 전투 깃발을 게양했고, 1942년 2월 19일 호주 다윈을 '선제공격'할 때에도 동일한 전투 깃발을 사용했다.
17 러시아 발트함대를 궤멸시킨 승리의 비결이 정(丁)자 또는 T자 진법이었다. 이 진법은 이순신의 학익진(鶴翼陣)을 모방한 것이라고 한다(《미래한국》, 2015년 9월 9일 기사).

을 펼쳤다. 진형을 짜는 동안 러시아 함대의 포격으로 일본군이 약간의 피해를 입었다. 로제스트벤스키 사령관이 기동명령을 내렸지만 러시아 함선은 서로 혼선만 초래하여 더 이상 명령을 내리지 못했다. 이렇게 망설이고 있는 사이 일본 함대는 진형을 완성했다. 앞서 언급한 대로 일본 함대의 기동성은 러시아 함대보다 우위였다. 발트함대의 기함 수바로프는 진형을 완성한 일본 함대의 집중포화를 받았고 사령관은 중상을 입었다. 다음 서열의 제독이 지휘권을 넘겨받아야 했다. 그러나 불행하게도 다음 지휘권을 행사할 제독은 일본의 최초 함포 사격으로 전사했고, 로제스트벤스키는 그의 죽음을 아무에게도 알리지 않았기 때문에 누구도 지휘할 수 없었다. 지휘관 없는 전투가 3시간 동안이나 이어지면서 발트함대는 섬멸되었다.

'적을 물리치려면 무자비하게 물리쳐야 한다'는 영국 넬슨 제독의 영향을 받은 도고 제독은 무자비하게 적선을 격침했다. 총 38척의 발트함대 가운데 전함 6척을 포함하여 19척이 격침되었고 7척이 항복했다. 블라디보스토크에 도착한 발트함대의 함정은 순양함 1척과 어뢰정 2척뿐이었다. 전사자 4,830명, 포로 5,907명이었다. 일본의 피해는 어뢰정 3척, 전사자 117명이었다.

뤼순 항은 1898년 이후로 자유항이 되어 몇몇 외국기업들도 들어와 있다. 그중 중요한 기업으로는 독일의 '쿤스트 운트 알버스(Kunst und

Albers)'와 '지타스(Sietas)', '블록 앤드 컴퍼니(Block & co.)'가 있다. 이들 기업이 성공하기 위해서는 독일 민족성을 포기하는 큰 대가를 치러야 했다. 완전히 러시아 국적을 취득하든지, 아니면 러시아인들을 우선으로 고용해야 한다는 뜻이다.[18]

러시아에서 들여오는 것은 대부분 바투미(Batumi)와 같은 등유와 블라디보스토크의 품질이 아주 나쁜 성냥으로, 모두 외국의 깃발을 달고 항구로 들여온다. 비록 러시아-중국 합자은행을 러시아보다 외국자본이 많이 투자된 기업으로 오인하지 않더라도, 러시아 회사는 현지에 단하나도 없다. 전체 교역량의 상당 부분은 일본이 차지하고 있다. 일본은 나가사키 항처럼 훌륭한 항구와 바다를 누비고 있는 막강한 무역선박을 갖고 오래전부터 다른 나라들을 앞서고 있다. 일본은 총교역의 86%를 차지하고 있으며 그 물량은 작년 한 해 동안 여섯 배 증가했다. … 실제로 일본인들은 만주를 경제적으로 지배하고 있다.[19]

1901년, 독일인 지그프리트 겐테가 뤼순의 상황을 묘사한 대목이다. 3년 후 러일전쟁이 개시되지만 1901년 이미 일본이 경제권을 장악하고 있는 상황이었고 러시아는 만주를 조차하고 있었다. 갈등이 없을 수 없는 구조였다.

---

18 지그프리트 겐테, 『독일인 겐테가 본 신선한 나라 조선, 1901』, 28쪽.
19 지그프리트 겐테, 『독일인 겐테가 본 신선한 나라 조선, 1901』, 36-37쪽.

일본은 러일전쟁에서 승리를 거둠으로써 유럽이나 미국과 대등한 강대국의 위치를 차지하게 되었다. 일본은 러시아를 필사적인 전략전술로 조형화해 전쟁에서 이겼다. 일본은 이 점을 높이 평가[20]하고 있다. 일본은 과거 전쟁에서는 육군과 해군은 각각 경쟁적이면서 독립적으로 전쟁을 수행했다. 육군은 전통적으로 조슈번 출신이 장악해 왔고, 해군은 사쓰마번 출신이 지배해 왔다. 육군의 야마가타 아리토모山縣有朋 참모총장은 조슈 출신이며 해군의 도고 헤이하치로 제독은 사쓰마 출신이다.

러일전쟁 발발 시 67세의 고령이었던 야마가타 아리토모는 최측근인 오야마 이와오를 총사령관에 임명했다. 그는 사쓰마 출신이었다. 러일전쟁에서 일본은 육군과 해군이 합동작전으로 승리했다. 일본은 해군의 지원하에 육군의 제물포 상륙 작전을 성공시킴으로써 육군이 펑톈에서 육상 전투를 마무리할 수 있었다. 또한 육군이 뤼순에 봉쇄되어 있던 극동함대를 마지막에 섬멸함으로써 해군은 쓰시마 해전에 대비해 함선을 수리하고 함포 사격과 함대 진형 훈련을 할 수 있는 시간을 벌었고 해전에서도 승리했다.

러일전쟁에서 일본은 러시아 군인을 국제적인 패전국 대응 관례와 국제법에 따라 처리했다. 펑톈 전투에서는 만주의 문화유산물을 훼손하지 않겠다고 선언했다. 불과 10년 전 청일전쟁 때 약탈과 파괴를 서슴지 않았던 일본은 완전히 다른 태도를 보였다. 전쟁을 참관하기 위해

---

20   시바 료타로, 도널드 킨, 『일본인과 일본 문화』, 이태옥·이영경 옮김, 을유문화사, 1993, 106쪽.

16개국에서 파견된 참관인의 시선을 무시할 수 없었기 때문에 국제 수준에 걸맞게 전쟁포로를 대우하고 문화국으로서 일본의 모습을 보여주기 위한 행위로 해석된다. 전쟁 자금이 유럽과 미국의 은행에서 지원되었기 때문이다.

전쟁 당시 일본의 인구는 4,600만 명으로 러시아 인구 1억 4,600만 명의 30% 수준이었다. 국내총생산은 공식 데이터가 없지만 추정치에 의하면 영국 파운드 기준으로 일본은 약 7억 파운드, 러시아는 약 21억 파운드로 이 역시 일본이 러시아의 30% 수준이었다.[21] 학자에 따라 일본의 경제 규모를 러시아의 10% 수준으로 보기도 한다.[22] 러시아의 전비는 30억 1,600만 루블[23](31억 엔)인 반면 일본은 17억 3,000만 엔[24](1억 7,300만 파운드)이었다. 일본이 외화 국채를 발행해 조달한 금액은 8억 2,000만 엔(8,200만 파운드)으로 전체 전비의 47%를 차지하고 있다. 당시 연간 세금 수입이 2억 1,280만 엔 수준[25]을 감안할 때 외화 조달이 없었으면 전쟁의 수행이 불가능했다.

---

21 《한국일보》, 2019년 5월 4일. 러일전쟁 기사.

22 James R. Holmes, "The Russo-Japanese War: Dollars and Cents," *The Diplomat*, 2012.11.21.

23 Rosella Cappella Zielinski, "Confronting the Costs of War Project War Finance Data Documentation"(http://sites.bu.edu/cappella/files/2016/01/CCWP-Codebook.pdf), p.32.

24 Takeda Takao, "The Financial Policy of the Meiji Government," *Developing Economies* 3(December 1965), p.444에는 17억3,000만 엔, Rosella Cappella Zielinski, "Confronting the Costs of War Project War Finance Data Documentation"에는 17억 2,100만 엔으로 기록되어 있다.

25 Rosella Cappella Zielinski, "Confronting the Costs of War Project War Finance Data Documentation," p.32.

러일전쟁 선전 포고 직후 일본은 두 가지 방향으로 외국에 특사를 파견했다. 하나는 전쟁을 끝내기 위한 목적이고 또 다른 하나는 외화 자금을 조달하기 위해서였다. 일찍이 자력으로 전쟁을 끝까지 끌고 갈 수 없다고 생각한 이토 히로부미伊藤博文는 가네코 겐타로金子堅太郎를 미국으로 보내어 미국을 중재자로 끌어들이려 했다. 하버드 로스쿨 출신의 가네코는 당시 대통령이던 시어도어 루스벨트와 친분이 두터운 동문이었기 때문이다. 러시아와의 강화 회담이 미국의 포츠머스에서 열린 것은 이런 배경 때문이었다.[26]

또한 외화를 조달하기 위해서 이토 히로부미는 일본은행 부총재 다카하시 고레키요高橋是淸를 미국과 런던으로 보냈다. 청일전쟁의 전비 약 2억 엔을 모두 일본 국내에서 조달할 때와는 달리 전쟁 비용이 기하급수로 증가한 러일전쟁에서는 이를 모두 국내에서 충당할 수 없었기 때문이다. 일본은 처음에는 외화 국채 4,500만 파운드를 발행할 계획이었지만 최종적으로는 8,200만 파운드를 발행했다. 이러한 외화 조달은 그동안 보아 왔던 일본의 행동문화와는 사뭇 달랐다. 일반적으로 외화 조달을 위해서는 투자자를 대상으로 투자규모, 이자율 및 채권 만기를 사전에 알아보고 가능성이 있을 경우에 투자설명서를 작성하여 로드쇼를 나간다. 그런데 일본의 외화 채권 발행에는 사전조사나 탭핑tapping이 없었다. 개전 후 일본은 바로 국제금융시장에 채권을 팔러 나갔다. 얼마나 절박했으면 일본의 운명이 다카하시에게 달려

26 이광훈, 『상투를 자른 사무라이』, 따뜻한손, 2011, 308쪽.

다카하시 고레키요

있다고 눈물의 송별식을 했겠는가. 다카하시 고레키요에게 모든 것을 맡긴 것이다.

다카하시는 1904년 2월 배로 태평양을 건너고 기차로 뉴욕에 도착했을 때 현지 은행들은 아무런 반응이 없었다. 하지만 일본의 동맹국인 영국에서의 상황은 달랐다. 4월 런던에 도착한 다카하시는 주목할 만한 인물들을 만났다. 베어링사의 레블스토크 경Lord Revelstoke, 홍콩상하이뱅크HSBC의 에웬 캐머런 경Sir Ewen Cameron, 영국 왕실 은행가 어니스트 카셀 경Sir Ernest Cassel[27] 그리고 로스차일드 경Lord Rothschild 등이

---

27 독일 쾰른 출신의 개인은행가로, 비쇼프하임앤골트슈미트(Bischoffheim & Goldschmidt) 런던을 맡고 있으며, 왕실과 연관이 높아 별명이 윈저카슬(Windsor-Cassel)이었다(Youssef Cassis and Philip L. Cottrell, *The World of Private Banking*, Routledge, 2009, p.256).

다.[28] 영국에서 가장 영향력이 있는 인물들을 모두 만났던 것이다. 하지만 로스차일드(런던)는 일본의 전쟁 채권에 대한 투자를 거부했다. 일본 외화 채권에 대한 투자가 알려지면 러시아 정부가 유대인에 대한 탄압을 더 강화할 것이라는 이유로 거절한 것이다.[29] 일본은 1872년 에도와 요코하마 간의 일본 국철 건설을 위한 자금을 조달하면서 로스차일드와 인연을 맺었다. 하지만 더 이상의 발전은 없었다.

로스차일드가 처음부터 일본 전쟁 채권에 관심이 없었던 배경은 세 가지[30]로 보인다. 첫째, 영국의 로스차일드는 잃어버린 독일 시장을 찾기 위해 '영국–독일' 제휴를 추진하고 있었다. 영국이 일본과 동맹을 맺으면서 러시아에 대한 견제 세력으로서의 독일의 필요성이 낮아졌다. 영국–독일 간의 전략적 제휴를 도모하고 있던 로스차일드에게는 큰 타격이 되었다. 둘째, 일본이 정말로 러시아와 개전할 것이라고 믿지 않았다. 주영 일본 대사 하야시가 러일전쟁 개시 한 달 전에 알프레드 로스차일드Alfred Rothschild(라이어널의 아들이자 나탄의 손자)를 찾아왔을 때조차 로스차일드는 자금 지원을 거부했었다. 셋째, 전쟁으로 인해 로스차일드가 보유한 러시아 채권의 가격이 떨어졌기 때문이다. 개전 초기 일본이 승리하리라고 보는 시각은 전무했다.

---

28 Richard Smethurst, "Takahashi Korekiyo, the Rothschilds and the Russo-Japanese War, 1904-1907," *The Rothschilds Archive Review of the Year*, Rothschilds Archive, 2007, p.21.
29 로스차일드의 참여가 러시아와 동맹 관계에 있었던 프랑스에 알려지고 결국 러시아에 알려질 것을 우려했다.
30 Niall Ferguson, *The House of Rothschild: The World's Banker 1849-1999*, Penguin Books, 2000, p.395.

1904년 5월 최초의 1,000만 파운드의 전쟁 국채는, 일본의 관세를 담보로 발행되는 전쟁 채권으로 만기 7년, 이자율 6%(당초 5%에서 상승), 가격은 93½로 액면가 100을 기준으로 발행 시 90의 금액을 수령하는 조건의 채권이었다. 대부분 5%의 이자율로 발행되는 관례를 고려하더라도 투자자에게 유리한 조건이었으나 인기가 없었다. 영일동맹의 영향으로 영국 파스뱅크Parr's Bank(현재 Royal Bank of Scotland 그룹 소속)와 홍콩상하이뱅크로부터 500만 파운드의 인수의향을 받았다. 여기에는 영국 왕실 은행가 어니스트 카셀 경이 보이지 않은 큰 역할을 했다. 다카하시는 계속 로스차일드와 접촉했지만 전쟁 채권에 대한 투자를 이끌어 내지 못했다.

런던에서의 채권 발행 노력과는 별도로 전장에서도 일본의 노력이 보였다. 자신을 외부에 드러내는 것을 꺼리는 일본이 전쟁 참관인을 허용했다. 대한제국과 만주에서만 16개국 100여 명이 참관했는데 일본군과 해군에 대한 영국 참관인만 13명이나 되었다. 일본이 참관인을 허용한 배경에는 전쟁에 필요한 자금 조달에 우호적인 환경을 조성하려는데 있었다.[31]

그러던 차에 미국으로부터 1차 발행 채권 중 잔액 500만 파운드 인수가 성사되었다. 인수자는 바로 미국의 유대계 은행가인 제이콥 쉬프Jacob Henry Schiff였다. 쉬프가 쿤롭사Kuhn, Loeb and Company를 통하여 500만 파운드를 인수해 줌으로써 일본은 1차 1,000만 파운드의 국채를 성공적으로 발행할 수 있었다.

---

31   Richard Connaughton, *Rising Sun and Tumbling Bear*, p.70.

쉬프는 로스차일드와 동일한 이유로 러일전쟁에 자금을 지원하기로 결정했다. 로스차일드는 전쟁 채권의 인수가 러시아에 사는 유대인의 탄압으로 이어질 것을 우려한 반면, 쉬프는 유대인을 탄압하면 어떻게 되는지 보여 주기 위해 일본에 자금을 댄 것이다. 쉬프는 러시아에 대한 금융은 유대인 동포를 팔아 이익을 챙기는 행위이므로 러시아 앞으로는 단 1센트도 주어서는 안 된다고 비판하는 강철 같은 인물이었다. 일본에 대한 관심이 아니라 러시아의 반유대인 정책에 대한 혐오로 채권 인수를 결정한 것이다.

러시아에서는 1881년 알렉산드르 3세가 즉위한 이후 유대인에 대한 박해가 심했다. 1903년 이후에는 유대인 학살이 더욱 극심했다. 로스차일드를 포함한 유대인은 영국의 정계 인맥을 활용해 지속적으로 이를 저지하려는 노력을 기울였지만 상황이 개선되지 않고 있었다. 러일전쟁 당시에는 러시아는 유대인 병사를 총알받이로 전면에 내세워 일본군의 총알 세례를 받게 했다. 쉬프는 달러가 칼보다 강하다는 것을 입증하고자 했다.

다카하시는 쉬프를 우연히 런던의 만찬장에서 만났다. 여전히 채권 발행에 어려움을 겪고 있던 상황에서 옆자리에 앉은 쉬프를 만나게 되었으니 온 정성을 다해 설명했음은 당연하다. 그 자리에서 일본군은 죽음을 각오하고 전투를 계속할 것이니 투자해 달라고 간청했다.[32] 이 만남으로 투자 결정이 이루어졌다.

쉬프는 1847년 독일 프랑크푸르트의 유대인 가정에서 태어났는데,

32   David, "Russo-Japanese War – financed by Jacob Schiff," *The Strange Side of Jewish History*(2012.12.20.).

아버지가 로스차일드 가문을 위해 일하는 중개인(브로커)이었다. 1875년 쿤롭사의 창업자인 솔로몬 롭Solomon Loeb의 딸과 결혼하여 1885년 쿤롭사 사장이 되어 쿤롭사를 미국 최고의 금융 그룹의 하나로 부흥시켰다. 특히 유대인에 대한 자의식이 강했고 러일전쟁 당시에는 전미유대인협회 회장이었다. 쉬프는 방대한 네트워크를 활용해 미국에 있는 주요 은행과 보험사에게 일본 정부 채권의 인수에 참여하도록 주선했다.

일본 정부는 전쟁 자금 부족으로 바로 두 번째 외화 채권 발행을 다카하시에게 주문했다. 1904년 11월에 1,200만 파운드의 외화 채권이 발행되었다. 조건은 첫 번째와 동일하나 가격은 달랐다. 100을 기준으로 86½을 수령하는 가격으로 첫 번째 발행보다 가격이 나빠졌다. 이번에도 발행액의 절반을 쉬프가 인수했다. 일본의 전쟁 국채는 총 8,200만 파운드 발행되었다. 이 중 3,600만 파운드를 쉬프가 유대계 자금을 모아 미국에서 인수했다. 물론 막강한 금융 네트워크를 활용해 미국 외의 자금 조달도 지원했다.

1904년 5월부터 1905년 7월까지 일본이 전쟁 채권으로 자금을 조달한 현황을 보면, 전쟁의 승패를 가늠할 수 없는 초기 1904년에는 채권의 이자율이 6%로 높음을 알 수 있다. 하지만 1905년 1월 일본이 뤼순을 함락[33]시킨 이후에 발행된 채권의 이자율은 4.5%로 일본의 승률이

---

33 일본 입장에서 1904년 2월 뤼순 공격, 1904년 5월 압록강 전투 승리, 1904년 8월 랴오양 전투 승리, 1905년 1월 뤼순 함락, 1905년 3월 펑텐 전투 승리, 1905년 5월 쓰시마 해전 승리 및 러 발트함대 항복, 1905년 9월 포츠머스강화조약 체결이라고 표현했다. 참고로, 일본은 동해에서 러시아 군함을 감시하기 위해 울릉도와 독도에 망루를 1904년 9월과 1905년 8월에 각각 세웠다.

일본의 국채 발행 현황

발행 연월	발행 이자율	총 금액	인수 지역	미국 내 인수금액
1904년 5월	6%	£10,000,000	런던, 뉴욕	£5,000,000
1904년 11월	6%	£12,000,000	런던, 뉴욕	£6,000,000
1905년 3월	4½%	£30,000,000	런던, 뉴욕	£15,000,000
1905년 7월	4½%	£30,000,000	런던, 뉴욕, 베를린	£10,000,000
합계		£82,000,000		£36,000,000

출처: Gary Dean Best, "Financing a Foreign War: Jacob H. Schiff and Japan 1905–05," *American Jewish Historical Quarterly*, vol.61, no.4(1972.6), p.313.

높아짐에 따라 리스크 가격이 하락함을 알 수 있다. 하지만 이 모든 채권은 담보를 제공하고 발행한 것이다. 1904년 발행한 1·2차 채권은 관세를 담보로 제공했고, 1905년 발행한 3·4차 채권은 담배 전매 수입을 담보로 제공했다.

개전 당시 일본은 전쟁 기간을 1년, 전비로 4억 5,000만 엔을 예상했다. 그러나 전쟁이 해를 넘겨 당초 예상했던 전비의 네 배 가까운 17억 3,000만 엔의 전비가 소요되어 일본의 국가 재정은 파산 직전이었다. 제이콥 쉬프는 일본이 이런 위기를 넘기는 데 결정적으로 기여했다. 이 공로로 쉬프는 1906년 3월 방일하여 메이지 왕으로부터 최고훈장인 욱일대수장을 받기까지 했다.

일본은 연이은 전투에서 승리했다. 쉬프의 도움으로 일본은 국제금융시장에서 채권 발행에 성공했고, 반대로 쉬프의 방해로 러시아는 자금 조달에 지장을 받았지만 전체적으로는 일본과 러시아의 국제금융시장에서의 자금 조달 여건은 비슷했다.[34] 오히려 전쟁이 장기화되면서 러시아에게 유리해졌다. 프랑스와 독일 은행이 러시아에 자금을 지원할 수 있다고 했기 때문이다. 더욱이 펑톈에서 러–일 간 최대 규모의 전투가 벌어지고 있는 시기에 유럽과 미국의 금융시장에서는 일본의 전쟁 야심에 대한 우려가 커지고 있었다. 도쿄에서는 자금 조달이 거부될 날이 멀지 않았다는 분위기였다. 이런 분위기가 오야마 이와오의 일본군에게도 전달되었기에 펑톈 전투에서 전쟁을 끝내기 위한 대러시아 섬멸전을 펼쳤던 것이다. 전쟁 후 일본은 사실상 부도 상태였다.[35]

1905년 5월 전쟁이 끝난 후 시어도어 루스벨트의 중재로 열린 강화협상에서 러시아는 세르게이 비테Sergei Witte 전 재무부 장관을 대표로 파견했고 일본은 이번에도 루스벨트 대통령과 같은 하버드 출신의 고무라 주타로小村壽太郞 재무성 장관을 대표로 내세웠다.

전쟁이 끝났지만 러시아는 증병을 중단하지 않았고 러시아의 유럽군에서 추가로 2군을 파병하려는 중이었다. 러시아는 독일과 프랑스 은행으로부터 추가 차입이 가능한 입장이었다. 러시아는 장기전에 더 유리했고, 일본은 재정적으로 매우 어려운 상황이었다. 일본이 파산을 면하기 위해서는 협상만이 유일한 길이라는 것을 간파한 비테는 전쟁을 계속할 수 있으므로 전쟁에 지지 않았고, 따라서 전쟁 배상금을 줄

---

34   James R. Holmes, "The Russo-Japanese War: Dollars and Cents."
35   Richard Connaughton, *Rising Sun and Tumbling Bear*, p.341.

세르게이 비테

수 없다고 주장했다. 거기에다 처음에 우호적이었던 루스벨트도 일본 팽창주의를 우려해 러시아 편을 들었다. 1905년 9월 5일 포츠머스조약이 체결되었지만 일본은 전쟁 배상금을 한 푼도 받지 못했다.

포츠머스조약 후 바로 일본 정부는 다카하시에게 전쟁 배상금을 받지 못했으니 자금을 조달하라고 지시했다. 전쟁 배상금으로 외화 채권을 상환하려던 계획이 불가능해진 것이다. 다카하시는 그동안 런던의 로스차일드 가문과 유대관계를 쌓아 오고 있었고, 실제 전쟁 후에는 투자 참여가 가능하다는 입장이었던 로스차일드를 활용하기 시작했다. 약속대로 로스차일드는 일본 외화 국채의 인수를 위해 전면에 나섰다.

영국의 너새니얼 로스차일드Nathaniel Rothschild와 알프레드 로스차일드 Alfred Rothschild(라이어널의 아들들)의 추천을 받아 다카하시는 프랑스에 있는 로스차일드 은행가들을 만나러 파리로 갔다. 런던과 파리의 로스차일드는 채권의 인수에 참여하기로 결정했다. 하지만 그동안 러시아 유대인에 대한 탄압 억제에 방법을 달리했던 쉬프와는 단절하게 된다. 쉬프가 중심으로 참여했던 컨소시엄의 주간사 은행 파스뱅크가 교체되었다. 아울러 로스차일드는 기존 쉬프가 참여했던 전쟁 채권의 상환용으로는 채권을 인수할 수 없다고 밝혔다. 다카하시는 이를 수락했다.

로스차일드의 주도로 1905년 11월 2,500만 파운드의 외화 채권이 성공적으로 발행되었다. 일본은 쉬프를 주요 채권 인수자로 참여시키고자 노력했지만 로스차일드는 거부했다. 결국 로스차일드가 주도하는 컨소시엄에 형식적으로 참여하는 수준(325만 파운드)으로 결정되었다. 쉬프가 이렇게 소액임에도 굴욕적으로 참여한 배경에는 다카하시의 요청을 거부할 수 없었던 쉬프의 애정과 배려가 숨어 있었다. 다카하시는 로스차일드 가문의 인물뿐만 아니라 당시 런던의 주요 은행가들과의 네트워크가 두터웠다. 이는 후속으로 이루어진 이자율 6%의 1904년 외화 전쟁 채권의 재구조화 작업에서 톡톡히 결실로 나타났다. 로스차일드의 주도로 1907년 3월에 발행된 2,300만 파운드의 채권은 담보 없이 신용으로 이자율 5%, 가격 99½의 조건이었는데, 이로 얻은 이자 절감액만 연간 22만 파운드였다.

일본의 케인스로 불리는 다카하시 고레키요는 1854년 쇼군에 소속된 예술가와 15세의 시녀 사이에서 태어난 사생아였다. 하급 무사계급

가정에 양자로 입양된 다카하시는 요코하마에서 열 살 때 미국 선교사 밑에서 영어를 배우기 시작해 영어로 성공한 인물이다. 전통 교육을 받지 못했지만 그는 훌륭한 영어 구사 능력을 인정받아 도쿄제국대학의 영어 강사가 되었고, 메이지 정부의 미국 자문관·통역관을 거쳐 미국과 유럽에서 연구 활동을 하고 일본 중앙은행 총재와 재무성 장관을 지냈다. 일본에 금본위제를 도입하는 데 기여했고 결정적으로는 일본 전쟁 채권의 부도를 막아 냈다. 그는 민간에 의한 군 통솔을 주장하고 과도한 전쟁 지출에 반대했다가 극우 청년 장교에게 1936년 암살당했다. 러일전쟁은 바다에서는 도고 헤이하치로, 육지에서는 오야마 이와오, 보이지 않는 곳에서는 서민 출신의 다카하시 고레키요가 있었기에 승리할 수 있었다.

한편 포츠머스조약 협상에서 세르게이 비테는 전쟁 배상금을 포기하도록 어떻게 일본을 설득했을까. 당시 러시아 증권거래소 가제트Stock Exchange Gazette의 프로페르Propper 발행인이 상트페테르부르크에서 만난 비테에게 전해들은 포츠머스조약의 비화를 기록했다.

"고무라 백작님, 저는 10년 이상을 러시아 재무부 장관으로 일했습니다. 지금 평화 협상이 거의 마무리된 상태에서 돈 때문에 협상이 깨지고 양쪽의 군인들이 계속 피를 흘려야 한다면, 아무도 우리에게 외화 대출을 해 주지 않을 것입니다. 미국도 유럽도 한 푼 지원하지 않을 것입니다. 귀국의 우방인 영국도 우리의 우방인 프랑스도 사실 그렇지요.

어느 정도는 지금 갖고 있는 빌린 돈으로 전쟁할 수 있겠지요. 그러나 곧 바닥이 납니다. 그러면 더 비싼 이자율로 자금을 빌려야지요.

일본이 빌린 1·2차 외화 자금은 관세를 담보로 차입했지요. 3·4차 외화 자금은 담배 전매 수입금을 담보로 차입했고요. 반면에 우리는 담보를 제공한 적이 없습니다. 지금까지 담보를 전혀 제공하지 않고 자금을 확보할 수 있었습니다. 결국 답은 간단합니다. 우리는 담보로 제공할 대상이 많습니다. 일본은 외화 차입을 위한 다른 방안이 있습니까?

존경하는 백작님, 아마 일본 국내 채권은 발행이 가능하겠지요. 좋습니다. 국내 금융 상황에 대한 비교는 그만두죠. 우리 각 중앙은행이 경화를 발행할 수 있는 규모를 비교해 봅시다. 일본 은행은 금을 얼마 보유하고 있습니까? 아마 1억 3,000만 루블 정도. 우리는 얼마를 갖고 있을 것 같습니까? 우리는 15억 루블을 가지고 있습니다. 최종적으로 누가 전쟁의 승리자가 될까요? 일본 아니면 러시아?"

고무라는 한참 동안 침묵했다. 그리고 고개를 들고 혼란스러운 표정으로 마지못해 미소를 지으면서 책상에 있는 펜을 들었다. 그리고 한 단어를 썼다.

'동의(consent)'[36]

세르게이 비테는 1892년부터 1903년까지 러시아 재무부 장관을 지

36 B. V. Anan'ich, S. A. Lebedev, "Sergei Witte and the Russo-Japanese War," *International Journal of Korean History*, vol.7(Feb. 2005), p.124.

냈고 러시아에 금본위제를 도입했다. 1892년 시베리아 횡단철도의 자금 조달을 시작으로 극동아시아 정책을 실행했다. 1895년 청일전쟁의 전쟁 배상금을 마련하려는 청나라의 요청으로, 그는 러시아-프랑스 신디케이트론 1억 엔을 조달해 주었다. 이때 러시아는 청 정부를 위해 프랑스 은행에 보증을 섰다. 청나라는 이렇게 조달한 1억 엔을 포함하여 총 3억 6,500만 엔의 금화를 일본 정부에 보냈다. 이 자금으로 일본은 금본위제를 정착시켰다. 같은 해 러청은행Russo-Chinese Bank이 설립되어 동청철도 건설에 자금을 지원했다. 1903년 극동아시아 정책에 대한 이견[37]으로 재무부 장관직에서 물러났지만, 후임 재무부 장관 블라디미르 코콥초프Vladimir Kokovtsov는 로스차일드의 반대로 자금의 확보가 어려웠다. 이에 니콜라이 2세가 직접 비테에게 도움을 요청하여 비테는 독일, 프랑스 등으로부터 전비를 조달했다. 포츠머스조약 협상 승리에는 비테의 경험이 중요하게 작용했다.

1892년 이후 비테는 러시아 산업화를 위해 외국 자본의 유치에 심혈을 기울였는데, 주로 프랑스의 주요 은행들로부터 자금을 받아 경제 발전을 이룩하고자 했다. 파리바Paribas, 소시에테 제네랄 등으로부터는 광산 개발과 철강 공장 건설에 필요한 자금을, 크레디트 모빌리에로부터는 러시아 철도 인프라 건설 자금을 지원받았다.[38] 1892년 프랑스-러

---

37 비테는 만주와 중국 전역에 대한 평화적인 진출 전략을 주장한 반면, 반대파 베조브라조프 (Aleksandr M. Bezobrazov)는 극동아시아 특히 대한제국에 대한 공격적인 접근 정책을 주장했다.
38 Karl Erich Born, *International Banking in the 19th and 20th Centuries*, Burg Publishers, 1983, p.75.

시아 군사 동맹 이후에는 자본 투자가 급증하여 60억 프랑에 달했다. 러시아 조선소 건설의 75%는 프랑스 자금으로 건설되었고,[39] 철도망 확충도 1898년, 1900년, 1901년, 1913년에 프랑스 자금 조달로 이루어졌다.[40] 자금 지원 규모가 1914년에는 113억 프랑에 달했다. 이는 프랑스 전체 해외 직접투자 금액의 25% 수준이었다.[41]

　1887년 이전 러시아에 대한 최대 채권국이었던 독일이 비스마르크의 러시아에 대한 투자 금지로 주춤했지만 개인은행가 블레이흐뢰더, 멘델스존 등은 러시아에 대한 대출을 유지했다.[42] 비스마르크가 물러난 후 프랑스 자본의 러시아 진출에 마음이 급해진 독일이 러시아에 대한 투자 금지를 풀었지만 예전의 상태로 돌아갈 수는 없었다. 1894년부터 1898년까지 러시아 철도에 대한 독일 은행들의 투자가 110억 프랑에 달했지만, 프랑스 은행들은 같은 기간 5배 많은 투자를 했다.[43] 프랑스와 독일이 러시아에 대한 자금 지원에 경쟁적으로 나서면서 러시아의 주요 자금 조달원이 되었고, 이때 비테가 금융 네트워크를 쌓은 것이다.

　전쟁에서는 일본이 이겼지만 협상에서는 러시아가 승리했다. 그리고 일본에서 다카하시 고레키요가 전쟁 후 부도를 막았다면, 러시아에서는 세르게이 비테가 전쟁 후 부도를 막았다. 두 인물 모두 각자만의 금융 네트워크를 활용한 것이다.

39　Karl Erich Born, *International Banking in the 19th and 20th Centuries*, p.122
40　Karl Erich Born, *International Banking in the 19th and 20th Centuries*, p.150.
41　Karl Erich Born, *International Banking in the 19th and 20th Centuries*, p.122.
42　Karl Erich Born, *International Banking in the 19th and 20th Centuries*, p.127.
43　Karl Erich Born, *International Banking in the 19th and 20th Centuries*, p.128.

자, 여기서 그 시기의 대한제국을 살펴보지 않을 수 없다. 1904년 러일전쟁이 발발할 당시 대한제국의 상황은 어느 수준이었을까? 전비 조달과 관련해 세 가지 측면이 중요하다. 첫째는 조세 수입, 둘째는 국내외 차입, 셋째는 통화 발행이다. 조세 수입이 효율적으로 이루어지려면 조세 징수 시스템이 갖추어져 있어야 한다. 또한 차입과 통화 발행이 원만하게 작동하려면 금융 시스템이 잘 갖추어져 있어야 한다.

대한제국의 조세 징수 시스템은 정부 재정과 왕실 재정으로 이원화되어 있었다. 정부는 탁지부를 통해 지방 재정인 결호전結戸錢(토지에 대한 結稅와 집에 대한 戸稅)을 관장하고, 그 밖의 조세[44]를 왕실의 궁내부에서 관장했다. 갑오개혁으로 중앙 재정은 통합했지만 지방 재정인 결호전은 흡수·통합하지 못했다. 더군다나 결호전은 지방관과 이서층(향리) 간의 이권 다툼으로 징수가 원활하지 못했다. 아울러 현물로 받던 세금을 돈으로 받는 '조세 금납화'를 시행했으나 화폐금융제도의 미비로 조세 상납에 고액 화폐나 은행 제도를 이용할 수 없었기 때문에 재정 집중을 제대로 실현하기 어려웠다.[45]

탁지부가 관장하는 정부 재정의 실세입은 1904년 기준으로 1,120만 원이었다. 여기에 내장원이 거둔 왕실 재정의 수입액(1905년 기준)[46] 326만

---

44 역토와 둔토 등 각종 '公土', 금광 등 광산, 홍삼 전매권, 객주 상회사 등 특권회사 등과 관련된 조세, 각종 '무명잡세' 등(김재호, 「근대적 재정국가의 수립과 재정능력, 1894-1910」, 『경제사학』 57권, 2014, 11쪽).
45 김재호, 「근대적 재정국가의 수립과 재정능력, 1894-1910」, 10쪽.
46 왕실 재정 수입의 개략적인 조사에 의한 수입액이 1905년도 기준으로 되어 있어 이를 활용(김재호, 「근대적 재정국가의 수립과 재정능력, 1894-1910」, 11쪽).

원을 합치면 1,446만 원이다. 당시 대한제국 원화와 일본 엔화의 공식 환율 1:1을 적용하여 환산하면 1,446만 엔(145만 파운드)이 된다. 그러나 1899년부터 1904년까지 당시의 화폐 백동화의 인플레이션으로 인해 실제 원화의 가치가 절반 수준으로 하락한 점[47]을 고려하면 약 723만 엔(72만 파운드)이다. 연간 세금 수입 2억 1,280만 엔(2,138만 파운드)의 일본과 비교하면 매우 낮은 수준이다. 러일전쟁 중 지출한 월간 비용 9,612만 엔[48]의 13분의 1에 해당하는 금액이다.

정부가 차입하는 방법은 두 가지이다. 국내에서 조달하거나 외국에서 조달하는 방법이다. 국내에서 조달하는 방법은 중앙은행에서 빌리거나 채권을 발행해 국민에게 판매하는 방법이다. 대한제국은 1903년 3월 '중앙은행조례'를 반포하고 국고금 취급과 관세 등 세금의 수취, 태환권의 발행을 전담하게 하고자 1903년 8월에 중앙은행을 설립했다. 그러나 중앙은행 설립 자금을 마련하기 위해 러시아와 벨기에로부터 차입을 위한 협상을 벌였으나 러일전쟁의 기운이 감돌아 협상이 중단되어 중앙은행의 활동도 무산되었다.[49] 국채의 발행을 통해 국민이나 기업으로부터 자금을 조달하는 방법은 화폐금융제도가 미비한 상황이

---

47 1905년에 화폐 교환이 이루어질 때 구화 2원=신화 1원으로 교환되었고 신화 1원=일화 1엔이 공식 환율이었다(김재호, 「근대적 재정국가의 수립과 재정능력, 1894-1910」, 12쪽). 백동화의 발행량을 보면 1898년 34만 9,000원 수준에서 1904년 345만여 원으로 10배 증가했다. 1902년 화폐가치 급락에 대한 외국 사신들의 회의에서 백동화의 주조 정지와 특주 금지 요구 등이 있었다(박남수·나애자, 「개화기의 금융」, 국사편찬위원회, 2013, 4-5쪽).
48 Yuichiro, Sakamato, "War Finance(Japan)," 1914-1918-online. International Encyclopedia of the First World War, Freie Universität Berlin, 2014.
49 박남수·나애자, 「개화기의 금융」, 6쪽.

라 불가능했다.

재정이 매우 취약했던 대한제국은 관세나 내장원의 수입을 담보로 프랑스와 벨기에로부터 차입을 추진했지만 영국과 일본 등 이해관계 국가의 방해로 무산되었다. 유럽의 자본가들이 선호하는 철도 부설은 이권 사업으로서 별도의 재정 참여 없이 진행되었다. 경인선 부설권은 1896년 아관파천으로 인해 당초 일본에게 있던 것이 미국의 기업가 제임스 모스James R. Morse에게 넘어갔다. 이에 따라 1897년 3월 미국 투자자들로부터 자금을 모아 경인선 공사를 시작했으나, 일본의 방해 공작으로 공사 중인 철도가 1898년 5월 일본에게 170만 2,452원(당시 100만 달러)에 양도되었다. 따라서 인프라를 활용한 자금 유치도 사실상 어려웠다.

해외 차입을 위해서는 국외 네트워크의 개발과 유지 및 관리가 중요하다. 그러나 대한제국에는 국제금융계에 필요한 네트워크가 없었다. 대외 무역이 청나라에 집중되어 있던 상황에서 청일전쟁으로 일본에 패한 청에 기댈 수도 없었다. 일본에 차관 교섭을 요청했지만 일본은 이미 랴오둥반도를 점령한 러시아를 견제하기 위해 미국과 영국 등과 연합전선을 구축하고 있는 상황이라 이 요구에 응할 수 없었다. 도리어 1902년 1월 영국과의 동맹 체결로 러시아와 일전을 준비하고 있던 일본은 1902년 5월부터는 일본계 민간 은행으로 조선에 진출한 제일은행에 무단으로 일람불 어음의 발행을 허용했다. 처음 제일은행권을 해관세로 수납했지만, 화폐 주권 침탈에 대한 반발로 그다지 유통되지 못했다. 하지만 러일전쟁 때 군사비 지출을 위한 필요성으로 소액권이 발

행되면서 유통액이 급격히 증가했다.[50]

대한제국의 중앙은행 설립 시도가 무산되면서 통화 발행은 더욱 어려워졌다. 1900년 7월 탁지부 산하에 있던 전환국이 왕실에 귀속되어 백동화 주조 사업을 전담했지만 근대적인 형태의 지폐가 아니기 때문에 조세의 수납과 태환권의 적용이 불가능했다. 따라서 화폐 발행을 통한 자금 조달은 어려웠다.

반면, 러일전쟁 개전 후 일본은 1904년 8월 '고문용빙에 관한 협정서'를 대한제국과 체결하고 1904년 10월 일본 대장성의 주세국장이었던 메가타 다네타로目賀田種太郎를 재정고문으로 임명했다. 메가타는 먼저 전환국을 폐지하여 독자적인 화폐 발행을 막고, 일본 정부의 승인을 얻어 12개 조항의 '화폐 정리 방침'[51]을 확정했다. 그 핵심은 제일은행권을 공인하여 거래에 지장 없이 통용시키고, 새로 발행할 태환권은 제일은행권으로 충당하며 제일은행에 화폐 정리 업무를 맡긴다는 것이었다.[52]

이렇게 법정통화로 제일은행권이 지정되었고, 화폐 제조도 일본에서 이루어졌으며, 대한제국 정부의 모든 세입도 제일은행에 예치해야 했다. 통화 주권을 빼앗기면서 대한제국의 재정이 제일은행의 통화 발행을 통해 러일전쟁에 필요한 자금으로 일본에 흘러 들어갔다.

---

50 박남수·나애자,『개화기의 금융』, 7쪽.
51 ① 조선 화폐 조례를 개정하여 신화폐를 발행하고 구화폐를 회수하는 조칙을 발포할 것. ② 신화폐의 품위, 중량, 칭호 및 양식은 일본 화폐와 동일하게 할 것. ③ 보조 화폐 주조액은 제한할 것. ④ 조선 화폐의 제조는 일본 조폐국에서 할 것. ⑤ 제일은행권을 공인하고 공사의 거래에 차질 없이 통용시킬 것. ⑥ 새로 발행할 태환권은 제일은행권으로 충당하고 필요에 따라 조선 정부에 그것을 대부할 것 등이 주요 내용이다.
52 박남수·나애자,『개화기의 금융』, 8쪽.

7

제1차 세계대전

    제1차 세계대전은 1914년 7월 28일부터 1918년 11월 11일까지 일어난 유럽을 중심으로 한 세계대전이다. 이 전쟁은 전 세계의 경제를 두 편으로 나누는 거대한 강대국 동맹끼리의 충돌이었다. 한쪽 편은 영국·프랑스·러시아의 삼국 협상을 기반으로 한 협상국(연합국)이며, 다른 한편은 독일과 오스트리아-헝가리제국의 동맹국이다. 이탈리아는 독일, 오스트리아-헝가리제국과 함께 삼국동맹에 가입되어 있었지만 동맹국에 참여하지 않았고 나중에는 협상국으로 참가하며 오스트리아-헝가리제국을 침공했다. 이러한 진영은 재조직화되어 협상국은 이탈리아·일본·미국이 합류하면서 28개국으로 확장되었고, 동맹국은 오스만제국과 불가리아가 추가되면서 4개국으로 확대되었다. 궁극적으로 유럽인 6천만 명을 포함한 군인 7천만 명이 전쟁에 가담하면서 역사적으로 가장 큰 전쟁 중 하나에 동원되었다.

이 전쟁의 직접적인 원인은 1914년 6월 28일 사라예보에서 오스트리아–헝가리제국의 왕위 후계자인 프란츠 페르디난트Franz Ferdinand Carl Ludwig Joseph Maria 대공이 세르비아 민족주의자 가브릴로 프린치프Gavrilo Princip에게 암살당한 사건이었다. 이 사건으로 인해 오스트리아-헝가리제국이 세르비아 왕국에 최후통첩을 하면서 7월 위기가 시작되었고, 지난 수십 년에 걸쳐 형성된 국제적 동맹끼리 서로 연결되었다. 수주 이내에 강대국끼리 전쟁을 시작했고 이 분쟁은 전 세계로 퍼져 나갔다.

1914년 7월 28일, 오스트리아-헝가리제국이 세르비아를 침공했으며 세르비아를 지원하는 러시아는 7월 31일 총동원령을 내렸다. 이에 따라 오스트리아 편에 섰던 독일은 8월 1일 러시아에, 3일 프랑스에 선전포고를 하면서 서쪽으로 진군하며 중립국인 룩셈부르크와 벨기에를 침공했고 이로 인해 영국은 독일에 선전포고했다. 동부 전선에서 러시아군은 오스트리아-헝가리제국으로 진격하는 데 성공했지만 동프로이센 침공은 독일군의 반격으로 실패했다.

1914년 11월에는 오스만제국이 참전하면서 전쟁이 코카서스, 메소포타미아, 시나이반도 등으로 확대되었다. 전쟁 기간 중 중립을 유지하던 미국은 대서양에서 독일 해군의 무제한 잠수함 작전으로 다수의 미국인이 사망하는 사건과 독일 외상 치머만Authur Zimmermann이 멕시코 주재 독일 대사관으로 보낸 전보의 내용이 공개되는 이른바 치머만 전보 사건으로 국내 여론이 악화되면서, 1917년 4월 협상국의 일원으로 참

전하게 된다.[1]

1917년 10월 혁명[2]에 성공한 레닌이 바로 독일과 휴전하면서 동부 전선에서 전투가 멈추었고, 동맹국은 러시아의 영토를 획득했다. 그러나 동맹국은 서부 전선의 전투에서는 계속 패배했다. 결국 1918년 9~11월에 불가리아, 오스만제국, 오스트리아-헝가리제국 등이 항복했다. 또한 독일도 11월 혁명[3] 이후 휴전에 합의하면서 연합국의 승리로 전쟁은 끝이 났다(1918년 11월 11일).

제1차 세계대전에 사용된 전쟁 비용은 1913년 기준 약 824억 달러에 달했다. 이를 2013년의 가치로 환산하면 1조 9,466억 달러에 달한다.[4] 전비 조달에서 각국 정부는 자국의 은행에 직간접적으로 많이 의존했다. 독일과 프랑스는 전쟁에 승리하면 전쟁 배상금으로 전쟁 비용을 갚을 수 있을 것이라는 기대로 세금 징수보다는 금융에 의존했다. 더욱이 전쟁 전까지 양국은 자국의 은행을 통해 유럽과 전 세계에 자본 수출을 하면서 경쟁적으로 팽창주의 제국을 걸어가고 있는 중이었

---

1 박계호·김용빈, 『승리는 거저 주어지지 않는다 1』, 북코리아, 2017, 121쪽.
2 볼셰비키 혁명이라 불리는 10월 혁명은 2월 혁명에 이은 러시아 혁명으로, 블라디미르 레닌의 지도하에 볼셰비키의 주도로 이루어졌다. 카를 마르크스의 사상에 기반한 세계 최초의 공산주의 혁명이다.
3 패배가 거의 확실해진 1918년 10월에 독일은 휴전 교섭을 진행했으나 일부 해군 지도부는 계속 공격 명령을 내렸다. 이에 불만을 품고 수병들이 봉기를 일으켰고(칼 군항의 반란), 독일 전역으로 확산되었다. 결국 11월 빌헬름 2세가 망명하면서 독일제국은 무너지고 바이마르공화국이 탄생했다.
4 박계호·김용빈, 『승리는 거저 주어지지 않는다 1』, 160쪽.

다. 전쟁이 길어짐에 따라 나중에 징세를 확대했지만 독일과 프랑스는 영국이나 미국과는 확연히 다른 방식으로 전비를 조달했다.

미국은 전쟁 참가 기간(1917~1918) 동안 일반회계로 전체 전비의 29% 수준을 사용했고, 영국은 전쟁 기간(1914~1918) 동안 전체 전비의 28%에 달하는 금액을 세금이나 공공 부문에서 확보했다. 반면 같은 기간 프랑스와 독일이 세금 등으로 전비를 충당한 비율은 각각 15.4%, 13.7%였다.[5]

미국은 1917년 전쟁에 공식적으로 참전하기 전에는 중립국을 표방하고 직접적인 전비 지원을 하지 않았다. 하지만 제이피모건을 통해 연합국 특히 영국과 프랑스를 지원했다. 전쟁 수행 국가들은 전쟁에 필요한 물자를 미국으로부터 조달했기 때문에 미국은 경제 부흥을 맞았다. 하지만 중립국을 선언한 미국에서 은행이 금융을 제공할 수 있는지가 관건이었다. 물자의 수입에는 신용장 개설과 같은 은행의 신용credit이 개입되지 않고는 이루어질 수 없기 때문이다.

이에 대해 미국 정부는 은행의 신용 공여는 중립국 선언에 위반되지 않는다고 유권해석을 내렸다. 이후 미국 은행은 신용 공여뿐만 아니라 연합국 정부가 발행한 국채도 인수했다.[6] 미국은 제이피모건을 중심으로 61개 뉴욕의 은행, 1,570개의 전국 기업이 참여한 컨소시엄을 구성해 1915년 5억 달러의 자금 지원을 영국과 프랑스에 했고, 이듬해 9

---

5 Karl Erich Born, *International Banking in the 19th and 20th Centuries*, Burg Publishers, 1983, p.188.
6 천위루·양천, 『금융으로 본 세계사』, 하진이 옮김, 시그마북스, 2015, 307쪽.

억 5천만 달러를 영국에, 1억 달러를 프랑스에 각각 지원했다. 하지만 연합국에 러시아가 포함되어 있는 점을 문제 삼아 쿤롭사는 컨소시엄에 참여하지 않았다. 유대인 학살이 이루어지고 있는 러시아로 자금이 흘러가는 것에 반대했기 때문이다.

중립국을 선언했기 때문에 미국에서는 독일을 비롯한 동맹국들도 자금을 차입할 수 있었다. 친독일 은행계들이 1915년 3월 1,000만 달러를 독일에 지원했고, 1916년 이후에는 미국 정부의 승인 거부로 지원이 어려웠으나 불가능하지는 않아서 1917년 4월 미국 참전 전까지 총 3,500만 달러를 지원했다. 미국이 전쟁 참가를 선언한 이후 연합국에 대한 금융 지원은 미국 정부를 통해 이루어졌다. 연합국이 받은 자금은 총 120억 달러로서, 그중 21억 달러는 미국 은행으로부터 빌린 자금이고 나머지 약 100억 달러는 미국 정부로부터 받은 차입금이었다.[7]

28개 연합국이 참전하면서 연합국 간에 자금 지원도 이루어졌다. 연합국 간 채권채무 관계를 보면, 미국 참전 전에는 영국과 프랑스가 연합국인 러시아·이탈리아 등에 자금을 지원했고, 미국 참전 후에는 미국이 영국·프랑스 등을 포함한 모든 연합국에 자금을 보냈다. 미국은 전쟁이 끝난 후에도 연합국과 체코슬로바키아(오스트리아-헝가리 제국에서 분리)에 구호물자를 보내면서 금액이 증가했다. 미국이 연합국(체코슬로바키아 포함)에 지원한 금액은 총 103억 달러로서, 그중 96억 달러는 현금

---

7   Karl Erich Born, *International Banking in the 19th and 20th Centuries*, pp.202-203.

지원이고 6억 달러는 군수물자 지원이었다. 현금 지원을 보면 영국이 43억 달러, 프랑스가 30억 달러, 이탈리아가 16억 달러를 받았다.

한편 영국도 83억 달러를 연합국에 지원했는데, 러시아가 25억 달러, 이탈리아가 19억 달러 등을 받았다. 프랑스도 22억 달러를 연합국에 지원했지만, 프랑스가 갚아야 할 미국과 영국에 대한 채무가 50억 달러에 달했다. 영국을 중심으로 한 유럽의 국가들은 채무 탕감 후 독일의 전쟁 배상금으로 보전하는 방안을 주장했으나, 미국은 금융 지원을 순수 상업채권으로 보아 모두 상환을 받아야 한다는 입장이었다.

연합국 사이의 채권·채무 정리 문제는 독일이 부담할 배상금 처리 문제와 연계되어 각국이 첨예하게 대립하는 결과를 초래했다. 프랑스는 영국과 미국에게 빌린 차입금을 상환하려면 상당액의 전쟁 배상금을 독일에 요구할 수밖에 없었다.[8] 하지만 미국은 연합국을 지원했지만 채무를 탕감하거나 깎아 줄 생각이 전혀 없었다. 더욱이 프랑스는 제정러시아에 빌려준 대출 등 40억 달러를 모두 떼였다. 볼셰비키 혁명으로 정권을 잡은 혁명 정부가 제정러시아의 빚은 갚지 않겠다고 선언했기 때문에 전쟁 배상금이 더욱 절실한 상황이었다. 영국도 러시아와 오스만제국으로부터 6억 달러를 몰수당했다. 패전국인 독일은 연합국에 있던 채권 50억 달러를 몰수당했다.[9]

8 Karl Erich Born, *International Banking in the 19th and 20th Centuries*, pp.205-206.
9 Karl Erich Born, *International Banking in the 19th and 20th Centuries*, p.187.

프랑스를 중심으로 한 연합국[10]은 연합국 간 채권·채무 해결 자금도 고려하여 독일에 전쟁 배상금을 요구했다. 1921년 4월 27일 연합국의 배상위원회가 결정한 독일의 배상 총액은 1,320억 금마르크(66억 파운드)[11]로 42년간 상환하는 조건이었다. 매년 20억 금마르크(1억 파운드)를 지불하고 여기에 추가로 독일 수출액의 26%를 내놓도록 한 결정이었다. 이 조건에 덧붙여 일주일 안에 조건을 따르겠다는 답변이 오지 않으면 프랑스가 요구한 루르 지방을 점령하겠다는 내용과 함께 최후통첩을 독일에 보냈다.[12] 독일 내부에서 도저히 받아들일 수 없는 조건이라는 반발이 심해 콘스탄틴 페렌바흐Constantin Fehrenbach 내각이 총사퇴했고 카를 요제프 비르트Karl Joseph Wirth 내각이 들어섰다. 이후 독일은 전쟁 배상금을 갚는 과정에서 끝없는 통화가치 하락과 경제 추락을 경험하게 되었다.

독일은 1,640억 마르크를 전비로 사용했다. 전쟁 전 마르크로 환산하면 1,100억 마르크(약 55억 파운드)이다.[13] 전쟁을 수행하면서 급격히 악화된 재정 적자에 더해 과도한 전쟁 배상금을 갚기 위해 부족해진 세수 수입을 단기 정부채를 발행해 메우기 시작하면서 전후 500억 마르크였던 정부 부채가 1922년 7월에는 8,000억 마르크로 증가했다. 더욱이 1922년 여름부터는 기업 대출을 급격히 늘렸다. 시장 금리보다 저리

---

10   베르사유 평화 협정에 따라 프랑스, 영국, 이탈리아, 벨기에, 루마니아, 그리스, 유고슬라비아, 일본, 포르투갈 등이 전쟁 배상금 채권국이다.
11   1923년 1파운드는 1975년 기준 623파운드, 1923년 1달러는 220달러 가치를 갖는다.
12   애덤 퍼거슨, 『돈의 대폭락』, 이유경 옮김, 엘도라도, 2011, 63쪽.
13   애덤 퍼거슨, 『돈의 대폭락』, 31쪽.

의 자금 공급을 늘리면서 1922년 6월부터 9월까지 늘어난 중앙은행 라이히스방크의 대출 잔액은 48억 마르크에서 502억 마르크로 10배 이상 증가했다.[14] 라이히스방크의 신용 정책은 1875년 제정된 은행법을 따랐다. 이 법에 따라 발행 지폐의 3분의 1 이상은 금으로, 나머지는 적절히 태환이 보장된 3개월 할인 채권으로 준비금을 쌓도록 되어 있었다. 전쟁이 일어나면서 금태환을 금지했지만 준비금은 유지되었다.

1910년 독일의 지폐 마르크가 법정통화가 되는데, 라이히스방크는 1914년 전쟁 비용 마련을 위해 지폐 마르크를 찍었다. 새로 설립된 대부은행을 통해 기업에 자금을 지원했다. 문제는 3개월 재무부 채권을 라이히스방크 지폐의 범주 안에 포함시키도록 허용한 것이었다. 그래서 무한정한 양이 은행권에 대해 재할인될 수 있게 되었다. 그렇게 세금에 의해서가 아니라 차입에 의한 전쟁 자금 계획이 마련되었다. 1916년 전까지만 해도 세금은 전쟁 비용을 충당하는 데 전혀 사용되지 않았다.[15] 이렇게 통제 없이 발행된 지폐 마르크로 인플레이션은 폭등했다. 1923년 11월 15일 새로운 화폐인 렌텐마르크Rentenmark[16]가 도입되기 전까지 초인플레이션으로 독일 금융시장은 마비되었다.

---

14 Karl Erich Born, *International Banking in the 19th and 20th Centuries*, p.218.
15 애덤 퍼거슨, 『돈의 대폭락』, 30쪽.
16 인플레이션을 억제하기 위해 도입된 임시 화폐로 산업용 부동산을 담보로 발행되었는데, 발행 총액은 32조 렌텐마르크(32억 금마르크)로 고정되었다. 1렌텐마르크는 10조 마르크로 교환되었다. 최종적으로 지폐 마르크는 1924년 8월 금본위의 라이히스마르크(Reichsmark)로 변경되었다. 라이히스방크는 라이히스마르크에 대한 금본위제를 유지하기 위해 발행액의 최소 40%에 해당하는 금과 외국 화폐를 준비금으로 쌓도록 법규화했다.

한편, 1924년 최종 합의된 독일 배상금 관련 도스 계획Dawes Plan[17]에 따라 독일 정부는 새로운 통화 라이히스마르크Reichsmark(RM)를 도입했고 정부에 대한 라이히스방크의 융자 한도(1조 RM)를 정해 통화 안정을 기했다. 도스 계획이 나오기 전에 채권국은 독일 정부의 라이히스방크에 대한 영향을 막기 위해 1922년 라이히스방크가 독일 정부로부터 독립하도록 만들었다. 은행법을 새로 만들어 라이히스방크의 총재는 라이히스방크의 일반위원회General Council에서만 임명할 수 있고, 일반위원회의 총 14명 위원 중 7명은 영국 등 채권국 대표로 구성되도록 규정했으며, 특히 통화 발행의 책임자인 통화위원Note Commissioner은 채권국 대표가 맡도록 강제했다. 문서로는 완벽한 제도였으나, 총재는 종신직으로서 당시 총재였던 하벤스타인Rudolf E. Havenstein은 이러한 조항에 영향을 받지 않았다.[18]

1923년 11월 샤흐트Hjalmar Schacht 총재가 하벤스타인의 후임으로 취임하면서 본격적으로 통화 안정이 시작되었다. 독일은 렌텐마르크를 발행하기 전에는 엄청난 물가 상승으로, 렌텐마르크를 발행한 후에는 디플레이션으로 고통받았다. 1923년 12월부터 독일 정부는 정부 지출을 줄이기 시작했고 라이히스방크는 시중 은행과 기업에 대한 대출을 축소하거나 금지하여 디플레이션이 급속히 진행되었다. 급등과 급

---

17 1924년 미국 재무부 장관이었던 찰스 G. 도스가 주재한 영국과 미국의 재정 전문가 위원회가 베르사유 조약에서 결정된 독일의 배상금 문제에 관련해 작성된 보고서.

18 Karl Erich Born, *International Banking in the 19th and 20th Centuries*, p.222.

알마르 샤흐트

락을 오가는 대혼란이 야기되었다. 하지만 무엇보다 인플레이션으로 받은 고통이 너무 컸다. 윤리보다 빵의 소중함을 깨우쳐 준 혼돈의 연속이었다.

***

여기 한 사기꾼의 사례를 통해 당시 은행과 사회상을 알아보자. 율리우스 바르마트 형제의 사기 행각을 이야기하기 전에 두 가지를 먼저 짚고 가고자 한다.

첫째, 독일의 전쟁 배상금은 1932년 체결된 로잔 협정에 따라 독일은 30억 마르크로 모든 배상 문제를 완결하기로 결정되었다. 1924년 채택된 도스 계획에 이어 1930년 서명한 영 계획Young Plan[19]에 의해 총 지불 금액이 1,320억 마르크에서 1,139억 마르크로 조정되어 59년간 분할 상환하는 조건으로 변경되었다. 하지만 1929년 10월 경제대공황이 발생하고 미국이 1931년 6월 모라토리엄을 선언[20]하면서 1932년 1월 독일도 전쟁 배상금을 지불할 수 없다고 선언했다. 이에 로잔에서 국제회의가 개최되어 독일의 전쟁 배상금을 완결 짓기로 결정한 것이다.[21]

둘째, 영 계획은 세계 최초의 국제공공은행인 국제결제은행Bank for International Settlement(BIS)의 설립을 제안했다. 배상위원회가 폐지되면서 국가 간 송금과 국제금융 거래에서 발생하는 대규모 국제금융 업무를 수행할 정치적으로 독립된 공적인 기관이 필요하다고 보았다. BIS는 처음에 영국·독일·프랑스·벨기에·이탈리아·일본의 중앙은행이 자본 참여한 후 미국의 상업은행이 지분을 취득했고, 1931년에는 스위스, 네덜란드, 스웨덴 등의 중앙은행이 참여했다.[22] 오늘날 자기자본 비율 등 은행에 대한 각종 질서와 규제를 마련하고 있는 국제결제은행은 이렇게 탄생했다.

영 계획과 미국 후버 대통령의 모라토리엄 선언 배후에는 제이피모

---

19 신임 배상위원회 의장인 미국 제너럴일렉트릭 이사장 오언 영(Owen D. Young)의 주도 아래 독일의 전쟁 배상금 문제에 대해 수정해 내놓은 합의안. 미국의 J. P. 모건 주니어, 프랑스 중앙은행의 에밀 모로(Emile Moreau) 총재, 영국 잉글랜드은행의 조슈아 스탬프(Josuah Stamp), 베어링 뱅크 레블스토크 경(Lord Revelstoke), 독일 라이히스방크 알마르 샤흐트 총재 등이 참석했다.
20 후버 미국 대통령이 선언한 모라토리엄으로, 국제 경제위기를 회복할 수 있는 시간을 벌기 위해 영국과 프랑스가 미국에 갚아야 할 전쟁 채무와 제1차 세계대전의 독일 전쟁 배상금에 대해 1년간 갚아야 할 원금과 이자를 유예한 조치.
21 천위루·양천, 「금융으로 본 세계사」, 316쪽.
22 Karl Erich Born, *International Banking in the 19th and 20th Centuries*, p.217.

건이 있었다. 제이피모건은 영 계획과 관련해서 1929년 5월 파리 협상에 직접 참여하여 합의를 보았으며, 1931년에는 급박하게 돌아가는 독일과 오스트리아 사태로 중부 유럽의 경제가 붕괴될 경우 미국의 경제공황이 더욱 오래갈 수 있다고 우려하여 후버 대통령에게 모라토리엄 선언을 제안했던 것이다.[23] 연합국에 전비 지원을 주도한 것도 제이피모건이었고 전비 관련 돈 문제를 최종 마무리한 것도 결국 제이피모건이었다.

제1차 세계대전이 끝난 후 1921년 4월 27일 연합국의 배상위원회가 결정한 독일의 배상 총액은 1,320억 금마르크(66억 파운드)라는 천문학적 숫자였다. 패전으로 피폐한 독일은 즉시 지불 불능 상태에 빠졌다. 1921년 6월 10억 금마르크(5천만 파운드)를, 이후 7억 금마르크(3,500만 파운드)를 송금했지만 이후에는 급격한 마르크 가치 하락으로 상환금을 연체하면서 주로 현물로 상환했다.[24] 1922년 말 독일이 또 연체하자 배상총액 중 52%의 권리를 갖고 있던 프랑스[25]는 강경한 태도로 '생산 담보'의 획득을 주장하며 1923년 1월 독일의 석탄·철의 주 생산지인 루르지방을 벨기에군과 함께 점령했다. 독일 정부는 루르 지방의 관리·기업가·노동자에게 이른바 '소극적 저항'을 지령하여 능률 저하와 스트라이크로 프랑스에 대항했다.

---

23 론 처노, 『금융제국 J. P. 모건』, 강남규 옮김, 플래닛, 2007, 528, 554쪽.

24 Karl Erich Born, *International Banking in the 19th and 20th Centuries*, p.208.

25 독일 전쟁 배상금의 청구 권리 비중은 프랑스 52%, 영국 22%, 이탈리아 10%, 벨기에 8% 등이었다.

그 결과 독일의 생산 활동은 마비되고 마르크가 폭락해 극심한 인플레이션이 일어났고 사회적 혼란으로 이어졌다. 무엇보다 독일인들은 결핍과 지위의 상실의 시기를 맞았다. 이 시기에 윤리 기준은 퇴보하고 사회적 증오가 비등했다. 특히 소수의 유대인들이 엄청난 이익과 사치를 과시하게 되면서 반유대인 정서가 확대되었다. 사회에서 부패는 부패를 낳았고 공무원 사회는 부패에 물들었다.

몸을 따뜻하게 하는 일이 명예보다 더 좋았고, 옷이 민주주의보다 더 필수적이었으며, 음식이 자유보다 더 절실했던 시절[26]에 리투아니아계 러시아 유대인 율리우스 바르마트Julius Barmat와 세 형제는 마르크화 가치의 하락을 악용해 희대의 사기를 쳤다. 이 악명 높은 사기꾼은 바이마르 공화국의 근본을 흔들어 놓았다.

제1차 세계대전이 끝났을 때 5,000억 개의 계란을 살 수 있었던 돈으로 5년 후인 1923년에는 1개의 계란밖에 살 수 없었던[27] 바이마르 공화국 시대의 독일은 밀리어드milliard(10억) · 빌리언billion(1조)을 넘어 빌리언의 1,000배를 의미하는 신조어 빌리어드billiard가 생겨날 정도로 통화가치가 대폭락했다. 화폐를 찍기 위해서 30개의 제지공장, 150개의 인쇄업체, 2,000개의 인쇄기가 매일 24시간 풀가동되었다.[28]

1921년 4월 전쟁 배상금이 확정된 직후 1달러는 평균 64마르크였으나 1923년 11월 15일에는 4조 2,000억 마르크로 대폭락했다. 파운드 기

---

26 애덤 퍼거슨, 『돈의 대폭락』, 351쪽.
27 애덤 퍼거슨, 『돈의 대폭락』, 15쪽.
28 이반 버렌드, 『20세기 유럽경제사』, 이현대·김흥종 옮김, 대외경제정책연구원, 2008, 79쪽.

준으로는 더 두드러졌다. 전쟁 배상금이 확정된 직후 1파운드에 268마르크였던 가치가 1923년 10월에는 18조 마르크로 급전직하했다. 상품 가격은 매일매일, 아니 아침저녁으로 달랐다. 1923년 크리스마스 무렵에는 1조 마르크로 오렌지 2~3개를 살 수 있는 수준이었다. 함부르크에서만 3만 명의 조선소 노동자를 포함해 10만 명의 노동자가 일자리를 잃었다. 중산층도 보유하고 있던 집을 팔거나 물건을 팔아서 생계를 유지했다. 수백만 명이 실업 상태이거나 보조금을 받거나 무상 급식에 의존하는 상태였다. 이런 사회 상황에서 사람들은 사기꾼들의 유혹에 쉽게 넘어간다.

1924년에 터진 바르마트 스캔들은 독일 '민주주의의 악의 꽃poisonous flower of democracy'[29]이라고 알려질 정도로 사회 문제가 되었고, 이후 히틀러가 나치당을 확대하고 반유대인 정서를 확산하는 데 악용되었다. 율리우스 바르마트는 제1차 세계대전 당시 영국의 경제 봉쇄에도 불구하고 네덜란드에서 식음료품을 독일로 수출해 큰돈을 벌었다. 특히 독일의 인플레이션을 이용해 대규모 수익을 취득했다. 또한 그는 정치적 후원을 활용하기 위해 1908년 네덜란드 사회민주당에 가입하고 전쟁이 발발한 후 사회민주당 국제사무소를 무상으로 제공했다. 사회민주당은 제1차 세계대전이 종결된 후 서유럽에서 매우 중요한 정치적 변수로

---

29 Martin H. Geyer, "Contested Narrative of the Weimar Republic: The case of 'Kutisker-Barmat Scandal'," Kathleen Canning, Kerstin Barndt, and Kristin McGuireWeimar eds., *Publics/Weimar Subjects: Rethinking the Political Culture of German*, Berghahn Books, 2010, p.229.

떠올랐다. 이 당은 1919년 오스트리아와 독일에서 각각 41%와 39%를 득표했고, 벨기에·덴마크·영국 등 유럽 국가의 전쟁 후 선거에서 약 3분의 1의 지지를 얻었다.[30]

율리우스 바르마트는 독일의 사회민주당 인사들과 인맥을 쌓으면서 하일만Ernst Heilman 사회민주당 대표, 바우어Gustav Bauer 전 총리 등과도 접촉했다. 특히 하일만과는 깊은 친분 관계를 유지했으며 하일만은 바르마트 회사의 이사회 멤버이기도 했다. 바르마트는 에베르트Friedrich Ebert 대통령, 회플Anton Höffle 체신청장, 리히터Wilhelm Richter 베를린 경찰총장 등과도 만났다. 독일에서 사업을 확대하는 데 이들이 유용했기 때문이다. 바르마트는 독일 비자를 획득했고 각종 정부 기관과 관계를 구축했는데, 그중에는 프로이센슈타트방크('제한들룽'의 후신)도 포함되어 있었다.[31]

바르마트는 인플레이션이 발생했을 때에는 지폐 마르크를 빌려 그것으로 물건과 공장을 구매한 다음 은행에 가치가 하락한 지폐 마르크로 상환하는 방식으로 사업을 했고, 마르크가 안정을 찾은 때(1923년 11월 렌텐마르크 발행 이후)에는 디플레이션을 활용해 가능한 모든 것을 다 팔아 안정된 새 마르크를 손에 넣은 다음 자금 사정이 어려운 점을 활용해 높은 이자를 받아 폭리를 취했다.[32] 1923년 11월 초 기준으로 독일에서 법적으로 인정되는 화폐는 가장 가치가 높은 금마르크를 비롯해

30   이반 버렌드, 『20세기 유럽경제사』, 91쪽.
31   https://en.wikipedia.org/wiki/Barmat_scandal 참조.
32   애덤 퍼거슨, 『돈의 대폭락』, 330쪽.

최소 8가지의 마르크가 있었다.[33] 초기에는 지폐 마르크의 가치 폭락을 특히 악용했다. 바르마트 형제는 은행장과 체신청장 등 고위급 인사에게 뇌물을 주고 프로이센슈타트방크와 체신청으로부터 자금을 확보했지만, 대출받은 자금으로 환투기를 하다가 실패하여 그가 소유한 아메시마Amexima 그룹[34]이 부도나면서 사건 전모가 밝혀졌다.

독일은 대체로 청렴한 사회였기 때문에, 특히 독일에서 가장 오래되고 가장 존경받는 은행으로 규율이 엄격하고 정직한 조직의 전형이었던 프로이센슈타트방크의 고위층이 연루되었다는 사실에 바르마트 스캔들은 독일인들에게 매우 충격적으로 받아들여졌다. 폰 돔보이스Adolf von Dombois 은행장을 비롯한 두 명의 이사가 바르마트에게 대출해 주고 최종적으로 사기당한 금액이 3,900만 금마르크에 이르렀다.[35] 모두 담보가 없는 불법 대출이었으며 그 대가로 받은 돈이 4만 금마르크나 되었다. 1923년 11월 기준 1금마르크는 1밀리언 밀리언(1,000,000,000,000) 마르크였다. 지폐 마르크의 가치는 금마르크의 10^{12}분의 1인 점을 감안하면 그 규모가 얼마나 큰지 알 수 있다. 바르마트는 저리(10~18%)로 대출받아 고리(100~200%)로 자금이 부족한 기업에 빌려주면서 폭리를 취했다. 독일 체신청도 은행에 못지않았다. 1924년에 총 1,500만 금마르크를 제공했는데, 공식적으로는 세 사람이 수표에 서명해야 하지

---

33 금마르크, 렌텐마르크, 라이마르크(ryemark), 보덴마르크, 콘토마르크, 지폐마르크 등.
34 율리우스 바르마트가 보유한 그룹으로 종업원이 1만 4,000명이었다. 바르마트 네 형제는 중공업, 철강, 해안 운송, 제재소 등 45개 기업 및 은행을 소유했다(애덤 퍼거슨, 『돈의 대폭락』, 329쪽).
35 German Propaganda Archive(https://research.calvin.edu/german-propaganda-archive/) 참조.

만 체신청장 회플이 직접 혼자 처리해 지급했다.

이후 이어진 30건 혹은 40건의 체포에 300명의 경찰이 투입되었다. 바르마트 형제에게 특권을 부여한 관련 기밀문서가 외무부에서 사라지고, 대통령 에베르트 자신이 전직 총리 샤이데만Philipp Scheidemann에게 바르마트를 도우라고 요청한 문서도 사라졌다. 당시 곳곳에 뿌려진 뇌물 금액만 200만 파운드 이상이었다.[36] 사회적 결핍과 박탈이 부패를 낳고 그 부패가 또 다른 부패를 부르는 사회였던 것이었다. 사회적 지도층의 부패는 그 박탈감을 더욱 크게 만들었다.

바르마트는 체포되어 겨우 11개월 형을 선고받았으나, 그마저도 잔여 기간 5개월을 남겨 둔 시점에 사면되었다. 바르마트와 친분이 두터웠던 사회민주당 의원, 라이히스방크 총재 등 유력 인사들이 영향력을 행사한 덕분이었다. 출감 후 그는 프랑스, 벨기에, 스위스, 네덜란드 등 인접 국가에서 또다시 불법 사기 대출을 시도해 사회를 혼란스럽게 했다. 심지어 벨기에에서는 바르마트를 옹호하던 질란트Paul van Zeeland 총리를 포함한 모든 각료가 시민의 압력에 사퇴하기도 했다. 그래서 바르마트는 '민주주의 시스템의 무덤을 파는 자gravedigger of the democratic system[37]'라는 칭호도 함께 얻었다. 바르마트는 벨기에 각료 해산이 있은 직후인 1938년 1월에 사망했다.

전 세계적으로 인플레이션에 대한 반면교사가 된 1920년대 독일의

---

36 애덤 퍼거슨, 『돈의 대폭락』, 332-333쪽.
37 Martin H. Geyer, "Contested Narrative of the Weimar Republic: The case of 'Kutisker-Barmat Scandal'," p.229.

경제 상황을 보면 돈의 가치를 다시 한 번 생각하게 된다. 돈을 찍어내면서 언젠가는 경제가 안정을 찾을 것이라고 기대했지만 1923년 11월 최저점에 도달해서야 겨우 독일 마르크는 안정을 찾았다.

1923년 11월 15일 독일에 새로운 화폐(렌텐마르크)가 도입되었다. 당시 많은 중산층과 은행은 독일 재무부가 발행한 채권을 보유하고 있었는데, 새로운 화폐가 도입된 후 닷새 사이에 정부채의 가격이 3분의 1로 폭락했다(3억 2,000만 금마르크 → 1억 9,160만 금마르크). 독일 저축은행의 예금 잔액은 전쟁 전 197억 마르크에서 1924년 6억 라이히스마르크(RM)으로 떨어졌다.[38] 인플레이션으로 이미 타격을 받은 중산층이 더욱 심각한 타격을 받았다. 그런데 독일인들은 자신의 자산가치 하락으로 이어지는 이런 제도를 묵묵히 받아들였다. 당시 외부인들은 이에 대해 놀라움을 금치 못했다.

인플레이션 조짐을 보였을 때 중앙은행의 할인율을 인상해 인플레이션을 잡을 수 있었는데, 독일은 높은 금리를 우려하여 금리를 인상하지 않았다. 하지만 기업을 운영하는 자산가들은 낮은 금리로 빌린 자금[39]을 우량 프로젝트에 투자한 것이 아니라 최대한 이기적으로 사용했다. 물질 자산으로 바꾸거나 외화로 바꾸거나 마르크 투기에 이용해 마르크를 더 하락시켰던 것이다.[40] 그런데 독일을 정말 어렵게 한 것

---

38 Karl Erich Born, *International Banking in the 19th and 20th Centuries*, p.223.
39 1922년 여름 연 25%, 1923년 여름 연 85% 수준(1922년 통화가치는 1914년 대비 1% 수준 →1923년 통화가치는 1914년 대비 백만분의 1%로 하락. Karl Erich Born, *International Banking in the 19th and 20th Centuries*, p.218).
40 애덤 퍼거슨, 『돈의 대폭락』, 346쪽.

은 돈에 대해 어려운 대안을 선택하기보다는 계속 돈을 찍어 내는 쉬운 대안만 고수했던 정부와 중앙은행의 태도였다.

당시 독일은 화폐가 가치 저장의 수단과 가치 측정의 수단이 되지 못할 때 사회는 붕괴한다는 점을 보여 주었다. 산업 현장에서는 물품을 생산하더라도 이자소득자와 임금소득자의 실질소득이 하락한다면 이를 살 수 있는 소비자는 없어진다. 유럽인은 개고기를 먹지 않는다고 하지만 이 시기의 독일에서는 식용으로 개를 잡아먹었다. 비싼 다른 고기를 대신해 개의 도살만 늘었다.

또한 소수의 자본가는 엄청난 부를 축적하고 사치를 과시(특히 유대인)하는 상황에서 실질 구매력이 급격히 떨어지고 사회가 생계조차도 보장해 주지 못하게 되자 윤리의식이 사라졌다. 청렴한 사회였다 하더라도 규율을 따르고 규정을 준수할 수 없게 되었다. 부정부패가 거리낌도 없이 정당화되었다. 뇌물 수수가 만연해지고 적폐로 인해 사회 시스템이 제 기능을 하지 못했다. 이처럼 화폐에 대한 신뢰의 상실은 바로 더불어 사는 사회의 기능 상실을 의미한다.

독일인은 예나 지금이나 근면한 국민의 상징이다. 1920년대 초반에 실질임금의 하락으로 노동자의 임금 인상 파업과 배고픔에 따른 폭동과 강도질이 있었지만, 1924년 이후 물자가 보급되기 시작하면서 독일은 안정을 찾아갔다. 1927년 이후에는 영국의 노동자보다 더 긴 시간을 더 적은 보수를 받으며 보통 쉬는 시간을 제외하고는 업무 시간 내내 쉬지 않고 일했다. 독일인은 어려움을 뛰어넘으려는 열망으로 열심히 일했다.

독일은 최고를 지향하는 숙련된 노동자와 자본가의 상부상조로 창업 200년 이상의 장수 기업이 1,563개사에 이른다. 이는 일본의 3,113개에 이어 세계에서 두 번째이다. 창업 100년 이상 된 기업의 수는 전 세계적으로 2만 2,219개인데, 한국은 3개[41]에 불과하다. 《포천》지 선정 500대 기업의 평균 수명이 40년을 넘지 않는다는 점에서 위기를 극복하고 원상회복하는 독일 국민의 복원력resilience은 대단하다고 칭찬하지 않을 수 없다.

---

41 ㈜두산, 동아약품㈜, ㈜경방

8

제2차 세계대전

제2차 세계대전은 1939년 9월 1일부터 1945년 9월 2일까지 치러진, 인류 역사상 가장 많은 인명 피해와 재산 피해를 남긴 가장 파괴적인 전쟁이다.

전쟁은 독일이 폴란드를 침공한 1939년 9월 1일에 시작되었다. 독일은 폴란드의 서쪽 국경의 침공을 시작으로 덴마크, 룩셈부르크, 네덜란드, 벨기에, 노르웨이, 프랑스 등을 빠르게 무너뜨렸다. 1940년 6월에 이탈리아가 독일 편에 가담하면서 전쟁은 그리스와 아프리카 북부까지 퍼져나갔다. 1941년 6월에 독일은 소련을 침공했다. 한편 1941년 12월 7일 일본이 진주만의 미군 기지를 공격하자 미국도 전쟁에 뛰어들었다. 1942년 중반까지 일본은 동남아시아 지역을 거의 정복하고 태평양의 섬들을 차지했다.

독일·이탈리아·일본을 추축국으로 하는 동맹이 결성되었고, 여기에 6개국이 더 가담했다. 이에 맞선 연합국은 미국, 영국, 중국, 소련 등을 중심으로 전쟁이 끝날 때까지 50개국에 이르렀다. 1942년 연합국은 아프리카 북부, 소련, 태평양 등지에서 추축국의 진격을 막아 내고, 1943년에 이탈리아, 1944년에 프랑스에 상륙한 후 1945년에는 독일로 진격했다. 결국 독일은 1945년 5월 7일에, 일본은 8월 15일에 항복했다.

전쟁으로 유럽과 아시아 지역이 거의 파괴되었다. 유럽 주도의 시대는 가고 미국과 소련이 강력한 국가로 떠올랐다. 제2차 세계대전의 전사자는 약 1,700만 명에 이르고, 굶주림, 공습, 학살, 전염병 등으로 죽은 민간인은 이보다 훨씬 많았다.

영국은 전쟁 기간 중 국방비로 총 228억 파운드를 지출했는데, 미국과 캐나다로부터 빌린 돈을 전쟁이 끝난 지 61년 만인 2006년까지 갚았다.[1] 미국은 전쟁 참여 기간 동안 총 3,370억 달러를 전비로 지출했다. 이는 미국 정부가 수립된 이후 당시까지 150년간 지출한 비용의 거의 두 배에 달하며, 제1차 세계대전에서 지출한 비용의 10여 배를 넘는다.[2] 그 밖의 54개 국가의 전비를 합산하면 천문학적 수치가 나올 것

1 박계호·김용빈, 『승리는 거저 주어지지 않는다 1』, 북코리아, 2017, 181쪽.
2 박계호·김용빈, 『승리는 거저 주어지지 않는다 1』, 229쪽.

이다. 세계대전은 인명 살상에 더하여 상상을 초월하는 비용이 들어간다. 따라서 전비에 대한 조달 분석은 큰 의미가 없으므로 전후 금융 체제를 중심으로 살펴본다.

1944년 7월 미국 뉴햄프셔의 화이트 마운틴에 있는 브레턴우즈에서 제2차 세계대전 승리를 눈앞에 둔 연합국들이 '국제 무역, 지불 및 투자에 관한 전후 시스템(이하 전후 통화시스템으로 약칭)'을 설계·고안하기 위해 한자리에 모였다. 브레턴우즈 회의에서는 영국과 미국이 존 케인스John Maynard Keynes가 제시한 케인스 플랜과 미국의 해리 화이트Harry Dexter White가 제시한 화이트 플랜에 대해 토론을 벌였다.

44개국 대표 730명이 오랜 협상 끝에 1947년 금 준비금을 토대로 국제안정화기금을 마련하자는 화이트 플랜을 채택했고, 회의에 참석한 참가국은 국제통화기금International Monetary Fund(IMF) 창설에 합의했다. 아울러 신질서의 양대 기관의 하나인 국제재건개발은행International Bank for Reconstruction and Development(이후 설립된 International Development Association을 포함. '세계은행')을 IMF와 함께 워싱턴에 설립했다. 1947년 이른바 브레턴우즈 체제가 출범한 것이다. 더불어 이 시스템을 보완하는 기관으로 '관세 및 무역에 관한 일반협정GATT'에 의한 기구(이후 세계무역기구WTO로 개편)를 1947년 제네바에 설립했다. IMF와 세계은행은 1947년 5월부터 업무를 개시했으나 그 설계자인 케인스는 1946년 4월에 사망했고 화이트는 1948년 8월에 사망해서 양대 기관의 활약상을 볼 기회를 갖지 못했다.

케인스 플랜은 국제수지 적자 국가의 금 부족을 해소하기 위해 국제적립통화를 새로 창설하는 국제청산연맹 형태의 통화 시스템[3]이었으나, 금 보유량이 많고 막강한 경제력을 보유한 미국 달러를 기본으로 한 금환본위제의 도입에 회원국이 동의한 것이다. 브레턴우즈는 금 1온스당 미국 달러 35달러를 고정시키고 다른 통화를 미국 달러에 고정시켰기 때문에 사실상 '달러본위제'라고도 불린다.

신질서의 핵심은 자본 이동의 통제에 있으며 전후 불변의 시스템이 될 것이라고 케인스는 보았다. IMF는 환율을 통제하도록 설계되었으며 세계은행은 전쟁으로 파괴된 나라의 재건을 지원하도록 설립되었다. 자유무역이 복구될 것이나 자본의 이동은 제약받을 것이라고 보았다.

실제로 이로 인해 25년 동안 상당한 성과를 거두었다. 전후 분열되던 국제통화 시스템이 안정되었다. 무엇보다 전쟁으로 폐허가 된 유럽의 경제 재건을 위해 시행된 미국의 마셜 플랜으로, 1950년대와 1960년대에 유럽과 미국은 함께 장기적인 성장을 이루었다. 다른 나라는 금 준비금을 제한받지 않고 외환 보유고를 쌓을 수 있었다.

하지만 부작용도 있었다. 소위 제3세계에서 마셜 플랜과 같은 정부 간 원조 프로그램이 시도되었지만, 다분히 정치적 동기에 연동되었기 때문에 당초 재건 목적을 이루지 못한 경우가 많았다. 또한 미국의 마셜 플랜과 브레턴우즈 체제에 따른 금융과 지원을 전쟁의 가해자인 독

---

3 케인스의 '국제청산연맹'은 방코(Bancor)라 부르는 국제적립통화를 만들어 여기에 각국이 통화가치를 고정시키는 변형된 금본위제이다. 국제수지 흑자국에는 금 대신 채권(credit)으로 기록하여 규율(disciplines)을 부가함으로써 무역 적자국의 적자를 자동으로 해소하고 부채 축적을 방지하는 형태이다(Glyn Davies, *A History of Money*, University of Wales Press, 2002, p.521).

일과 일본도 이용할 수 있게 한 데 대한 불만도 있었다. 독일과 일본의 절망적인 상황을 희망으로 바꾸게 된 계기도, 양국의 경제 기적이 가능하게 된 기회도 바로 브레턴우즈 체제를 활용할 수 있게 해 준 영국, 엄밀하게는 케인스의 허락이 있었기 때문에 가능했다.[4] 그런데 왜 케인스는 전쟁 가해국인 독일과 일본에 그런 기회를 제공해 주었을까? 제2차 세계대전에서 많은 인명 피해를 가져다준 양 국가에 대해 전범을 찾아내고 재판을 하고 있던 때에 어떻게 보면 경제적 무장을 통해 미래에 군사적 재무장도 가능하다고 생각할 수 있었는데도 말이다. 아마도 케인스의 사회주의적 성향에 따른 관대함뿐만 아니라 러시아를 중심으로 한 공산주의 세력의 확산을 방지하기 위한 미국의 입김이 작용하지 않았으면 그런 결정을 할 수 없었으리라 생각된다.

또한 프랑스는, 오늘날 기준으로는 낮은 수준이지만 당시 1960년대 수준에서는 공공 부채 비율이 매우 높은 미국이 외환 보유 통화로서의 지위에 따라 달러를 마구 찍어 내어 세뇨리지seigniorage[5] 혜택을 누린다고 불만을 제기했다. 중세 군주 시대에 군주가 화폐를 마음대로 발행하면 기존의 발행 통화가치가 떨어진다는 것과 같은 맥락이다. 하지

---

4 1952년 IMF와 세계은행에 가입한 일본은 1953년과 1957년에 경화 부족을 극복하기 위해 총 2억 5,000만 달러를 차입했고, 근대적인 고속도로와 초고속 철도 및 기간산업 건설에 필요한 자금을 1953년부터 1966년까지 총 8억 5,000만 달러를 빌렸다. 그 당시 일본은 세계은행에서 제2의 차입국이었다. 일본은 1990년 7월에 빌린 차관을 전액 상환했다(Glyn Davies, *A History of Money*, p.521).

5 2015년 현재 기축통화인 달러를 제작하는 데 드는 비용인 6센트와 실제 1달러 간의 차이 94센트가 미국에 이익이 된다는 '화폐 주조 차익 효과'를 세뇨리지 효과라고 한다. 발행 화폐가 100달러이면 제작비와의 차이가 더 크게 나므로 화폐 단위가 클수록 세뇨리지 효과가 더 크게 발생한다.

만 오늘날에도 미국 달러가 기축통화로서의 가치를 유지하고 있어 세뇨리지 효과는 그 어느 때보다 크다고 할 수 있다.

요즘같이 양적 완화를 하고 있는 상황에서는 기존의 화폐 보유자들은 세뇨리지뿐만 아니라 보유가치도 하락하게 됨으로써 사실상 화폐 자산이 하락하는 약탈을 경험하게 된다. 통화의 기능에는 교환 기능, 가치보존 기능, 결제 기능, 가치측정 기능이 있다. 동일한 통화량이 유통될 경우 상품의 생산량이 불변이라고 가정하면 화폐 가치가 동일하게 유지되나, 통화량이 증가하면, 즉 양적 완화가 있게 되면 가만히 있어도 보유 화폐의 가치는 상대적으로 감소한다.

한편, 1971년 닉슨 대통령이 금 보유고의 부족으로 달러화에 대한 금교환권을 제거했다. 이에 따라 브레턴우즈 체제가 없어진 것이나 다름없게 되었다. 변동환율제가 재도입되었고, 유로본드eurobond 같은 역외 시장이 발달했다. 자연히 무역도 자유화되었지만 그에 따른 자본의 이동도 자유롭게 바뀌었다. 브레턴우즈 체제를 도입할 당시에 목표로 했던 자본의 통제는 사실상 물 건너간 일이 되었다.

IMF와 세계은행은 차관 지원의 전제 조건으로 '개혁이 없으면 돈도 없다no reforms, no money'는 원칙하에 소위 '워싱턴 컨센서스'[6]를 적용했다. 우리나라가 1997년 말 IMF 차관을 도입할 당시 IMF 총재 캉드쉬Michel Camdessus는 구조 개혁과 자본 자유화를 요구했는데, 공적 채권

---

6   재정 규율 정비, 세제 개혁, 이자율 자유화, 건강과 교육 지출 증대, 재산권 보호, 국영기업의 민영화, 시장 자유화, 환율 경쟁력 확보, 무역장벽 제거, 외국인 직접투자의 장벽 제거 등이 주요 내용이다.

자 모임인 파리클럽의 수장을 지낸 바 있는 그는 파리 컨센서스에서 이미 워싱턴 컨센서스와 같은 구조 개혁과 외국 직접투자의 장벽 제거, 무역장벽 제거 등을 요구하고 있었다. 이는 파리에 본부를 둔 부자 국가들의 모임인 경제협력개발기구Organisation for Economic Cooperation and Development(OECD)를 중심으로 이루어졌다. 돌이켜 보면, 이러한 항목은 외국의 자본이 차관을 받고자 하는 국가의 주요 자산이나 자본을 손쉽게 확보할 수 있는 수단으로 활용되는 전제 조건이기도 하다. '세뇨리지'와 더불어 외국의 자본이 자국 기업의 이익을 극대화하려면 대상국의 각종 장벽을 없애야 하기 때문이다.

지금까지 전쟁과 금융에 대해 기술했다. 20세기 후반부터 글로벌화가 진전되면서 전 세계는 경제활동에 적극적이다. 이는 또 다른 전쟁, 경제 전쟁을 예고하고 있다. 경제활동을 통해 이익을 얻는 방향으로 국제무대의 중심축이 움직였다고 볼 수 있다.

그런 면에서 OECD는 중요한 역할을 한다. OECD는 1960년 12월 14일 파리에서 설립되었다. 설립 당시의 정책 목표는 ① 회원국이 최고의 지속 가능한 경제 성장과 고용을 창출하고 삶의 질을 높임으로써 세계 경제의 발전에 기여하고, ② 경제 개발 과정에서 비회원국은 물론 회원국의 건전한 경제 확장에 기여하고, ③ 국제협약에 따라 다자간 비차별적 형식으로 세계 무역이 확대되는 데 기여함을 추구하는 것이다. OECD의 금융 관련 공식 조직은 무역위원회 산하의 수출신용보증그룹

Group on Export Credits and Credit Guarantees이다. 하지만 실제 중요한 의사 결정은 회원국 간의 비공식 기구인 참가자그룹Group of the Participants에서 이루어진다. 앞으로 설명할 수출신용보증그룹에서의 활동을 살펴보면 국제 상거래에서 더욱 경쟁이 치열해지고 있음을 알 수 있을 것이다.

제 2 부

글로벌
경제와
금융

평화가 너무나 널리 퍼져 있어서 사람들이 전쟁을 상상조차
할 수 없던 시대는 과거에는 달리 없었다.
… 학자들은 … 이 현상에 기여하는 요인을 몇 가지 확인했다.
첫 번째이자 다른 무엇보다, 전쟁의 대가가 극적으로 커졌다.
… 핵무기는 초강대국 사이의 전쟁을 집단 자살로 바꾸어 놓았으며,
군대의 힘으로 세계를 지배하려는 시도를 불가능하게 만들었다.
둘째, 전쟁의 비용이 치솟은 반면 그 이익은 적어졌다.
… 오늘날 부는 주로 인적 자본과 조직의 노하우로 구성된다.
그 결과 이것을 가져가거나 무력으로 정복하기가 어려워졌다.
_유발 하라리, 『사피엔스』, 526쪽

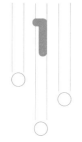

국가 수출금융 지원 체제의 탄생

제1차 세계대전이 종료된 1919년 자유무역으로 대표되는 자유방임주의Laissez-faire는 중요한 전환점을 맞았다. 유럽의 강대국은 세계화와 자유무역으로 세계 경제를 지배하고 있었다. 유럽은 19세기 국제 자본수출 전체의 약 90%에 달하는 400억 달러 이상을 수출함으로써 세계의 은행과 같은 역할을 했으며,[1] 20세기 초에는 전 세계 국내총생산GDP의 거의 절반(46%)과 세계 1인당 GDP의 41%를 차지하고 있었다.[2]

그러나 제1차 세계대전 이전에 전 세계 생산량의 43%를 차지했던 유럽은 전쟁 후에는 그 비중이 34%로 떨어져 미국 수준에 못 미

1 이반 버렌드, 『20세기 유럽경제사』, 이현대·김홍종 옮김, 대외경제정책연구원, 2008, 47쪽.
2 이반 버렌드, 『20세기 유럽경제사』, 45쪽.

쳤다.[3] 전쟁 후 유럽은 최대 채권국인 미국에 채무를 갚기에도 벅찼다. 유럽은 국가가 중심이 되어 산업 재건에 나섰고 자금 공급을 주도했다. 경제적 민족주의를 내세워 산업을 보호하고 수출을 장려하기 위한 조치들을 시행해 나갔다. 관세 전쟁이 시작되었고, 수입 쿼터와 수출 승인제가 도입되었으며, 산업을 국유화했고 전략 산업 보호를 위해 보조금을 지원했다. 보호무역이 확산되기 시작했던 것이다.

영국은 국제무역을 확대하기 위해 전쟁 전의 국제금융 메커니즘을 회복하는 등 자유무역 체제로의 복귀를 꾀했다.[4] 영국은 자유무역 체제로 가장 큰 혜택을 누린 국가였기 때문이다. 영국이 입은 전쟁의 피해는 심각했다. 영국의 수출은 전쟁 전 수준의 40%로 하락했으며, 1920년의 생산량은 1913년 수준에 머물렀다. 그 후 1921년에는 오히려 20% 정도 감소했으며 이는 1924년까지 회복되지 못했다.[5]

영국의 수출은 1700년과 1750년 사이에 두 배, 1800년경에는 세 배 이상으로 확대되었으며, 19세기(1914년까지의 기간 포함)에는 30배 증가해 국민소득의 40%를 차지했다. 1870년경에는 영국의 수출이 서유럽 총수출의 40%에 달했고, 제1차 세계대전 무렵에도 여전히 3분의 1 이상을 차지하고 있었다.

자유무역 체제를 구축하기 위해 1860년 영국은 프랑스와 자유무

---

3 이반 버렌드, 『20세기 유럽경제사』, 65쪽.
4 이반 버렌드, 『20세기 유럽경제사』, 86-87쪽.
5 이반 버렌드, 『20세기 유럽경제사』, 80쪽.

역 협정을 체결[6]한 후 독일·이탈리아 등과 일련의 협상을 체결하여 결국 유럽이 자유무역 지대가 되도록 했다. 1816년 영국의 금본위제 도입으로 영국 파운드 스털링이 금과 동격이 된 후, 다른 나라도 이를 도입함으로써 복본위제[7]하의 보호주의에서 금본위제하의 자유무역으로의 이행 기반이 조성되었다.[8] 이러한 일련의 자유무역 여건 조성이 영국의 수출에 기여했다.

하지만 20세기 들어서면서 영국은 주도적 지위에 지나치게 안주한 나머지 구조적 변화에 비교적 느리게 대응했다. 제1차 세계대전이 발발하기 이전 반세기 동안 영국의 연간 수출 증가율은 5~6%에서 3%로 하락하고 있었다.[9] 전쟁으로 수출이 급감했지만 전쟁 중에도 자유무역 체제를 고수했던 영국은 전쟁이 끝난 1919년 실업자를 구조하고 파괴된 수출을 재건하기 위해 수출신용보증부Export Credits Guarantee Department(ECGD)를 설립했다.[10] 국가 수출금융 지원 체제로서 공적 수출신용기관Export Credit Agency(ECA)이 세계 최초로 만들어졌다. 아울러 영국은 1925년 5월 금본위제를 회복했다. 하지만 파운드화의 실질 가치

---

6 1846년 영국이 자유무역 정책을 도입한 후 외국과 최초로 1860년 1월 코브던-슈발리에 조약(Cobden-Chevalier Treaty)을 체결했다. 이 조약의 최혜국(most favored nation) 조항은 그 후 제3국과의 협상에서 관세 자동 인하를 유발하는 메커니즘으로 작용했다. 이 조약은 국제적으로 자유무역 체제를 확립시키는 계기가 되었다.
7 두 가지 이상의 금속을 본위 화폐로 하는 화폐 제도. 보통은 금과 은 두 가지로 이루어지는 금·은 복본위제를 일컫는다.
8 이반 버렌드, 『20세기 유럽경제사』, 35-37쪽.
9 이반 버렌드, 『20세기 유럽경제사』, 50쪽.
10 Delio E. Gianturco, *Export Credit Agencies: The Unsung Giants of International Trade and Finance*, Praeger, 2001, p.41.

는 10~20% 평가절하[11]하여[12] 수출 가격 경쟁력에 유리한 환경을 조성했다. 이와 같이 영국이 자유무역 체제로 복귀하기 위해 노력했음에도 불구하고 유럽 전역에 들불처럼 번진 무역 전쟁으로 결국 영국도 경제적 민족주의 대열에 합류하게 되었다.

한편 독일은 1913~1919년의 GDP 감소율이 △28%로, 프랑스(△25%)보다 심각했으며,[13] 대외무역에서도 1920년의 수출이 전쟁 전보다 63% 감소했다.[14] 독일은 인플레이션으로 통화가치가 평가절하되면서 상품의 가격 경쟁력이 유지되었고, 이로 인해 1921년부터 수출이 회복되었다. 하지만 생필품 수입이 전체의 약 절반(1921년 기준 약 49.6%)에 이르고, 80% 내외의 밀·귀리 등 식료품을 미국으로부터 수입하면서 무역수지 적자 상태가 계속되었다. 1924년부터 새로운 통화Reichsmark가 정착되고 금융 억제 정책이 이루어지면서 인플레이션 효과도 사라지게 되었다.

1920년대에는 대부분의 신용(금융)이 단기 거래였기 때문에 신규 신

---

11 평가절하를 하면, 그 나라의 물가 수준을 불변이라고 가정할 때 절하국의 외화 표시 수출 가격은 그만큼 낮아지므로 해외 수요가 이전보다 증대하여 수출이 증가한다.
12 이반 버렌드, 『20세기 유럽경제사』, 86쪽.
13 이반 버렌드, 『20세기 유럽경제사』, 80쪽.
14   독일의 대외무역

(단위: 백만 금마르크)

연도	수출	수입	무역수지
1913	10,198.6	11,206.1	△1,007.5
1920	3,724.0	3,947.2	△223.2
1921	2,988.4*	5,750.7	n.a.
1922	6,206.7	6,309.8	△103.1
1923	5,352.7	4,820.5	532.2

주: *5월부터 12월까지 8개월 동안의 수치
   ** 1913년 기준 화폐가치로 조정된 금액
출처: W. R. Lee ed., *German Industry and German Industrialisation*, Routledge, 1991, p.276.

용 공여가 없으면 즉각적인 대출금 상환이 불가능한 유동성 위기 시기였다.[15] 유럽의 경제 회복에 중요한 역할을 했던 미국의 수출이 1921년에 전년 대비 45% 감소[16]되더니 1920년대 중반 이후 미국의 유럽에 대한 투자와 신용이 고갈되기 시작했다. 독일에 대한 자본 유입이 1928년 9억 6,700만 달러에서 1929년 4억 8,200만 달러로 급감했다.[17]

수출을 재건하고, 수출시장을 유지하려면 금융의 공여가 필요했다. 특히 소련 시장의 위험이 커지면서 이에 대한 금융 공여가 필요했다. 영국에 이어 독일(1926), 이탈리아(1927), 프랑스(1928), 스페인(1928), 노르웨이(1929) 등 다른 유럽 국가도 무역 전쟁을 대비하는 수단으로 공적 수출 신용기관을 설립했다. 국가 수출금융 지원 체제에서 유럽 국가는 대부분 단기의 보험·보증으로 금융을 제공했다. 장기 대출을 지원하는 경우에는 보조금이 포함된 우대금리를 적용하여 지원했다.[18] 1929년 경제 대공황으로 1928년과 1935년 사이에 유럽의 수출액은 260억 달러에서 약 3분의 1 정도인 90억 달러로 감소했다. 또한 2,000만 명의 유럽인이 실업자가 되었는데, 이는 유럽 전체 인구의 7%에 해당하는 수치이다.[19] 대공황의 영향을 받은 선진국들은 무역과 일자리를 유지시키기 위한 수단으로서 공적 수출신용기관을 발족시켰다.

---

15 이반 버렌드, 『20세기 유럽경제사』, 94쪽
16 1920년 81억 달러에서 1921년 44억 달러로 감소했다(W.R Lee ed., *German Industry and German Industrialisation*, p.275).
17 이반 버렌드, 『20세기 유럽경제사』, 93쪽.
18 Delio E. Gianturco, *Export Credit Agencies*, p.41.
19 이반 버렌드, 『20세기 유럽경제사』, 95쪽; Maddison Database 2010.

일본은 1930년 수출 보험을 도입했고, 1950년에 일본수출은행(이후 일본수출입은행으로 개명)을 설립했다. 미국도 공적 보조금을 받지 못하고 있던 자국 기업이 소련 시장에 대한 수출 경쟁에서 불리해지자 이에 대응하기 위해 미국수출입은행을 1934년 2월에 설립했다.[20] 처음부터 유럽 국가들은 자국 기업에 보조금을 지원하는 공적 보조금 금융으로 지원하면서 국가 간 경쟁이 치열해졌다. 1961년 케네디 대통령의 지시로 미국 수출자와 경쟁하는 수출국이 지원하는 이자율 및 지원 조건 등에 경쟁력 있는 이자율과 지원 조건으로 금융을 지원할 수 있게 보조금 요소를 명시[21]하여 본격적으로 국가 간 금융 보조금 경쟁이 확대되었다. 미국은 다른 국가와 달리 초기 30년간 보험과 보증은 도입하지 않고 직접 대출만 취급했다.[22]

한국은 1968년 제2차 경제개발5개년 계획의 조기 달성을 위해 일본수출입은행법을 토대로 1969년 7월 28일 한국수출입은행법을, 일본의 수출신용보험법을 토대로 1968년 12월 31일 수출보험법을 제정했다. 1976년 외환은행의 대행체제에서 인수받아 한국수출입은행이 설립되었고, 1992년 한국수출입은행 위탁 업무에서 분리되어 한국수출보험공사(현 한국무역보험공사)가 설립되었다.

한편 1937년 개발도상국 공적 수출신용기관ECA으로는 최초로 멕시코가 방코멕스트BANCOMEXT를 설립했으나, 개발도상국은 주로 1990년

---

20 Rita M. Rodriguez, *The Export-Import Bank at Fifty*, Lexington Books, 1987, p.1.

21 Rita M. Rodriguez, *The Export-Import Bank at Fifty*, p.17.

22 Delio E. Gianturco, *Export Credit Agencies*, p.42.

대 이후에 설립되었고(중국·태국 등), 2018년 기준으로 90개국에서 ECA를 설립하거나 수출신용을 공여하고 있다.[23]

유럽에서 단기 수출보험이 민영화되기 이전의 기준을 적용한 것으로 추정되는 지안투르코Delio E. Gianturco의 통계에 의하면, 2000년 기준으로 세계 100개국에 200여 개의 ECA가 있으며, 8,000억 달러의 수출이 ECA의 금융을 받아 이루어지고 있다. 즉 8달러의 수출 중 1달러가 ECA의 지원으로 이루어지고 있는 셈이다.[24]

이렇게 중요한 역할을 하고 있는 공적 수출신용기관이 어떤 기관인지 알아보자. 공적 수출신용은 자국의 수출 촉진을 위해 재정 자금을 재원으로 상업금융의 한계를 보완하는 데 제공되는 대출·보증·보험이다.[25] 이를 취급하는 기관을 공적 수출신용기관(또는 수출신용기관)이라고 한다. 전통적인 역할은 자국산 재화와 용역의 수출을 촉진하고 지원하는 데 있으며, 전쟁, 몰수, 국유화 등과 같은 특수한 상황에서 수출자가 입게 될 손실을 보호하기 위해 정부 부문이 대출·보증·보험의 형태로 지원하고 있다.[26] 한마디로 표현하면, 수출신용기관은 외국과의 거래에서 발생하는 국가 위험을 대신 막아 주는 기관이다. 대외거래와 관련된 시장 실패에서 오는 금융의 갭을 메워 주는 최후 대부자Last Resort의 역할을 한다.

---

23 Export-Import Bank of the United States, *Report to the U. S. Congress on Global Export Credit Competition*, June 2019, p.79.
24 Delio E. Gianturco, *Export Credit Agencies*, p.1.
25 이재민·배인성, 「글로벌 무역금융」, 두남, 2009, 124쪽.
26 서극교, 「프로젝트 파이낸스 원리와 응용」, 한국수출입은행, 2004, 44쪽.

또한 수출신용기관은 외국과 연대하여 자국의 경제 발전에 필요한 해외 원자재의 개발과 신시장의 개척을 지원하고, 우방을 지원하고 적대국을 응징하며 신상품과 전략 산업의 생산과 개발을 지원하며, 가난한 국가의 경제 발전을 증진하고 외국인 직접투자를 장려하고 외국 기업으로부터 물품을 수입할 수 있는 역량을 높이도록 노력한다. 가장 중요한 점은 국내 고용을 창출하며 매출과 수익을 증대하고 수출 확대를 통한 국가의 조세 수입 기반을 넓히는 역할을 수행한다는 것이다.[27] 한국을 기준으로 볼 때 수출신용기관은 적대국을 응징하는 수단이 될 수 없고 외국인 직접투자 유치 업무도 하지 않는다. 하지만 전통적인 수출신용기관으로는 국제 경쟁 환경의 변화에 적응할 수 없기 때문에 다양한 형태의 제도와 상품을 도입하고 있다.

한편 1980년대 들어 사회주의 국가들이 개혁·개방을 시작하면서 세계는 글로벌화가 빠르게 진행되었다. 기업들은 수출 전진기지와 생산 거점을 만들기 위해 해외 시장에 활발히 진출했으며, 글로벌 밸류체인[28]을 완성해 가면서 가격과 기술 경쟁력을 제고했다. 이때 수출신용기관들은 대외 거래에 필요한 금융을 지원했다. 대형 프로젝트를 자국 기업이 수주할 수 있도록 수출신용기관이 전면에 나서기도 했다. 시장은 개방되었고 기업은 글로벌화되었고, 그에 따라 금융이 수요를 뒷받침하며 글로벌 무역은 급성장했다. 1980년부터 2018년까지의 28년 동안

---

27 Delio E. Gianturco, *Export Credit Agencies*, p.2.
28 밸류체인(value chain)은 기업이 원재료를 사서 가공·판매해 부가가치를 창출하는 일련의 과정을 말한다.

세계 상품 수출 규모

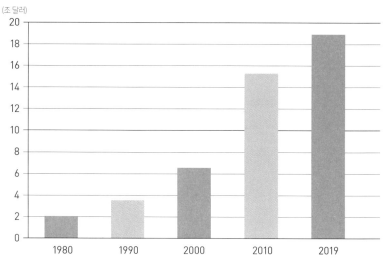

출처: https://data.wto.org(2020.6.14. 접속)

세계 수출 규모는 9배 증가했다.

하지만 최근 미—중 무역 갈등과 함께 자국 산업 보호주의 움직임이 재현될 조짐을 보이고 있다. 강대국들은 과거 글로벌 금융위기를 극복할 때 취했던 국제 공조 방식과 달리 자국 우선주의로 회귀하고 있다. 실제 글로벌 금융위기 때 G20 정상들은 2009년 4월 2일 런던에 모여 전 세계 무역 증진을 목적으로 무역금융 2,500억 달러를 2년 동안 공동 지원하기로 합의하는 등 금융위기 해소에 공동 대응했다. 반면 2010년 이후 무역장벽은 점점 증가하여 5년 만에 3배 이상의 누적 무역장벽이 있는 것으로 조사되고 있다.

미국은 2018~2020년에 걸쳐 중국을 환율 조작국으로 지정하고 중

무역장벽 추이

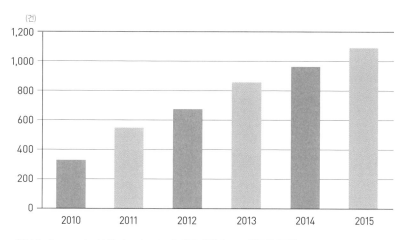

(건)

출처: http://www.oecd.org/daf/inv/investment-policy/14th-G20-Report.pdf(2015.10.30.)

국산 수입품에 관세를 부과했으며, 중국산 통신장비 수입 금지, 중국 기업에 대한 내외국 반도체 부품 수출 금지, 미국 공무원 연금의 중국 투자 금지를 시행했다. 특히 2020년 5월 19일에는 나스닥 상장 요건을 강화해 미국 시장에서 중국 기업의 자금 조달을 어렵게 했다.[29] 중국은 이에 맞서 미국산 농산물에 대해 수입 제한을 언급했다. 일본은 위안부 배상 관련 외교·정치적 문제에 반도체 가공에 필수적인 불화수소,

---

29 나스닥이 공표할 새로운 기업공개(Initial Public Offering: IPO) 기준에는 중국 등 외국 기업에 기업공개 시의 최저 가치기준을 처음 도입한 것이다. 기업공개 시 2,500만 달러(약 306억 원)를 조달하거나, 상장 후 시가 총액의 최소 4분의 1 이상 자금을 확보해야 한다는 내용이 담겼다. 또한 국제 기준에 부합하는 회계감사를 요구하고 있으며, 나스닥이 기업공개를 심사하는 회계법인에 대해 감사할 예정이다. 나스닥의 이번 조치는 중국 기업의 회계 관리가 불투명하고 중국 정부와 유착 관계가 있다는 판단에 따른 것이라고 한다(*Nasdaq News*, 2020.5.18.; 《파이낸셜뉴스》, 2020.5.19.).

포토레지스트 등 일본산 부품을 한국에 수출 금지하는 조치를 취하기도 했다. 자국의 이익을 위해 만들어지는 무역장벽들이다. 하지만 아직 제1차 세계대전 직후인 20세기 초반의 유럽 상황과는 거리가 멀다.

자유무역이 활발했던 19세기부터 20세기 초반까지 글로벌 금융을 주도했던 개인은행가, 자금 수요 확대에 부응하기 위해 국가가 인가한 주식회사 형태의 은행, 그리고 20세기 상반기에 국가가 직간접 참여하고 있는 수출신용기관으로 이어지는 금융 주인공이 21세기에는 어떻게 이어질지 알 수 없다. 대외 거래에 대한 금융이 어떻게 변화할지 알 수는 없지만, 자유무역과 글로벌화로 대표되는 19세기 하반기부터 제1차 세계대전까지 대외 거래에서 은행이 어떤 역할을 했는지 먼저 살펴보자.

근대 글로벌 경제와 금융

유라시아에서 지난 수천 년간 일어난 일을 살펴보면 흥미로운 지리적

질서를 확인할 수 있다. 서구 문명에서는 초기의 이집트에서 크레타로,

다음에는 그리스와 로마로, 결국에는 서유럽에 이르기까지, 위도를

따라 점점 위로 올라가면서 지배 세력의 승계가 이루어졌다. … 그런데

그다음부터는 지배 세력의 승계가 경도 방향으로 진행되기 시작한다. 우선

섬나라인 영국은 세계 최초의 해군 초강대국이었다. 독일은 두 차례의

큰 전쟁을 일으켰으며 그중 두 번째는 세계 정복을 꿈꾸었다. 다음으로

러시아가 일어났다. 그렇다면 지금은 유라시아의 서쪽 주변 지대에서 시작된

순환이 마침내 동쪽 환에 다다를 시기인 것인가?

_ 하름 데 블레이, 『왜 지금 지리학인가』, 유나영 옮김, 사회평론, 2012, 322쪽

제1차 세계대전 전의 금융 상황은 1860년 자유무역 제도 시행 이전과 이후로 구분할 수 있다. 자유무역이 본격적으로 시행되기 전에는 개인은행가들이 자금 공급자의 역할을 수행했다. 1860년 이후에는 주식회사 형태의 은행이 설립되면서 대규모 사업에 대한 지원이 확대되었다.

개인은행가들은 대부분 상품 무역업을 영위하면서 필요에 의해 은행업을 겸업하다가 이후 은행업을 분리하여 본격적으로 시작한 특징을 가지고 있다. 로스차일드도 영국에서 직물 등의 무역에 필요한 금융을 취급하는 과정에서 자연스럽게 머천트뱅크 업무를 하게 된 것이다. 오늘날의 은행업과는 달리 예금을 받아 이를 운용하기 위해 투자처나 대출 대상을 찾았던 것이 아니다. 무역 등 실물 거래를 하면서 쌓인 자본을 재원으로 투자나 대출을 한 것이다. 더욱이 유대인 출신의 은행가들은 이미 궁정 은행가 또는 궁정 팩터 역할을 하면서 한편으로는 물자를 조달해 궁정에 납품하고, 다른 한편으로는 궁정에 필요한 금융을 제공했기 때문에 근본적으로 은행업의 기반이 요즘의 은행과는 달랐다.

따라서 자본가들이 은행업을 영위했다. 당시에는 정부에서 투자자를 보호하거나 은행 건전성을 관리하지 않았기 때문에 은행은 자기 책임하에 대출을 했다. 개인은행가들은 주로 채권이나 주식을 인수하고 이를 증권거래소에 유통시킴으로써 매매가 이루어지도록 하는 방식으로 고객에게 자금을 마련해 주었다. 그들은 투자자를 스스로 보호하기 위해 자신이 인수하고 유통한 증권에 대해서는 보증을 했다.

당시 일반 기업이 많지 않았지만 기업이나 철도회사, 중앙 정부나 주 정부에 대한 자금 공급에서 투자자는 투자 대상에 대한 정보가 없었기 때문에 은행에 대한 믿음이 중요했다. 은행도 신용이 좋은 정부나 기업, 또는 신용이 부족하면 담보를 잡는 방법으로 안전하게 자금을 공급하거나 투자했다. 일반 개인을 상대하지 않고 정부, 철도건설, 탄광 개발 등 믿을 수 있고 투자 자금 회수가 확실하다고 생각되는 분야 위주로 자금을 공급했다.

19세기 초에는 영국 산업혁명의 영향으로 무역이 활발해지면서 국내총생산이 급격히 증가했다. 19세기 초 40년(1820~1860)간 유럽 주요 강대국의 국내총생산은 단순 평균으로 연 2~3% 증가율을 보였으며 미국은 같은 기간 연평균 약 11%의 성장률을 보였다.[1] 이러한 성장에 필요한 투자 자금은 개인은행가들이 지원했다.

개인은행가는 철도 인프라 건설에 막대한 자금을 공급했다.[2] 육

---

1 연평균 프랑스는 2.5%, 독일은 3.0%, 영국은 3.1%, 미국은 11.3% 증가했다.
프랑스, 독일, 영국, 미국의 GDP

(단위: 1990년 구매력 기준 GK Dollar*)

	프랑스	독일	영국	미국
1820→1860	35,468→70,577	26,819→59,096	36,232→81,760	12,548→69,346

주: * GK Dollar: Geary-Khamis Dollars는 특정 시점에서 미국 달러가 미국에서 보유한 것과 동일한 구매력 패러티의 가상통화 단위. 국가 간 비교 목적으로 사용된다.
출처: Maddison Database 2010(2020.5.7. 접속)

2 Karl Erich Born, *International Banking in the 19th and 20th Centuries*, Burg Publishers, 1983, p.41.

상 대량 운송수단인 철도는 신속한 물자의 이동과 수송비용의 절감을 가져왔다. 국내외 신시장 개척에 밑거름 역할을 했을 뿐만 아니라 중공업 발전에 결정적인 견인차 역할을 했다. 철도에 대한 자금 공급은 1830년 이후에 본격적으로 이루어졌다.

19세기 초 개인은행가는 주로 각국 정부에 대한 자금 공급에 많이 참여했다. 식민지 개척이나 전쟁 비용 또는 전후 배상금 자금을 유럽과 미국 정부에 공급하는 역할을 했다. 1803년 베어링이 미국 정부의 특명전권대사로 임명되어 프랑스 소유의 루이지애나 지역에 대한 매매에서 미국 정부에는 매입 자금을 조달해 주고 프랑스 정부에는 매각 자금을 송금해 주는 업무를 맡았다. 미국과 프랑스는 루이지애나 지역을 1,500만 달러에 계약했는데 베어링이 네덜란드 호프사와 함께 미국 정부에 자금을 조달해 주었고 또한 성공적으로 자금을 프랑스 정부에 전달했다.

1815년 워털루 전투에 패한 프랑스 정부를 위해 베어링 등 개인은행가들은 이번에는 프랑스 정부에 전쟁 배상금 7억 프랑을 조달해 주었다. 이후 1818년 동맹국이 배상금을 2억 6,500만 프랑으로 감축해 주었는데, 그중 1억 6,500만 프랑은 베어링과 네덜란드 호프사가 자신을 지급인으로 하는 환어음을 발행하는 방식으로 인수했고, 나머지는 프랑스 정부의 영구채를 발행·인수한 후 오스트리아 등의 투자자들에게 매각해 조달한 자금을 프랑스 정부에 전달해 주었다.[3] 베어링은 프랑스

---

3   Karl Erich Born, *International Banking in the 19th and 20th Centuries*, p.37.

외에도 다른 나라 정부나 궁정과 단골관계를 유지했다. 러시아, 노르웨이, 오스트리아, 칠레, 아르헨티나, 캐나다, 오스트레일리아, 미국 정부 등의 주거래 은행이 바로 베어링이었다. 이는 남북전쟁 시기까지 계속되었다.[4]

미국인 최초로 영국에 진출한 피바디George Peabody는 1837년 더 시티에 본사를 설립했다. 미국 주 정부들은 철도·운하·도로 건설에 자금이 필요했고 피보디는 미국 주 정부들이 발행한 채권을 인수하여 런던 증권거래소에 유통시켰다. 1840년대 미국은 경제공황으로 많은 주 정부가 이자를 연체했는데, 이때 피보디는 유통된 채권을 투자자들로부터 재인수하는 방식으로 이자를 보장해 줌으로써 신뢰를 구축했고, 나중에 채권 가격이 회복되면서 큰 수익을 얻어 1854년 자본금 기준으로 로스차일드, 베어링 다음으로 큰 은행으로 자리매김했다.[5]

이후 파트너십을 체결하여 합류한 주니어스 모건Junius Spencer Morgan이 1864년 'J.S.모건'으로 은행명을 바꿔 운영했다. 주니어스 모건은 1871년 설립된 'J.P.모건'의 설립자 존 피어폰트 모건의 아버지로서 런던에서의 경험을 바탕으로 아들에게 은행가 교육을 시켜 모건 그룹을 만드는 토양을 제공했다.

한편 로스차일드는 워털루 전투 이후 유럽 각국 정부 등에 대한 자금 지원의 주인공으로 등장했다. 프랑스, 독일, 오스트리아, 이탈리아,

---

4 론 처노, 『금융제국 J. P. 모건』, 강남규 옮김, 플래닛, 2007, 65쪽.
5 론 처노, 『금융제국 J. P. 모건』, 41쪽.

스페인 등 러시아를 제외한 모든 유럽 국가와 미국 정부를 위한 자금 조달에 참여했다. 앞에서 이미 언급했듯이, 로스차일드는 정부에 대해 막강한 금융 권력을 행사했고 이를 정치·외교적 측면에서도 활용했다. 그 밖의 개인은행가들도 19세기 후반기 대형 은행이 등장할 때까지 영향력을 행사했으며, 일부 개인은행가는 이후에도 여전히 막강한 역할을 수행했다.

철도 건설 등 인프라 분야에 대한 자금 공급에서도 개인은행가들이 주도적인 역할을 했다. 유럽에서는 단연 로스차일드가 가장 눈에 띄는 활약을 보였다. 로스차일드는 파리-베르사유를 시작으로 파리-벨기에, 파리-마르세유 등 프랑스 철도 건설에 대한 자금 공급을 주도했으며, 1848년에는 전체 프랑스 철도회사 지분의 10%를 보유했다. 또한 로스차일드는 오스트리아 북라인·남라인·동서라인 등 철도 건설과, 독일의 라인 철도 및 쾰른-민덴 철도 등을 비롯한 4개 철도 건설에 참여했다.[6] 독일 쾰른에 본사를 둔 개인은행가들은 로스차일드와 함께 독일 내 철도 건설에 참여했다. 독일 이외의 지역으로는 러시아의 상트페테르부르크-모스크바 철도 라인 건설에 참여했다. 미국에서도 철도 붐이 일어나 남북전쟁 기간 이전 10년 동안 약 10억 달러가 투자되었다. 미국의 철도회사는 자금을 조달하기 위해 런던에 있는 피보디은행을 이용했다.[7]

6 Karl Erich Born, *International Banking in the 19th and 20th Centuries*, p.43.
7 론 처노, 『금융제국 J. P. 모건』, 42쪽

철도 건설에 필요한 자금은 주로 정부 재정 및 개인은행가로부터 조달되었다. 프로젝트 수행회사, 예를 들어 철도건설 회사가 주식회사인 경우에는 주식이나 채권을 발행해 자금을 조달했다. 주식이나 채권에 대한 투자자는 관련 금융 업무를 은행에 맡길 수밖에 없으므로 개인은행가의 주도로 사업이 이루어졌다. 정부와 개인은행가의 관계도 밀접했다. 그 당시는 주식이나 채권을 인수해 은행이 자신의 이름으로 시장에 내놓기 때문에 해당 철도회사가 경영을 잘못하면 은행이 경영까지 도맡아야 하는, 산업과 금융의 구분이 모호한 시대였다. 따라서 제한된 경쟁 시장이었다. 이는 기업에만 해당되는 것이 아니라 국가와 궁정에도 마찬가지로 적용되었다.[8]

철도 건설에 대한 정부의 참여는 국가마다 상이했다. 프랑스는 1842년 철도 건설에 정부의 참여를 의무화하면서 철도 건설이 활성화되었다. 정부는 부지를 제공하고 민간 회사가 철도의 건설과 운영을 맡았다. 민간 회사가 철도를 건설·완공하고 99년 후에 정부에 소유권을 이전하는 '건설Build—운영Operate—양도Transfer' 방식으로 정부는 최소 수입을 보장해 주었다.

프로이센과 미국도 정부가 최소 수입을 보장하는 방식으로 철도를 건설했다. 미국은 정부가 부지를 무상 제공하여 철도를 건설했고, 프로이센은 프로젝트 회사인 철도회사에 대한 주식을 취득하는 조건으로 정부에서 지원했다. 자유방임주의 제도를 도입한 영국은 철도의 건설

8 론 처노, 『금융제국 J. P. 모건』, 63쪽.

과 운영은 전적으로 민간에 맡겼다.[9]

19세기 후반에 접어들면서 유럽의 정부는 대규모 사업에 필요한 자금을 조달할 목적으로 주식회사 형태의 은행 설립을 허용하면서 은행 간 경쟁이 치열해졌다. 자금 동원력에 한계를 극복하려는 개인은행가들이 주식회사 형태로 전환하려는 시도도 이 시기 들어서 많이 발생했다.

경쟁의 시대: 주식회사 은행의 등장

1860년대에 접어들면서 철도 건설이 더욱 확대되었고, 이에 따라 발전, 광산 및 철강 등 중공업 제품의 생산과 무역에 대한 자금 수요가 급증했다. 사업이 대형화되면서 개인은행가만으로는 자금 수요를 감당하기 어려워졌다. 이 시기에 주식회사 형태의 은행이 설립되어 글로벌 사업에 참여하기 시작했다. 또한 영국과 프랑스·독일을 중심으로 식민지 개발을 위한 자본 수출이 확대되었다.

프랑스는 알프스산맥의 수력 발전 등 전력 산업, 그에 따른 철강·알루미늄과 자동차 산업 등 신산업을 발전시켰다. 독일은 독일에디슨회사(이후 AEG로 개명) 등이 전력 산업을 발전시키면서 고도로 발전된 운송 체계, 석탄·철강·화학 산업 등 신산업과 신기술을 활용해 영국을 빠르게 따라잡았다.[10]

9   Karl Erich Born, *International Banking in the 19th and 20th Centuries*, p.42.
10   이반 버렌드, 『20세기 유럽경제사』, 이헌대·김흥종 옮김, 대외경제정책연구원, 2008, 52-53쪽.

대규모 철도 건설 및 철강 산업, 석유 개발 붐 등의 영향으로 미국은 급속한 경제 성장을 맞았다. 1860년 미국의 국내총생산GDP은 영국보다 낮고 프랑스와 비슷했으나, 불과 10년이 지난 1870년에 들어서면서 영국과 비슷한 수준에 도달했다. 그러다가 1875년부터 미국의 GDP는 유럽 3대 강국을 모두 초과했으며, 1903년에는 3개국 총 GDP의 75% 수준에 이르게 되었다.

발전, 철강, 광산 등 중공업과 같은 당시 신산업은 많은 자본이 요구되었다. 특히 철도 건설은 국가를 연결하는 대규모 국가 간 협력 사업인 경우가 많아 하나의 은행이 자금을 공급하는 것은 현실적이지 않

미국·영국·독일·프랑스의 실질 GDP

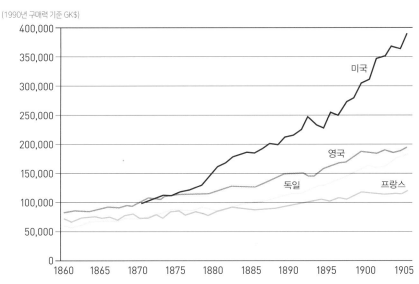

주: 미국은 1861~1869년 자료가 없음.
출처: Maddison database 2010(2020.5.7.접속)

았다. 대규모 자금 조달을 위한 대규모 자본의 은행 설립이, 부자들이 보유하고 있는 자금을 산업에 투입할 수 있다는 아이디어를 바탕으로 주식회사 형태로 추진되었다. 영국에서 먼저 주식을 발행하는 형태의 은행이 설립되었지만, 중앙은행인 잉글랜드은행Bank of England이거나 은행권 발행 권한과 관련된 은행이었으며 실제 대외 거래 목적의 은행은 프랑스 크레디트 모빌리에Crédit Mobilier가 처음이었다.

크레디트 모빌리에는 로스차일드에서 근무하면서 철도 건설 금융의 경험을 쌓은 에밀 페레이르Émile Péreire와 이사악 페레이르Isaac Péreire 형제 등이 인프라에 대한 투자를 목적으로 설립했다.[11] 크레디트 모빌리에는 중공업, 인프라 등을 지원했지만, 최우선 분야는 단연 철도 건설에 대한 금융으로 프랑스, 스페인, 북이탈리아, 오스트리아, 스위스, 러시아 등지의 철도 건설에 자금을 공급했다. 크레디트 모빌리에는 1852년 설립된 이후 1860년까지 프랑스 이외의 지역에 약 1만km에 이르는 철도 건설을 지원했다.[12]

콩투아르 데스콩 드 파리Comptoir d'Escompte de Paris는 1854년 설립되어 주로 프랑스의 무역금융을 지원했다. 이후 크레디트 폰시에르 등 여러 주식회사 형태의 은행이 설립되었다. 이들은 비록 민간의 출자로 설립된 은행이었지만, 국익에 도움이 되는 방향으로 은행을 움직이려는 프랑스 정부에 의해 외국에 대한 금융 공여가 사실상 통제되었다.

---

11 Glyn Davies, *A History of Money*, University of Wales Press, 2002, p.560.
12 Karl Erich Born, *International Banking in the 19th and 20th Centuries*, p.75.

당시 금융 조달 방법은 파리 증권거래소에 해당 정부 및 회사의 주식이나 채권을 상장하여 투자자로부터 자금을 모집하는 방법이었다. 영국과 독일도 런던 증권거래소나 프랑크푸르트 증권거래소에서 모두 같은 방식으로 자금을 모아 공급하는 시스템이었다. 주식이나 채권이 해당 증권거래소에 상장되지 못하거나 가격 책정이 되지 않으면 사실상 자금을 확보할 수 있는 방법이 없었다. 따라서 자금 차입자는 상장심사를 통과해야 했다.

자유방임주의에 걸맞게 영국 런던 증권거래소는 정부와 공식적으로 연계되지 않았다. 금융 조건에 영국산 기자재나 물품의 구매 조건이 없었던 것이다. 하지만 프랑스는 외국에 금융을 제공할 때 프랑스산 물품의 구매 같은 경제적 측면과 정부 재정 기여 같은 재정적 측면, 양국 간 외교·정치적 영향 측면에서 특별 점검을 거치도록 하여 자국에 미치는 영향이 부정적이라고 판단되면 주식이나 채권의 상장을 금지시킬 수 있었다. 또한 상장심사위원회가 정부 지명 위원의 감독을 받도록 정부 칙령으로 규정화했다. 프랑스는 외국 정부나 외국인에게 자금을 공여할 때 국익에 유리하도록 반대급부를 요구했다. 프랑스는 금융을 무기로 활용했는데 특히 적대 국가에는 자금을 줄 수 없도록 했다.[13]

독일 정부도 영향력을 행사했다. 독일에서의 증권거래소 개설은 1896년으로 다른 국가에 비해 늦었다.[14] 프랑스와 유사한 상장심사위

---

13 Karl Erich Born, *International Banking in the 19th and 20th Centuries*, pp.119-120.
14 파리 증권거래소는 1724년, 런던 증권거래소는 1801년, 뉴욕 증권거래소는 1792년(1863년부터 뉴욕 증권거래소 명칭 사용)에 개설되었다.

원회의 승인이 필요했지만, 정부 대표는 투표권이 없었다. 외국 정부나 외국인이 독일 시장에서 자금을 조달하려면 독일중앙은행의 보증이 필요했다. 독일에서의 자금 모집은 중앙은행의 보증이 있어야 가능했는데, 독일 정부는 이 중앙은행의 보증 권한을 활용했다.[15] 즉 자금을 공여하는 대상 거래가 독일에 이익이 될 수 있도록 유도했다. 러시아와 독일이 재보험 조약을 체결했음에도 독일에 해가 된다고 판단한 비스마르크의 보증 금지 지시로 러시아의 독일 시장 접근이 거절된 것이 대표적인 사례이다.

영국과 독일도 주식회사 형태의 은행을 설립해 인프라 건설 사업에 자금을 공급했다. 영국은 1862년 주주책임을 소유자본으로 제한함에 따라 런던웨스트민스터은행London & Westminster Bank 등의 주식회사 은행이 급성장하게 되었다. 독일에서는 디스콘토 게젤샤프트, 도이체방크 등의 은행이 설립되었다. 철도 건설 붐의 영향으로 주로 이 분야에 자금을 공급했는데, 워낙 경쟁이 심하여 19세기 말에는 개인은행가의 시대는 저물었다고 할 정도로 주식회사 은행이 주도적으로 활약했다.

사업 규모가 커짐으로써 부담해야 하는 자금 규모도 개인은행가 혼자 감당하기 어려운 수준으로 대형화되었다. 무한책임을 져야 하는 개인은행가 입장에서 스스로 책임을 제한하려는 차원에서도 주식회사로의 전환이 필요하게 되었다. 이에 따라 개인은행가들이 주식회사로 전환했는데 영국에서는 바클레이즈뱅크, 로이즈뱅크, 파스뱅크, 베어

---

15 Karl Erich Born, *International Banking in the 19th and 20th Centuries*, p.123.

링뱅크 등이 전환된 대표적인 은행들이다. 하지만 대형 은행과의 경쟁이 치열했음에도 몇몇 개인은행가의 철도 건설 사업에 대한 금융은 주목을 받았다.

프랑스 개인은행가 오팅구에Henri Hottinguer는 워털루 전투에서 패한 프랑스 정부의 전쟁 배상금 마련을 돕기 위해 베어링이 구성한 신디케이션에 참여해 자금을 공급했다. 1891년 그는 세계 최장의 철도 건설 사업에 대한 금융을 주도했다. 그것은 제정러시아의 니콜라이 2세(당시 왕자)가 직접 기공식에 참여한 시베리아 횡단철도Trans-Siberia Railway 건설에 대한 금융 지원이었다.

총 3,500만 파운드가 소요된 모스크바−블라디보스토크 구간은 총

시베리아 횡단철도

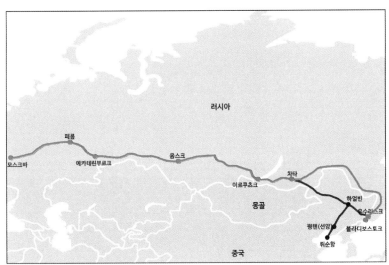

*별색으로 표시된 선이 시베리아 횡단철도이다.

길이 9,289km로 당시 러시아 재무부 장관 세르게이 비테가 직접 자금 조달에 관여했다. 1904년 환바이칼 철도Circum-Baikal Railway가 완공되었고, 1916년 아무르 구간Amur Line이 완공되면서 25년 5개월 만에 전체 철도 공사가 마무리되었다. 시베리아 철도를 통해 1906년에서 1914년까지 러시아와 우크라이나 서부에서 약 400만 명의 농민이 시베리아로 이주했다.[16] 무엇보다 러일전쟁 때 일본에 패했지만 러시아는 군인과 군수물자의 수송에 이 철도를 이용했다. 환바이칼 철도가 완공되기 전에는 얼어 버린 바이칼호를 가로질러 군대 이동과 보급품을 날라야 했지만 이후에는 대량의 물자의 이동이 가능하게 했던 바로 그 철도였다.

파리-부쿠레슈티(루마니아 수도)-콘스탄티노플(현 이스탄불)로 연결되는 오리엔트 철도Oriental Railway는 1869년에 공사를 시작하여 1888년에 완공되었고 1977년 5월까지 운행되었다.[17] 벨기에의 개인은행가 모리츠 폰 히르쉬Moritz von Hirsch는 오리엔트 철도 건설 자금을 조달하기 위해 프로젝트 참여자에게 격월로 60만 프랑을 제공하는 복권 채권을 발행한 것으로 유명하다.[18] 이 노선은 1930년대 왕족, 귀족, 외교관, 부르주아 등이 이용하는 최고의 음식과 침대차를 제공하는 호화 철도로 인기가 높았다.

1890년 폰 히르쉬는 오리엔트 철도회사의 주식 8만 8,000주(총 발행

---

16 Edward Bellinger and Nikolai Dronin, *Climate Dependence and Food Problems in Russia, 1900-1990: The Interaction of Climate and Agricultural Policy and Their Effect on Food Problems*, Central European University Press, 2005, p.38.
17 https://www.orient-express.com 참조.
18 Karl Erich Born, *International Banking in the 19th and 20th Centuries*, pp.43-45.

오리엔트 철도

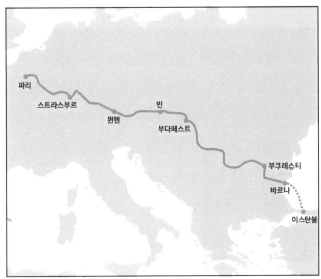

바그다드 철도

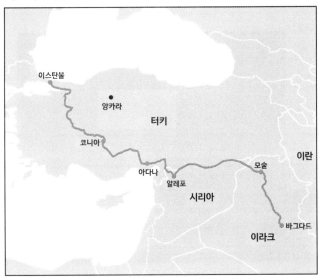

주식의 88%)를 도이체방크와 비너방크페라인Wiener Bankverein에 팔았다. 오리엔트 철도 노선은 도이체방크가 주도한 보스포루스(아시아 지역)—바그다드의 바그다드 철도와 연결되면서 시너지를 발휘했다. 총 7억 9천만 프랑이 소요된 바그다드 철도는 1888년부터 1914년까지는 도이체방크가 주도적으로 건설에 필요한 자금을 조달했다. 제1차 세계대전으로 도이체방크가 바그다드 철도 건설을 끝까지 마무리하지 못했지만, 1936년 공사가 마무리되었고 1940년 7월 철도 운행이 가능하게 되었다.[19]

한편 여러 나라에 걸쳐 건설되는 철도 공사에는 경제와 외교 문제가 복합적으로 작용했다. 당시 각국의 은행뿐만 아니라 정부도 협상에 참여했는데, 메소포타미아 지역에 대한 석유 개발 이권에 대한 영국 정부의 개입, 유프라테스강과 티그리스강에 대한 영국의 수송 독점권 보장, 북페르시아 철도 부설권에 대한 러시아 정부의 개입, 바그다드 철도회사에 대한 프랑스 정부의 지분 분배 개입 등이 철도 공사와 얽혀 있었다. 마침내 1914년 영국·러시아·프랑스·독일이 철도 건설과 관련된 합의에 이르렀지만 제1차 세계대전의 발발로 독일 주도의 철도 건설은 더 이상 진행되지 못했다.[20]

풍부한 유동성을 바탕으로 유럽 선진국에 대한 자본 수요가 충족되면서 유럽 은행들은 외국으로 눈을 돌리기 시작했다. 외국에 대한 금융 지원은 두 가지 형태로 진행되었다. 하나는 특별 해외 은행을 설

---

19 https://en.wikipedia.org/wiki/Berlin%E2%80%93Baghdad_railway
20 Karl Erich Born, *International Banking in the 19th and 20th Centuries*, p.145.

립해 해당 지역에 대한 금융을 전담시키는 형태이고, 다른 하나는 국가별 컨소시엄을 구성해 자금 수요에 대항하는 형태이다.

첫 번째 형태의 금융 지원은 영국과 프랑스가 대표적이다. 영국은 특별 해외 은행이 본점이나 지점을 반드시 런던에 두는 것을 전제로 은행을 만들었는데, 최초의 해외 특별 은행은 캐나다의 몬트리올뱅크, 오스트레일리아의 시드니뉴사우스뱅크로 1817년에 설립되었다. 1862년에는 남아프리카공화국에 스탠더드뱅크를 설립했으며, 1864년에는 홍콩에 홍콩상하이뱅크HSBC를 세웠다. 이들 은행은 식민지 정부에 대한 대출 및 철도·광산 개발에 필요한 금융을 지원했다.[21]

프랑스도 방크 드 렝도신Banque de l'Indochine(1875)을 설립해 상품 무역에 대한 무역금융과 정부 대출, 철도 건설 자금을 공급했다. 콘스탄티노플에 방크 임페리알 오토만Banque Impériale Ottomane(1863)을 설립하여 정부 대출, 철도 건설 금융에 참여했다. 파리바 등 프랑스 은행들이 러시아 은행에 주주로 투자하여 러시아에 탄광 개발, 철강 및 조선소 건설에 필요한 자금을 조달해 주었다.[22]

두 번째 형태인 국가별 컨소시엄 구성은 지역에 대한 금융 수요를 충당하기 위해 독일에서 일어났다. 프로젝트에 대한 컨소시엄이나 신디케이션은 종종 일어나는 금융 지원단의 일종이지만 독일의 경우는 독특했다. 독일은 은행 간의 과도한 경쟁으로 피해를 본 경험이 많아 가

---

21 Karl Erich Born, *International Banking in the 19th and 20th Centuries*, p.117.
22 Karl Erich Born, *International Banking in the 19th and 20th Centuries*, p.119.

급적 경쟁을 피하고 협력하는 형태의 비즈니스에 익숙해 있다. 이탈리아 통일전쟁이나 독일 통일전쟁에서 언급한 영구적으로 결성된 프로이센 컨소시엄과 라이히 컨소시엄은 사전에 참여자가 구성되었고 독일 국내에서 활용되었다.

이를 해외 금융에 적용한 대표적인 사례가 이탈리아 컨소시엄(1890)이다. 도이체방크, 드레스드너방크, 디스콘토 게젤샤프트 등의 대형 은행과 개인은행들이 참여해 이탈리아 중앙 정부, 주 정부, 철도회사에 자금을 공급했다. 도이치아시아티셰방크Deutsch-Asiatische Bank(德華銀行, 1889)는 컨소시엄 형태를 띤 특별 해외 은행이다. 도이체방크, 디스콘토 게젤샤프트, 다름슈타트방크 등의 메이저 은행과 로스차일드(프랑크푸르트), 블레이흐뢰더, 멘델스존, 오펜하임 등의 개인은행가 등 웬만한 은행은 모두 참가했다. 도이치아시아티셰방크는 영국 HSBC와 함께 중국 정부의 청일전쟁 배상금 조달을 주도했고, 산둥성의 철도 및 광산 개발에 필요한 자금을 공급했다.

이와 같이 독일의 해외 금융에서는 디스콘토 게젤샤프트와 도이체방크가 주도적으로 활약했다. 디스콘토 게젤샤프트와 도이체방크는 철도 건설에서 많은 경우 공동으로 금융을 지원했다. 도이체방크는 발전 산업과 석유 산업에서 두드러졌는데 독일해외전력회사와 독일석유지주회사를 설립해 해외 관련 회사를 자회사로 두고, 전문가를 자회사에 파견해 경영했다.[23]

---

23 Karl Erich Born, *International Banking in the 19th and 20th Centuries*, p.133.

독일 은행의 경영자 파견은 이전부터 있어 왔으나 중공업 부흥 정책과 맞물려 1860년대 이후 매우 활성화되었다. 독일 은행은 산업 집중을 통해 경쟁력을 높이고 수익을 늘리거나 관리 강화를 목적으로 기업에 경영진을 파견했다. 중화학공업과 전자기기업의 경우 재무 상태가 좋은 기업은 독자적인 의사 결정을 할 수 있었지만 그렇지 않은 기업은 은행과 협의 없이는 의사 결정할 수 없을 정도였다.[24] 현재 독일 금융 시스템에서는 이 정도로 영향력이 행사되는 것은 아니지만 관계 금융이 매우 구조적으로 발달되어 있다.

독일 은행 소속 경영진의 수(1910년)

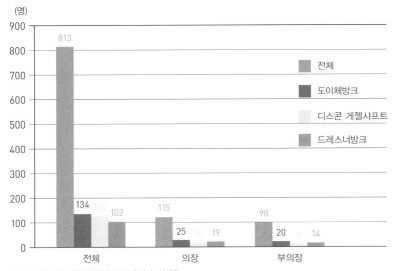

주: 빅 8 은행에서 파견한 경영진의 수이며, 감사이사회 기준.
출처: W. R. Lee ed., *German Industry and German Industrialisation*, Routledge, 1991, p.145.

24 Wilfried Feldenkirchen, "Banking and Economic Growth," W. R. Lee ed., *German Industry and German industrialisation*, 1991, pp.126-127.

한편 은행의 기업 경영 참여는 미국에서도 시작되었다. 미국은 남북전쟁 이후 8년 동안 부설된 철도 길이가 11만km에 달했는데, 건설에 필요한 자금은 주로 독일 시장과 영국 시장에서 조달했다. 조지프 셀리그먼 등 독일계 유대인들은 미국 철도회사의 주식을 팔아서 자금을 조달한 반면, 제이피모건은 런던 시장에서 자금을 조달했다. 하지만 마구잡이 철도 건설로 인해 철도 요금 인하 경쟁이 불붙으면서 수익성이 악화되었고 이로 인해 철도회사의 가치가 폭락하면서 철도회사 간 합병이 일어났다. 초창기 미국 정부의 최저 수입 보장과는 다른 상황이 발생한 것이다.

이로 인해 부실 철도회사 간 합병이 무차별적으로 일어났다. 제이피모건이 이 분야를 주도하면서 나중에 '철도은행'이라는 별칭을 갖게 되었다. 참고로 내셔널 시티은행(이후 시티은행)은 록펠러의 주거래 은행으로 '석유은행'이라 불렸다. 1870년 부실 철도회사 간 합병[25]에 모건이 처음 개입하면서 합병된 회사의 이사회에 제이피모건이 이사로 등재되었다. 이는 미국 은행가가 회사의 경영에 개입하는 효시가 되었다. 이는 특정 기업과 은행의 관계에 기반한 금융 서비스, 즉 관계금융relationship banking의 시작을 의미하는데 이후 이것은 미국 은행가들 사이에 관행으로 굳어졌다.[26]

미국은 유럽과는 달리 투자은행업과 상업은행업을 분리하도록 정

---

25 올버니-서스퀘해나 철도(Albany and Susquehanna Railroad)와 델라웨어-허드슨 철도 (Delaware and Hudson Railway)의 합병.
26 론 처노, 『금융제국 J. P. 모건』, 78쪽.

한 글래스-스티걸법Glass-Steagall Act이 제정된 1933년 이전까지 개인은행가들이 활약했다. 제이피모건은 1940년이 되어서야 주식회사로 전환했다.[27] 미국은 유대인 자본과 양키 자본이 개인은행가로 활약하면서 오랫동안 국내외 인프라 건설과 외국 정부에 대한 자금 조달을 주도했다.

신기술의 개발과 중화학공업의 발전에 따른 자금 초과 수요를 충족시키기 위해 자연스럽게 대형 은행이 만들어졌다. 하지만 제1차 세계대전이 발발하면서 해외에 빌려준 자금을 회수하지 못하고, 기업 부실이 생기면서 은행은 큰 어려움을 겪게 되었다. 전쟁이 끝나고 자유무역 체제도 막을 내리면서 무역은 위축되고 국내총생산은 줄어들었다.

혼돈의 시대: 국가 주도의 자금 공여

제1차 세계대전 후 30년(1914~1944)을 보면 영국을 제외하고 대공황 이전(1928)까지 미국·독일·프랑스는 높진 않지만 신산업의 영향으로 조금씩 성장하는 모습을 보이고 있다. 제2차 세계대전 기간(1939~1945)에는 미국과 영국은 그래도 전시경제의 영향으로 1인당 GDP가 성장을 보인 반면 프랑스와 독일은 감소를 보이고 있음을 알 수 있다. 특히 제2차 세계대전이 끝난 후 프랑스는 제1차 세계대전 전보다 못살게 되었음을 확인할 수 있다. 반면 미국은 양대 세계전쟁을 거치면서 최고의 성장을 시현하고 있다.

---

27 론 처노, 『금융제국 J. P. 모건』, 762쪽.

미국·영국·독일·프랑스의 1인당 실질 GDP

(1990년 구매력 기준 GK$)

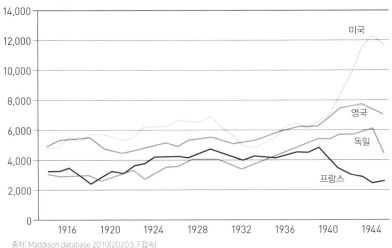

출처: Maddison database 2010(2020.5.7.접속)

제1차 세계대전에서 국가 주도의 규제를 시행한 독일은 모든 참전
국에서 일종의 모델이 되었다. 자유무역을 버리고 경제적 민족주의를
채택했고 자급자족을 추구했다. 따라서 국제 무역이 침체되었다. 1929
년 자급자족에 따른 농산물 과잉 생산과 재고 누적으로 농산물 가격
이 30% 폭락했다. 대공황기(1929~1938)에 유럽의 수출액은 260억 달러에
서 90억 달러로 감소했다.[28] 국가는 30년 동안 계속 개입했고[29] 프랑스
와 독일은 철도를 국영화했다.[30]

이 시기에는 국가가 자금 공여자의 역할을 했다. 하지만 국가는 국

---

28   이반 버렌드, 『20세기 유럽경제사』, 95쪽.
29   이반 버렌드, 『20세기 유럽경제사』, 70쪽.
30   이반 버렌드, 『20세기 유럽경제사』, 89쪽.

제 금융위기로 외환 통제를 하게 되었다. 1931년에 최대 채권국인 미국과 영국은 신용 공여를 전년 대비 98% 줄였다.[31] 제1차 세계대전의 주요 채무국들의 막대한 상환 의무로 인해 1931년에 이미 14억 2,400만 달러의 자본이 채무국에서 채권국으로 유입되었다. 그에 따라 독일 라이히스방크의 지급 준비금은 1년 만에 89% 감소했다.[32] 예금자들이 예금을 인출하려고 은행으로 달려들면서 1931년 7월 독일 최대 민간 은행인 다나트방크Danatbank가 문을 닫았다.[33] 19세기 중반부터 독일 경제의 발전소였던 독일의 은행 시스템은 붕괴했고 정부는 국내 통화의 외화 환전을 정지시켰다. 모든 외화의 지급은 중앙은행의 허가를 받아야 했다.

로스차일드의 중앙유럽본부로 중앙과 동유럽의 운영을 맡고 있던 오스트리아의 크레디탄슈탈트도 1931년 5월 파산했다. 크레디탄슈탈트는 은행장이 루이 로스차일드로서 국제적 평판이 매우 뛰어나 미국 및 영국의 130개 은행이 자금을 빌려 줄 정도로 세계에서 경쟁자가 없었다.[34] 하지만 오스트리아에 닥친 초인플레이션에 의한 환율 급등(실링의 가치가 전쟁 전의 14,400분의 1)으로 1930년 자본금이 전쟁 전의 15.7%에 불과할 정도로 감소했고, 1929년 시작된 경기 침체로 인한 손실액이 총자산의 50%에 달했다. 특히 오스트리아−헝가리제국이 강제 분할되면서 국

---

31 1930년 15억 달러에서 1931년 3,000달러로 줄였다.
32 1929.7월 5.1억 달러→ 1931.6월 0.58억 달러.
33 론 처노, 『금융제국 J. P. 모건』, 555쪽.
34 Aurel Schubert, *The Credit-Anstalt Crisis of 1931*, Cambridge University Press, 1991, p.10.

외 소재의 우량기업이 떠나고 불량기업만 남게 되어 외국 차입자의 손실률이 66%에 달했다.[35] 로스차일드는 스위스에 트러스트[36]를 설립하여 유동성 공급을 시도했으나 유동성 필요 금액이 너무 컸다. 영국 은행은 돈을 가진 사람이 만들었지만, 오스트리아 은행은 돈을 필요로 하는 사람들을 위해 만들었기에 산업에서 돈을 은행에 제공하지 않았지만 은행은 산업에 돈을 지원해야 했다.[37] 이런 구조적 문제로 크레디탄슈탈트는 결국 파산할 수밖에 없었다.

대부분의 유럽 정부가 강력한 외환 통제를 하면서 국제무역에 변화가 생겼다. 경화와 금의 부족으로 인해 바터 무역, 즉 물물교환이 시작되었다. 교역국들은 상호 청산 협정을 맺고 모든 수출입 관련 지불업무를 중앙은행에 집중시켰다. 두 교역국은 국제 지불을 위한 계좌를 신설했고 수입업자들은 자국의 중앙은행 계좌에 자국 화폐로 지불했다.

최초의 청산 협정은 1932년 1월 오스트리아와 유고슬라비아 사이에 맺어졌다. 이어서 헝가리·이탈리아·불가리아와 협정이 체결되었다. 1934년 11월에는 영국과 독일 사이에 청산 협정이 체결되었다. 이 협정을 통해 독일의 월간 대영 수입은 독일의 월간 대영 수출의 55% 수준으로 제한되었고 나머지 45%는 독일의 채무 상환에 사용되었다. '우리만의 공장과 우리만의 농장'이라는 슬로건으로 대표되는 보호무역이

35 Aurel Schubert, *The Credit-Anstalt Crisis of 1931*, pp.32-33.
36 Continental Trust for Bank and Industrial Shares(Basel, Switzerland).
37 Aurel Schubert, *The Credit-Anstalt Crisis of 1931*, p.39.

정착되었다.[38]

　양차 세계대전이 끝난 후 유럽은 세계 은행가로서의 지위를 상실했고 미국이 그 지위를 이어받아 팍스아메리카 시대가 도래했다. 전후 도입된 브레턴우즈 체제로 자본의 이동이 통제되었지만 공적 수출신용을 통해서는 자본의 이동이 가능했다. 자국의 수출 증진을 위해 국가는 공적 보조금 금융을 활발히 지원했다. 미국은 이 공적 수출신용 분야에서도 국제적 규범과 질서를 마련하는 데 앞장섰다. 보조금 요소를 감축하기 위해 오랫동안 선진국 사이의 협상이 진행되었고 마침내 합의가 이루어졌다. 다음 장에서 그 내용을 살펴보자.

38　이반 버렌드, 『20세기 유럽경제사』, 96-97쪽.

글로벌 금융 지원의 환경과 변화

해외 인프라 지원의 첨병

2019년 11월 22일 런던에서 한국의 해외 건설 사업 진출에서 의미 있는 행사가 열렸다. 한국의 한 건설회사가 참여한 '영국 실버타운 터널 프로젝트'에 대한 실시 협약과 금융 약정 체결 행사가 열린 것이다. 한국 건설사 최초로 영국 지역에서 추진하는 인프라 민관협력사업Public

Private Partnership(PPP)으로 총 투자비 약 1조 5,000억 원(약 10억 파운드) 가운데 8,000억 원 규모가 한국의 수출신용기관에서 지원되었다. 한국 수출신용기관의 지원이 촉매가 되어 한국의 상업은행은 물론 독일의 독일개발은행KfW, 프랑스의 크레디 아그리콜 뱅크Crédit Agricole CIB, 영국의 아비바보험AVIVA 등 총 15곳이 컨소시엄으로 참여했다.

실버타운 터널 프로젝트는 영국 런던의 실버타운과 그리니치 지역을 연결하기 위해 템스강 하부를 통과하는 총 연장 1.4㎞, 직경 12.4m의 편도 2차선 도로 터널 2개소를 신설하는 사업이다. 준공 후 25년간 운영한 뒤 런던 시로 이관하는 건설-운영-양도BOT 방식으로 진행된다.[1]

영국 실버타운 터널 프로젝트

1 *Financial Times*, 2019.11.26.

2018년 3월 한국의 대표 건설회사 두 곳이 참여하는 세계 최장 현수교 '터키 차나칼레 프로젝트'도 총 사업비 31억 유로 중 10억 유로를 한국 수출신용기관이 지원했다. 이 프로젝트에는 아이앤지뱅크ING 등 총 10개국, 25개 금융기관이 컨소시엄으로 참여했다. 차나칼레 프로젝트는 2019년 2월 《프로젝트 파이낸스 인터내셔널PFI》의 '올해의 프로젝트 파이낸스(PF) 프로젝트'에 선정되는 등 글로벌 금융 전문지 6곳에서 총 11개 부문의 금융상을 받았다. 차나칼레 프로젝트는 터키 다르다넬스 해협을 횡단하는 세계 최장인 3.6㎞ 현수교와 연결도로 85㎞를 건설해 운영한 뒤 터키 정부에 이관하는 건설-운영-양도 방식으로 이루어진다.[2]

한국 수출신용기관은 선박(극심해용 시추선, LNG선 등), 발전(아부다비 원전, 파키스탄 파트린드 수력발전 등), 석유화학(쿠웨이트 정유 플랜트 등), 자원 개발(마다가스카르 암바토비 니켈 광산 개발 사업 등), 담수(사우디 슈아이바 등) 등 다양한 분야에서 국제 사회로부터 역량을 인정받았다.

19세기와 20세기 초 인프라 거래를 지원했던 개인은행가나 대형 은행의 역할을 현재는 수출신용기관이 수행한다. 다른 점이 있다면 수출신용기관은 국가를 대신해 수출을 장려하기 위한 목적이 있으므로 대출기간이 장기이고 이자율이 상대적으로 낮다. 따라서 채권의 인수·유통을 통해 즉시 시장에 매각이 가능했던 주식이나 채권의 형태가 아닌 채무의 만기까지 보유하는 대출 형식으로 직접 지원하거나 보증이

2 *Financial Times*, 2019.8.13.

주요국 공적 수출신용 지원 규모(2018년 기준)

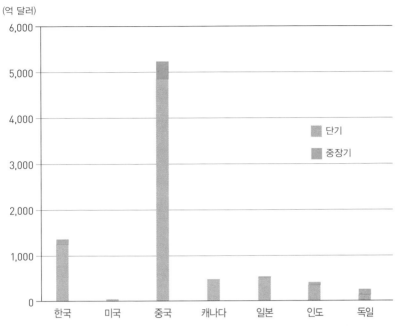

(억 달러)

출처: https://www.exim.gov/sites/default/files/reports/competitiveness_reports/2019/
EXIM2019CompetitivenessReport-final.pdf

나 보험으로 신용을 받쳐 주는 방식으로 지원한다. 수출신용기관이 장기간 대출하고 중도에 매매하지 않는 사유는 이자율이 시장가격보다 낮으면 시장에 매각할 경우 손실이 발생하므로 매각 자체가 어렵고, 수출 장려의 정책적 목적을 고려할 때 만기까지 보유하는 것이 거래의 성사 가능성을 높이고 사업의 안정성을 도모하기 때문이다.

비단 한국의 수출신용기관뿐 아니라 다른 나라들의 수출신용기관도 대규모 해외 프로젝트에 참여하고 있다. 수출신용기관들은 처음에는 외국의 정부나 중앙은행이 채무 보증하는 정부 거래에 대해 금융을 제공했다. 그러나 1990년대 중반 이후 개발도상국 정부가 외채 악화로 재정 관리를 강화하고 정부의 직접 채무 보증이 없는 프로젝트 파이낸 스 방식의 사업이 활발해지면서 수출신용기관은 이 분야에 대한 지원을 확대했다. 수출신용기관은 외국 정부나 외국인에 대한 직접 대출은 물론, 다양한 거래에 대한 장단기의 보증·보험도 취급하고 있다. 수출뿐만 아니라 해외투자, 수입 거래와 관련된 금융도 지원하고 있다. 각국의 수출신용기관은 환경 변화에 맞추어 다양한 수단을 개발해 자국 기업의 해외 수주나 수출에 필요한 지원을 하고 있다. 다만 중장기(2년 이상) 신용 기간의 수출 거래에 대해서는 수출신용기관들은 OECD에서 정하고 있는 수출신용협약[3]의 조건과 절차에 따라 지원하고 있다.

금융 보조금 감축

> 역사를 통틀어 사회를 가장 고통스럽게 했던 가난은 두 종류였다.
> 남들은 이용할 수 있는 기회를 나는 이용하지 못하도록 만드는, 즉
> 사회적 가난 그리고 식량과 집이 없어서 개인의 삶을 위험에 빠뜨리는
> 생물학적 가난이었다. 사회적 가난은 아마도 결코 근절되지 못할 것이다.
> _ 유발 하라리, 『사피엔스』, 376쪽

---

3   The Arrangement on Officially Supported Export Credits

공적 수출신용기관이 적용하고 있는 수출신용협약은 1978년 4월 OECD에서 도입되었지만, 이에 앞서 1976년 6월 신사협정gentlemen's agreement 형태의 협약에 대해 캐나다, 프랑스, 독일, 이탈리아, 일본, 영국, 미국 등 G7 정상 간 합의Consensus가 있었다. 이어 당사국이 신사협정을 자발적으로 이행했고 이후 다른 국가들도 함께 협정을 따르기로 하면서 도입 시 참가국이 20개국에 달했다. 2020년 2월 기준으로는 32개국이다.

공적 수출신용기관은 20세기 초반 러시아 시장의 국가 리스크가 급격히 높아짐에 따라 러시아 시장 확보를 위해 유럽 선진국과 미국 등이 경쟁적으로 수출금융을 지원하기 위해 설립되었다. 미국 등 일부 국가의 경우에는 수출시장의 확보뿐만 아니라 외교 정책을 이행하기 위한 수단으로도 공적 수출신용기관을 활용했다.

실제 미국수출입은행은 제2차 세계대전 초 전쟁으로 어려움을 겪고 있던 스웨덴 등 북유럽과, 우방국의 전략물자 확보를 지원하는 차원에서 중남미 국가에 차관을 제공했다. 유럽 전후 복구 사업을 지원하기 위해 실시한 마셜 플랜의 자금 20억 달러도 미국수출입은행이 제공했다. 또한 군수물자를 지원하기도 했다. 영국, 오스트레일리아 등 우방에 대한 지원도 1973년까지 이루어졌다. 미국수출입은행법이 제정 [4]된 1945년 이사회 위원에서 국무부 장관이 빠졌고 그 이후에는 외교

---

4   미국수출입은행은 국가산업복원법(National Industrial Recovery Act)에 의거 미 대통령에게 부여된 권한에 따라 행정명령(Executive Order)으로 1934년 2월 2일에 설립된 후 1945년 정식 법이 제정되었다.

정책 수단으로서 활용이 점차 사라졌으며, 군수물자 지원도 1973년 이후 중단되었다.[5]

대부분의 공적 수출신용기관은 수출을 지원한다. 브레턴우즈 체제에서는 자본의 이동이 제한을 받았지만 OECD에서는 자국의 경제적 이익을 위해 공적 수출신용기관에 의해 자본의 이동이 이루어졌다. 국제 거래나 국가를 대상으로 한 거래를 담당했던 로스차일드·제이피모건 등을 대신해 각국이 설립한 공적 수출신용기관이 본격적으로 전면에 등장하게 되었다. 그것도 경쟁적으로 저리의 금리로 수출금융을 지원했다. 1961년 케네디 대통령은 수출금융 공여에서 미국수출입은행의 지원 태도를 확장하고 자유롭게 하여 자국 기업들이 외국 정부가 공여하는 금융으로 수출 손실을 겪지 않게 하라는 지시를 내렸다.[6] 국가 간 수출금융 경쟁으로 보조금 지원이 확대되었다.

과도한 수출금융 경쟁으로 수출국의 재정은 악화되었고 수입국은 협상에서 유리해졌다. 마침내 1973년 프랑스·독일·이탈리아·일본·영국·미국의 재무장관 회담에서 수입국의 과도한 협상 파워를 제한하기 위한 움직임이 성사되었다.[7] 특히 1973년 1차 오일 위기에 따른 경화 부족을 해소하기 위해 수출국 간 수출금융 경쟁이 심했다. 이전부터 OECD 내 수출 증진에서 공적 보조금을 제한하고자 하는 논의가

5 Rita M. Rodriguez, *The Export-Import Bank at Fifty*, Lexington Books, 1987. pp.7-9.
6 Rita M. Rodriguez, *The Export-Import Bank at Fifty*, p.17.
7 OECD, *The Export Credit Arrangement: Achievement and Challenges 1978-1998*, OECD, 1998, p.27.

수출신용보증그룹Group on Export Credits and Credit Guarantees(ECG)에서 있었지만 1973년 오일 위기로 ECG 내 논의가 갑자기 탄력을 받기 시작했다.[8]

1974년 미국수출입은행은 연간 보고서에 '수출금융에서 보조금을 제한하는 국제적 합의의 필요성'을 처음 언급했고 1975년 미국 의회 요구에 따라 정관에 '다른 정부의 수출신용기관과 협력해 정부가 지원하는 수출금융에서 경쟁을 최소화하는 방법을 강구'하는 의무mandate를 삽입했다.[9] 미국은 이후 지금까지 수출금융에서 보조금을 감축하는 데 앞장서 왔다.

금리

1973년 당시 각국별 수출금융 지원 시스템을 보면, 미국은 막강한 미국수출입은행이 상대적으로 시장금리에 가깝게 운영했지만 상환기간은 10년을 초과하여 20년까지 초장기로 운영했다. 유럽은 수출보험과 상업은행의 자금 공급을 결합한 형태로 원칙적으로 5년 이하의 상환기간으로 지원되는 방식이었는데 상환기간 10년의 지원은 매우 어려웠다. 미국과 경쟁하기 위해 유럽은 1973년 이전 수준의 저금리를 유지했고 보험으로 지원받은 은행에 대해서는 정부 예산으로 대출금리와 시장금리의 차이를 상업은행에 보조금으로 지급했다. 일본은 양호한 위치를 차지하고 있었는데, 거래 상황에 따라 일본수출입은행의 대출

---

8   Rita M. Rodriguez, *The Export-Import Bank at Fifty*, p.97.
9   Rita M. Rodriguez, *The Export-Import Bank at Fifty*, p.18.

과 수출보험을 모두 활용해 경쟁력에서 우위를 점하고 있었다.[10]

1974년 1월 당시의 시장금리는 9.5~11%로 영국(6%), 프랑스 및 일본(6.75%), 미국(8~9%), 독일(8.5~9%)의 지원금리보다 높았다. 처음에 미국은 상환기간을 제한하는 데 부정적이었고 프랑스는 금리를 높이는 데 부정적이었지만, 최종적으로는 차입 국가를 소득 수준별로 세 그룹으로 분류하고 소득이 낮은 그룹에는 낮은 금리를 적용하는 매트릭스 방식의 금리(매트릭스 금리) 적용에 합의했다.[11] 국가별 금리가 시장금리에 가깝게 통일되었다. 하지만 소득 수준이 낮은 국가는 일반적으로 리스크가 더 높은데도 여전히 낮은 금리가 적용되었다.

1980년대 들어 매트릭스 금리가 시장금리보다 낮은 상황(5~9%p)이 발생하여 보조금이 상당했다. 미국수출입은행도 조달 비용의 상승으로 1981년 평균 대출 역마진(손실률)이 △4.12%에 달했다.[12] 참가국들은 합의에 따라 동일한 금리를 적용받기 때문에 다른 국가에 비해 상대적으로 유리한 점이 없었다. 참가국들은 시장금리를 따를 수 있는 시스템을 만들기 시작했다.

이자 보조금 요소를 제거하기 위해 금리 전문가 회의가 만들어지고 협의를 시작한 지 약 10년 만에 탄생한 것이 1983년 도입한 시장 대용

10 OECD, *The Export Credit Arrangement: Achievement and Challenges 1978-1998*, p.27.
11 상환 기간 2~5년: 고소득국 7.75%, 기타 국가 7.25%
    상환 기간 5년 초과: 중소득국 7.75%(최장 8.5년), 개발도상국 7.5%(최장 10년)
    대규모 프로젝트(SDR 1억 이상): 중소득국 최장 10년, 개발도상국 최장 12년. 상환 기간이 정상 기간 이내인 경우 0.25~0.75% 금리 차감 적용.
12 Rita M. Rodriguez, *The Export-Import Bank at Fifty*, p.19.

금리인 시장참고금리Commercial Interest Reference Rate(CIRR)이다. 당시에는 국가를 소득 수준별로 구분해 6개월마다 CIRR이 고시되었으나 1995년 9월부터 국가 구분 없이 매월 기간별 단일 금리가 고시되어 오늘에 이르고 있다. 참고로 CIRR은 고정 금리이다.[13] 이때 소득 수준에 관계없이 상환기간의 장·단기로 금리가 구분되었는데 단기는 금리가 낮고 장기는 금리가 높아 비로소 시장 상황이 반영되었다.

미국수출입은행 창립 50년 기념사에서 수출신용그룹 악셀 왈렌Axel Wallen 의장은 "모든 보조금을 없앨 수 없다면, 모든 수출 지원 가능성을 자제하도록 모든 국가를 설득할 수 없다면, 우리가 할 수 있는 최선의 노력을 다해야 합니다. 우리는 압박pressure과 보복retaliation을 통해 협약상의 보조금을 더 감축하기 위한 협상 분위기를 조성해야 합니다"라고 했다.[14] 하지만 공적 금융 금리를 시장금리 수준으로 합의한 것은 출발에 불과했다.

한편 한국은 1996년 12월에 OECD에 가입했지만 그보다 앞서 1988년 7월부터 OECD 수출신용협약의 금리를 적용했다. 한국은 1984년부터 시작된 미국과의 무역 분규와, 1985년 한국 수출신용기관이 지원한 미국 앞 해양석유 시추 설비에 대한 미국의 상계관세 제소 사건을 계기로 한국 수출신용기관의 금리를 수출신용협약의 금리와 맞추거나 실질 조달 금리 수준으로 적용할 것을 합의하면서 협약의 적용이 가능했

---

13 상환 기간 5년까지(미국 달러 기준)는 1.28%, 5~8.5년 이하는 1.39%, 8.5년 초과는 1.55%의 금리가 적용된다(2020.6.1.기준).

14 Rita M. Rodriguez, *The Export-Import Bank at Fifty*, p.103.

다. 1990년대 들어 대출 금리 결정에 투명성 요구가 높아지면서 수출신용기관은 본격적으로 OECD 금리를 적용하기 시작했다.[15]

수출신용협약은 수출금융뿐만 아니라 공적 개발원조에 대한 지원 절차와 조건을 정하고 있다. 특정 산업이나 분야는 별도 조건으로 협약에 첨부되었는데, 프로젝트 파이낸스, 선박, 원자력발전소, 항공기 등이 대표적이다.

원조 자금

만약 수출금융으로 지원이 가능한 거래를 수출금융과 개발원조를 혼합한 형태, 즉 혼합 금융(신용) 같은 원조 자금으로 지원한다면, 수출금융 분야에서 어렵게 합의한 금융 보조금 감축 작업은 헛수고가 될 가능성이 높다. 자국산 물품의 수입을 전제로 한 타이드 원조Tied Aid는 공정한 무역 경쟁을 훼손한다. 여기에서 상업적 금융 조건으로 지원 가능한 거래와 원조 조건으로 지원이 가능한 거래를 구분하자는 시도가 있었다.

1991년 합의한 '헬싱키 패키지Helsinki Package'가 그것이다. 프로젝트가 상업성이 있으면 원조 자금으로 지원하지 못하게 하자는 것이다.[16] 핵심은 상업성이 있는지를 판단하기 위한 것이며, 해당 프로젝트가 상업성이 있다고 판단되면 원조 자금의 지원 대상이 되지 않는다. 이 패키

---

15   한국수출입은행, 『한국수출입은행 20년사』, 한국수출입은행, 1996, 183쪽.
16   동료 검증(peer review), 협의 절차(consultation procedure), 가격결정의 적정성, 프로젝트 현금 흐름 등에 대해 합의했다.

지의 성공은 미국 재무부 스티브 트바르덱의 희생이 있었기에 가능했다.[17] 미국은 원조 자금이 들어간 혼합 금융에 대응하기 위해 이미 레이건 행정부 때부터 워체스트War Chest로 3억 달러를 책정해 놓을 정도로 핵심 이슈로 삼고 있었다. 특히 미국과 캐나다는 혼합 금융에 관심이 많았다.[18] 따라서 미국 재무부 관료의 엄청난 노력은 미국 정부의 의지를 반영한 결과라고 할 수 있다.

국가 리스크 프리미엄(위험 수수료)

수출신용기관은 대외 거래를 지원한다. 외국 정부나 외국인에게 자금을 빌려 주기 때문에 상환은 외국으로부터 대출 통화, 통상 경화(달러 등)로 이루어진다. 지금까지 언급한 모든 수출신용협약의 절차와 조건은 외국 정부나 외국인에게 직접 대출을 해 주거나 그들을 위해 보험이나 보증을 해 준 수출금융에 적용된다. 따라서 외국의 국가 리스크에 노출된다. 국가 리스크는 항상 시장에 있었지만, 이를 측정하는 것은 각 기관의 자율이었다. 기관에 따라 리스크를 낮게 보는 국가가 있는가 하면 높게 보는 국가가 있다. 포트폴리오나 익스포저exposure 관리 차원에서 관리 한도에 가까우면 부담 리스크가 커지므로 이론상 리스크 가격이 올라갈 수 있다. OECD 고소득국가를 제외한 개발도상국들은 대부분 상업금융이 들어가기 어려운 영역이었기 때문에 데이터 자

---

17 OECD, *The Export Credit Arrangement: Achievement and Challenges 1978-1998*, p.47.
18 Rita M. Rodriguez, *The Export-Import Bank at Fifty*, p.99.

체가 매우 제한적이었다. 일반적으로 5년 이상의 장기 대출 기간의 시장이 거의 형성되어 있지 않다. 팩토링이나 일부 신용 등급이 있는 국가의 정부가 발행한 정부 채권에 대한 유통 금리는 있다. 국제신용평가기관이 분석한 부도율 데이터도 있지만 일반적으로 국제신용평가기관의 장기 등급이 있는 경우로 제한된다.

공적 수출신용기관은 오랫동안 국가별로 리스크 가격, 즉 국가별 리스크 프리미엄(위험 수수료)을 받고 있었다. 다만 요율은 각 기관마다 달랐다.[19] 동일한 거래에 대해 프리미엄을 달리 적용했으므로 프리미엄을 적게 받은 수출신용기관은 보조금을 지원한 것이다. 이에 1994년 9월 수출신용보증그룹 참가국들은 '관세 및 무역에 관한 일반 협정GATT'의 수출 보조금 문구를 협약에 반영했다. 그 내용은 "GATT/WTO(수출 보조금 항목 j)의 국제적인 의무에 따라 프리미엄은 장기 영업비용과 손실을 막는 데 부족하지 않는 수준이어야 한다. 참가국은 리스크에 기초한 프리미엄을 인식하고 프리미엄과 부대조건으로 야기된 무역 왜곡을 제거해야 할 필요성에 동의한다"는 것이다. 이로써 국가 리스크 프리미엄에 대한 통일 작업이 시작되었다. GATT는 1995년 1월 세계무역기구World Trade Organization(WTO) 체제로 전환되면서 WTO 설립 협정의 부속서 가운데 하나가 되었지만 내용은 변하지 않았다.

---

19 1992년 초부터 1994년 초까지 2년 동안 참가국의 국가별 프리미엄을 비교해 보면, 인출 기간 3
    년에 상환 기간 10년을 기준으로 한 프리미엄이 초우량국가의 경우에는 1.2~7.2% 차이가 있었으
    며, 고위험국가에 대해서는 4.1~14.2% 차이가 났다(OECD, *The Export Credit Arrangement:*
    Achievement and Challenges 1978-1998, p.76).

OECD 내 프리미엄 전문가회의가 구성되어 1994년 9월부터 1997년 6월까지 약 3년에 걸쳐 거의 매월 회의한 끝에 참가국들은 1997년 6월 OECD 참가국 특별회의를 거쳐 국가별 프리미엄 요율의 결정에 최종 합의했다. 국가 리스크, 정확히는 국가 신용 리스크는 환전 리스크, 송금 리스크, 모라토리엄 선언 리스크, 국가법률 변경 리스크, 전쟁·천재 지변과 같은 불가항력 등에서 발생한 리스크로 구성된다. 단순히 제품의 판매 부진과 같은 상업적 리스크는 여기에 해당되지 않는다.

한편 국가 신용 등급을 리스크에 따라 7개 그룹으로 분류해야 하기 때문에 합의된 프리미엄 기준은 1999년 4월 1일 시행되었다. 이에 따라 국별 신용 평가 전문가회의가 구성되어 1998년 말까지 140개국에 대한 국별 신용도 평가를 완료했다.[20] 이로써 수출신용기관별로 달리 적용되었던 국별 리스크 프리미엄이 통일되었다. 이때 합의는 정부를 차입자로 한 경우에 받는 최저 기준 프리미엄minimum premium benchmark이었으며 이후 2010년 2월 정부 외의 민간 차입자에 대해서도 신용에 따라 추가 할증 및 할인이 가능하도록 참가국들이 합의함으로써 모든 차입자에 대한 최저 프리미엄이 도입되었다.

한국의 수출신용기관(한국수출입은행, 한국무역보험공사)은 1996년 12월 OECD 가입 이후 수출금융 관련 각종 회의에 참석했다. 한국 수출신용기관은 프리미엄 전문가 회의와 국별 신용 평가 전문가 회의에 참석했는데 논의가 이미 많이 진행된 상태라는 것을 알았다. 특히 마무리

---

20 OECD, *The Export Credit Arrangement: Achievement and Challenges 1978-1998*, p.78.

단계에 접어든 최저 기준 프리미엄에 대한 합의를 그대로 한국 기업에 적용한다면 금융비용 부담이 급증해 수출에 엄청난 불이익이 예상되었다. 이에 한국 외교부 대표는 한국에 대한 특별유예기간을 요청했고 참가국들이 동의하여 유예기간을 부여받았다.[21] OECD에 가입하면서 수출신용보증그룹에서 논의되고 있는 의제를 비회원국이 사전에 파악하기란 어려웠고 이를 참가국들이 이해해 주었다.

돌이켜 보면 당시 가장 핫 이슈는 바로 국별 최저 기준 프리미엄의 설정이었다. 공적 수출신용기관들은 자금을 직접 공급하는 직접대출기관, 보증과 보험을 주로 취급하는 순수보증보험기관으로 나누어진다. 최저 기준 프리미엄의 통일 협의 과정에 참여하지 못했기 때문에 이것이 얼마나 중요한지 몰랐지만 회원 가입과 동시에 한국수출입은행은 OECD 회원국의 직접대출기관 모임에 초대받았다. 캐나다수출개발공사EDC, 일본수출입은행, 오스트레일리아에픽EFIC, 미국수출입은행, 한국수출입은행으로 구성되었다. 그 모임은 사실상 캐나다수출개발공사가 주도했는데, 국별 리스크 프리미엄에 대한 이해와 중요성을 파악하는 계기가 되었다. 직접대출기관 모임을 이끈 캐나다수출개발공사는 이후에도 거의 모든 금융 이슈에 대해 주도적으로 활동하면서 국제 규범의 설정에 앞장서고 있었다.

---

21 유예 조건은 1999년 4월 최저 기준 프리미엄의 40%, 2000년 4월 60%, 2001년 4월 80%, 2002년 4월 100%이다. 유예 조건을 부여받기 위해 금융 업무를 잘 알고 있는 수출신용기관은 특별유예의 필요성 논리를 준비했고, 한국 OECD 대표부와 정부는 OECD 참가국 대표, OECD 사무국 직원을 전방위로 설득하는 등 협력해 얻어 낸 성과이다.

시장에 가까이 그러나 예외도 있다

어느 날 여우가 두루미를 저녁식사에 초대해 대리석 접시에 수프를
담아 대접했다. 두루미는 배가 심하게 고팠지만 자신의 긴 부리로는 넓적한
접시에 담긴 수프를 쪼아 먹을 수가 없었다. 그러자 이번에는 두루미가
여우를 초대하여 훌륭한 음식이 가득 담긴 기다란 병을 내놓았다. 두루미는
부리를 병 속에 집어넣고 마음껏 식사를 즐겼지만 여우는 손도 못 대 보고
굶을 수밖에 없었다. 여우가 끙끙거리며 병목을 핥자 두루미는 이렇게
말해 주었다. "까맣게 잊고 있었군? 대접한 대로 대접받는다는걸."

_『이솝우화전집』, 「여우와 두루미」

프로젝트 파이낸스

프로젝트 파이낸스 방식의 사업은 19세기 중반 건설−운영−양도
BOT 형태의 프랑스 파리 철도 건설 사업이 있었지만, 20세기에 들어서
본격화되었다. 1972년 영국의 브리티시 페트롤륨British Petroleum(BP)이 북
해 유전 개발 사업의 소요 자금을 프로젝트 파이낸스 방식으로 조달
한 이래 대규모 경제적 투자나 금융 방식의 한 수단으로 프로젝트 파
이낸스가 새로운 조류를 형성하고 있다.[22] 개발도상국 정부의 재정
상황이 악화됨에 따라 정부는 직접 차입하거나 채무 보증을 하지 않
고 프로젝트의 수익성을 높여 주는 방식으로 참여하는 사업을 선호

---

22 이재민·배인성, 『글로벌 무역금융』, 두남, 2009, 161쪽.

프로젝트 파이낸스 구조도

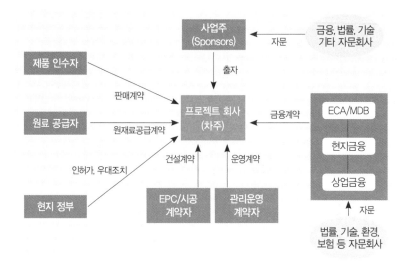

EPC: 엔지니어링(Engineering), 조달(Procurement), 시공(Construction)
MDB: 다자개발은행(Multilateral Development Banks)−세계은행, 아시아개발은행 등
ECA: 공적 수출신용기관

하게 되었다. 민간이 자본을 투자해 건설과 운영을 하되 정부가 세금 감면이나 재정으로 현금 흐름을 보완해 주는 민관협력사업PPP이 대표적이다.

해외 수출 시장은 빠르게 변했다. 1990년대 중반 들어 주로 개발도상국에서 발주하는 프로젝트 파이낸스에 대한 자금 지원 요구가 증가했다. 1998년 7월 OECD에서 도입한 '프로젝트 파이낸스에 대한 탄력적인 조건의 적용에 관한 양해'는 이러한 시장의 요구를 반영해 나온 것이다. 이에 앞서 1998년 4월 OECD 참가국은 프로젝트 파이낸스 방식의 거래에 대한 지원 절차와 조건을 잠정 합의했는데, 그 회의에서 유럽연합의 대표는 시장의 요구를 반영하기 위해 합의를 강력히 요구했다. 또한 시장의 상황과 관행을 듣기 위해 유럽부흥개발은행EBRD, 국제신용투자보험자연맹Berne Union 등 전문가들도 그 회의에 참석했고 경험이 많은 수출신용기관은 직접 제안서를 제출하기도 했다.

이렇게 속도를 붙여 만든 '프로젝트 파이낸스에 대한 탄력적인 조건의 적용에 관한 양해'는, 천천히 그리고 꾸준히 진보하는 철학으로 컨센서스를 바탕으로 도입한 다른 합의와는 달리 이례적이었다. 참가국은 1998년 9월 1일부터 시행하되 3년간의 시험 기간을 두고 시험 기간 종료 전에 다시 내용을 점검하기로 합의했다. 시험 기간 중에는 모든 지원 프로젝트에 대한 공개 가능한 기본 정보를 교환해 지원 조건의 적정성을 검증할 수 있도록 했다. 이와 병행하여 프로젝트 파이낸스로 지원할 경우의 프리미엄 산출 방법을 전문가회의에서 별도로 논의했다. 프로젝트에서 발생하는 현금으로 대출금을 상환하는 프로젝트 파이낸스의 거래 특성을 반영해 리스크 가격의 책정에 문제가 없도록 했다. 이렇게 시장의 상황을 반영하기 위해 노력해 현재의 프로젝트 파이낸스에 대한 조건이 OECD 수출신용협약에 반영되었다.

환경, 사회 및 글로벌 거버넌스Environmental, Social and Global Governance(ESG)

1997년 7월 G8 정상 회담에서 금융을 지원할 때 환경 문제를 고려해야 한다는 선언문을 계기로 1998년 4월 '수출신용과 환경 의향 선언문'이 수출신용보증그룹에서 채택되었다. 이후 2003년 수출신용과 환경

공통 방침에 합의해 수출신용기관들은 수출금융을 지원할 때 국제 기준과 수입국 기준 중 더 엄격한 기준을 적용해 심사하고 있다.

환경 문제는 지속 가능한 사회를 만드는 데 필수적인 고려 요소이다. 하지만 환경 관련 기술 수준이 국가별로 차이나기 때문에 환경 기준을 엄격히 하면 할수록 기술 수준이 높은 국가에 유리하므로 같은 참가국이라도 국익 관점에서는 달리 접근할 수 있다. 이미 공통 방침이 시행되고 있으므로 우리 수출신용기관도 그에 따르고 있다.

참가국은 저소득국가에 대해 금융을 공여할 때 지속 가능한 대출 관행에 부합하도록 운영해야 한다. 생산적 지출에 금융을 지원함으로써 저소득국가에 경제적 효과를 유발해야 한다. 참가국은 단순 소비 유발이나 무기류 등과 같은 비생산적 지출을 지양함으로써 저소득국가에 지속 가능한 발전을 조성하고 채무 감당 능력을 유지하도록 함으로써 글로벌 거버넌스를 높이고 있다.[23] 아울러 OECD 이사회는 국제 상거래에서 수출자가 외국 공무원에 대한 뇌물 공여 행위를 억제하고자 '국제 상거래 뇌물 방지 권고'를 채택했는데 이를 공적 수출신용에 적용하기 위해 행동선언문이 채택되었다.[24]

참가국은 환경, 사회적 책임, 거버넌스에 이르기까지 OECD 정책 목표를 충실하게 이행하고 있다. 또한 금융을 지원할 때 참가국은 비

---

23 OECD, "Principles and Guidelines to Promote Sustainable Lending Practices in the Provision of Official Export Credits to Low Income Countries," 2008.
24 뇌물제공행위와 공적수출신용에 관한 행동선언문(이재민·배인성, 『글로벌 무역금융』, 469쪽).

록 이해관계가 다르더라도 세계 경제의 발전에 기여하기 위해 노력하고 있다.

농산물

모든 분야에서 모두가 만족하는 합의는 없다. 농산물은 제1차 세계대전 이후 보호무역으로 회귀했을 때 유럽에서 가장 많은 보조금을 지원한 분야이다. 특히 전통적인 농업국인 프랑스는 영국보다 훨씬 많은 보조금을 주어 식량을 확보하고 일자리를 보호했다.[25] 이런 영향 때문인지 모르지만 WTO 금지 보조금에서도 농산물은 제외되어 있다. 수출신용협약에서도 보조금 감축 작업을 진행해 왔지만 농산물 분야는 적용되지 않았다. 군수물자도 수출신용협약 적용에서 제외되고 있지만 이는 외교·정치적 영역에 가깝다. 상업성을 따지는 수출신용 공여에는 적절치 않다.

농산물에 대한 보조금은 수출국 사이에 관심이 높다. 오스트레일리아·프랑스·미국과 같은 OECD 회원국과 아르헨티나·브라질과 같은 비회원국 모두 관심이 많다. 오스트레일리아 출신으로 수출신용보증그룹의 부의장을 지낸 데이비드 스타포드는 "미국은 수출신용의 규범을 강화하는 데 거의 모든 목적을 달성했다"면서, "농업 분야에서 최장 10년의 농업 신용 프로그램을 지원하고 있는 미국이 이제 신뢰할 만한 국제무역 국가로서 이 분야에 대해 양보해야 할 때"라고 지적하기도 했

---

25 이반 버렌트, 『20세기 유럽경제사』, 이헌대·김흥종 옮김, 대외경제정책연구원, 2008, 101쪽.

다.[26] 하여튼 농산물 수입국인 한국의 입장에서는 별 영향이 없겠지만 농산물은 공정한 경쟁 논리가 먹히지 않는 분야임에는 틀림없다.

브릭스

수출신용협약은 참가국들이 합의로 이룬 규범이다. 따라서 OECD 회원국은 이 협약을 따른다. 하지만 비회원국의 경우에는 굳이 협약을 따를 필요가 없다. 중국과 같은 세계 경제 2위의 대국 출현과 인도·러시아·브라질 등 규모가 큰 경제를 고려할 때 금융 조건 면에서 회원국이 글로벌 경쟁에서 불리할 수 있다. 2019년 기준 국내총생산만 보더라도 중국은 14.3조 달러로, 미국 21.4조 달러에 이어 2위를 기록하고 있다. 러시아는 1.7조 달러로 9위를 차지하고 있다.

수출신용협약이 도입된 1976년 이후 입수 가능한 자료(Maddison 2010)를 기준으로 유럽(주요 12개국)·미국·일본의 실질 GDP를 합한 금액과 브릭스BRICS(브라질, 러시아, 인도, 중국, 남아프리카공화국)의 실질 GDP 합산 금액을 비교하면, 2008년 이후 그 격차가 더 좁혀지고 있음을 알 수 있다. 즉 브릭스의 실질 GDP 합산 금액은 유럽·미국·일본의 실질 GDP 합산 금액의 39%(1990) 또는 47%(2000)에 머물다가 2008년에는 76%로 치솟았다.[27] 특히 OECD 수출신용협약이 발족한 1976년을 기준으로 할 때

---

26 OECD, *The Export Credit Arrangement: Achievement and Challenges 1978-1998*, p.50.
27 유럽 주요 12개국과 미국·일본의 GDP 합(1990 GK$ 기준)은 1990년 1,340만, 2000년 1,720만, 2008년 1,980만이고, 브릭스는 1990년 530만(39%), 2000년 810만(47%), 2008년 1,510만(76%)이었다(괄호 안은 유럽·미국·일본 대비 비중).

주요국 국내총생산(GDP)

(조 달러)

출처: OECD(《매일경제신문》, 2020.5.27. 재인용).

중국·브라질·인도·남아프리카공화국(러시아 제외)의 합은 유럽·미국·일본의 22%에 불과했다. 중국의 2008년 실질 GDP가 1976년에 비해 10배이상 증가한 영향이 크다. 2019년 명목 GDP를 기준으로 보면, 브릭스는유럽·미국·일본의 약 50% 수준이다.[28] 한편 상품 수출 비중에서도 브릭스는 전 세계의 약 19%를 차지하고 있다.

따라서 브릭스가 따르지 않는 수출신용협약으로는 공정한 경쟁이되지 않는다. 실제 중국의 수출신용기관은 장기 저리의 자금을 지원하고 대출 심사 과정에서도 환경·사회 기준을 자의적으로 적용하고 있

---

28 한국수출입은행, 『2020 세계국가편람』(한국수출입은행, 2019)에서 발췌.

유럽·미국·일본과 브릭스의 실질 GDP

(1990년 구매력 기준 천GK$)

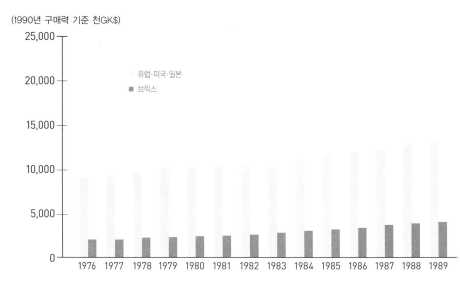

상품 수출 추이

(조 달러)

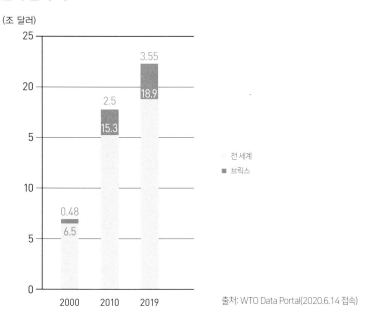

출처: WTO Data Portal(2020.6.14 접속)

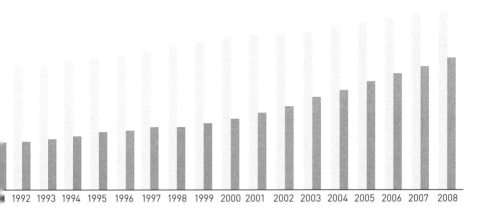

1992 1993 1994 1995 1996 1997 1998 1999 2000 2001 2002 2003 2004 2005 2006 2007 2008

주: 유럽=오스트리아, 벨기에, 덴마크, 핀란드, 프랑스, 독일, 이탈리아, 네덜란드, 노르웨이, 스웨덴, 스위스, 영국 등
    12개국. 브릭스(BRICs)=브라질, 인도, 러시아, 중국, 남아프리카공화국. 단 러시아는 1990년 이전에는 0으로 계산
출처: https://www.rug.nl/ggdc/historicaldevelopment/maddison/releases/maddison-database-
    2010?lang=en(2020.5.7. 접속)

다.[29] 국제사회는 이들 국가와 함께 적용할 수 있는 규범에 대해 국제워
킹그룹International Working Group을 구성[30]하여 논의를 시작했다. 언제쯤 컨
센서스를 이룰지 모르겠지만 공통 기준의 적용이 필요함은 분명하다.
단순히 지원 조건에 대한 합의에 국한하지 않고 OECD 정책 취지에 맞
추어 투명성과 공정성이 확보되기를 희망한다.

---

29 Saori N. Katada, Jessica Liao, "China and Japan in Pursuit of Infrastructure
    Investment Leadership in Asia: Competition or Convergence?," *Global Governance*,
    vol.26(2020) 1-24, 2020. p14

30 Saori N. Katada, Jessica Liao, "China and Japan in Pursuit of Infrastructure
    Investment Leadership in Asia: Competition or Convergence?," p.13.

환경 변화에 따른 진화

> 유기체의 진화가 '유전자'라 불리는 유기체 정보 단위의 복제에 기반을
> 둔 것과 마찬가지로, 문화적 진화는 '밈(meme)'이라 불리는 문화적
> 정보 단위의 복제에 기반을 두고 있다. 성공적인 문화란 그 숙주가 되는
> 인간의 희생이나 혜택과 무관하게 스스로의 밈을 증식시키는 데
> 뛰어난 문화다.
>
> _유발 하라리, 『사피엔스』, 344쪽

수출금융 지원 체제와 민간 부문

미국수출입은행이 2019년 6월 미국 의회에 보고한 『경쟁력 보고서』 표지에는 한국 국기가 10개나 나온다. 6개는 2008년의 선박에, 4개는 2018년의 선박에 실려 있다. 이 표지에는 한국 국기 외에도 중국·독일·프랑스·이탈리아의 국기가 선적되어 있다. 2018년 가장 많이 눈에 띄는 국기는 중국의 오성기로, 16개이다. 2008년 선박에는 오성기가 하나도 없다. 이어서 독일과 이탈리아 국기가 각각 5개이고, 프랑스 국기가 3개이다. 이 보고서는 본문이 세 장으로 나누어져 있는데 1장 표지는 중국 오성기, 2장 표지는 한국 국기, 3장 표지는 이탈리아 국기로 구분했다. 미국수출입은행이 자국 의회에 보고한 『경쟁력 보고서』에 왜 다른 나라 국기를 표지에 내세웠을까?

OECD의 수출신용협약의 협상 과정에서 다양한 지원 조건이 통

일되었다. 시장의 변화에 부응하기 위해 프로젝트 파이낸스에 대한 지원 기준 등 새로운 규범이 도입되었다. 수출신용기관들은 이제 수출 신용협약에 따라 금융을 지원하면 되는 걸까? 협약은 최저 기준이다. 시장은 항상 제도에 선행한다. 다시 말해서, 제도는 시장을 따라갈 수 밖에 없다. 제도를 만들기 위해 준비하는 기간 동안 시장은 또 변화한다. 개발도상국의 정부나 기업도 바뀐 시장을 기본으로 하여 끊임없이 새로운 요구를 한다. 변화된 시장이 새로운 시장이 된 것이다. 시장의 요구에 탄력적으로 대응하는 것이 주어진 설립 목적에 맞는다.

그러면 현재의 수출신용기관들은 어떤 위치에 와 있는지를 살펴볼 필요가 있다. 이를 위해서는 민간 부문의 역할이 그동안 어떻게 변했

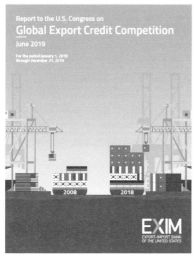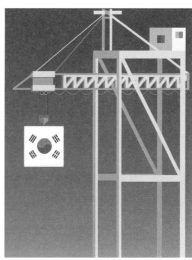

미국수출입은행의 『경쟁력 보고서』 표지와 본문의 제2장 표지

는지를 알아야 한다.

대외 거래의 경쟁력은 민간 부문과 공적 부문이 합쳐질 때 비로소 해당 국가의 대외 경쟁력으로 나타난다. 민간 부문에서 외화 자금을 동원할 수 있는 능력이 있어야 대규모 사업을 지원할 수 있다. 아울러 해외 프로젝트를 어떻게 설계하고 구조화해야 사업성을 갖추고 금융가능성bankability을 높일 수 있는지를 엮어 내는 능력이 있어야 한다. 이는 금융 주관과 자문 능력으로 해석할 수 있다.

자금 동원과 주관·자문 능력, 이 민간 부문의 능력을 바탕으로 각 국가의 수출신용기관은 역할을 정립해야 한다. 민간 부문이 뛰어나면 수출신용기관은 상대적으로 보완 역할을 해도 대외 경쟁력에서 큰 영향이 없다. 하지만 그렇지 않다면, 많은 노력을 기울여 부족한 민간 부문의 역량마저도 따라잡아야 한다. 이런 관점에서 설명하고 있는 다음 내용이 지루하고 딱딱하더라도 이해를 부탁드린다.

수출신용기관들은 주로 개발도상국을 지원하므로 개발도상국의 중장기 외채 상황을 통해 민간 부문이 차지하는 위치를 파악할 수 있다. 개발도상국에 대한 중장기 외채 잔액에서 상업 채무 비중은 2008년 52%에서 2018년 46%로 감소했고 공적 채무(세계은행 및 다자개발은행 제외. 이하 같음) 비중도 같은 기간 12%에서 8% 수준으로 감소했다. 채권 발행을 통한 자금 조달이 증가한 영향이다. 2018년 기준 중장기 외채 잔액은 약 5조 5,000억 달러이며, 이 중 상업 채무는 2조 5,250억 달러이고 공

개발도상국 중장기 외채 잔액 비중

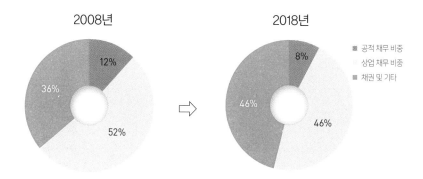

2008년

2018년

- 공적 채무 비중
- 상업 채무 비중
- 채권 및 기타

적 채무는 약 4,400억 달러이다.[31]

　민간 부문의 역할이 커지면서 상업 채무와 채권의 비중이 증가했다. 중장기 외채 순증 기준으로는 2018년 상업 채무(680억 달러)가 공적 채무(170억 달러)의 약 4배를 차지한다.[32] 이는 2008년 글로벌 금융위기

31　　　　　　개발도상국에 대한 중장기 외채 잔액(공적 채무 및 상업은행 채무)　　(단위: 10억 달러)

구분		2008	2014	2015	2016	2017	2018
중장기		2,691	4,712	4,706	5,013	5,377	5,505
외채 잔액	공적 채무	313	358	351	387	423	437
	보증상업채무	235	479	436	430	444	439
	비보증 상업채무	1,152	1,973	1,993	2,129	2,085	2,086
	소계	1,700	2,810	2,780	2,946	2,952	2,962
	채권, 기타	991	1,902	1,926	2,067	2,425	2,543

32　　　　　　　　　　　　　　순(net) 외채 증감　　　　　　　　　　　(단위: 10억 달러)

	2008	2014	2015	2016	2017	2018
공적 채무	-2	24	11	26	24	17
상업채무	207	165	44	64	57	68

주: 공적 채무: IMF, 세계은행 및 다자개발은행의 채무는 제외

　보증상업채무: 상업은행 및 민간 채무로서, 보증·보험(수출신용기관 포함)을 받은 채무도 포함(채권 제외)

　비보증 상업채무: 상업은행 및 민간 채무로서 보증·보험이 없는 채무(채권 제외)

출처: https://data.worldbank.org/products/ids

미국 FED 기준금리

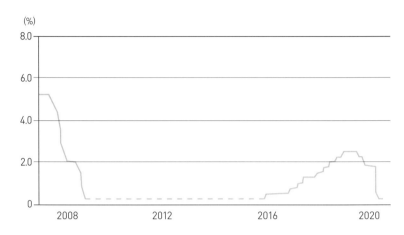

극복을 위한 낮은 미국 기준 금리 수준, 선진국 정부의 양적 완화, 중국의 금융시장 개방과 자본시장 자유화에 따른 자금 이동에 기인한다.[33] 외국인 직접투자Foreign Direct Investment(FDI)를 보면, 2018년을 제외하고는 최근 7년간 대부분 1조 달러를 초과하고 있어 민간 부문이 국제 거래에 중요한 역할을 하고 있음을 알 수 있다.

상업 채무의 주요 자금 공급원인 상업은행은 자기자본 규모 측면에서 자금 가용성을 가늠할 수 있고, 프로젝트에 대한 사업성과 금융가능성을 구조화할 수 있는 능력, 즉 금융 주관 및 자문 능력으로 사업발굴 능력을 가늠해 볼 수 있다.

---

33 중국은 2018년 기준 순외채 증가 5,287억 달러의 약 49% 차지(https://data.worldbank.org/products/ids).

외국인 직접투자 추이(FDI outward flows)

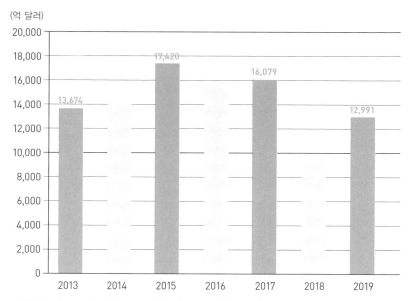

(억 달러)

출처: http://www.oecd.org/investment/FDI-in-Figures-April-2020.pdf

먼저, 은행의 자기자본 규모를 기준으로 순위를 매긴《더 뱅커
The Banker》(2019년 7월)에 따르면, 상위 10대 은행에서 중국의 은행
이 1위에서 4위까지 차지하고 있고 미국의 은행이 5위에서 8위까
지 차지하고 있다. 영국의 은행이 9위, 일본의 은행이 10위를 차
지하고 있다. 중국 4대 은행의 자산 합(13조 8,393억 달러)은 2019년
GDP 4~8위(독일, 영국, 프랑스, 이탈리아, 캐나다) 국가의 합(13조 1,188억 달러)
보다 많다.

글로벌 은행 순위

(단위: 억 달러)

순위	국가	은행명	자산	자기자본
1	중국	중국공상은행ICBC	40,437	3,375
2	중국	중국건설은행China Construction Bank	33,902	2,875
3	중국	중국농업은행Agricultural Bank of China	33,007	2,429
4	중국	중국은행Bank of China	31,047	2,300
5	미국	제이피모건 체이스JP Morgan Chase	26,225	2,091
6	미국	아메리카은행Bank of America	23,550	1,890
7	미국	웰스 파고Wells Fargo	18,956	1,679
8	미국	시티그룹Citigroup	19,174	1,581
9	영국	HSBC 홀딩스HSBC Holdings	25,581	1,471
10	일본	미쓰비시 UFJ 파이낸셜 그룹Mitsubishi UFJ Financial Group	28,051	1,467

출처: *The Banker*, 2019. 7.

OECD 주요 회원국을 기준으로 미국을 제외한 국가의 상위 50대 은행의 수를 살펴보면, 영국 5개, 프랑스 5개, 일본 3개, 오스트레일리아 3개, 캐나다 3개, 네덜란드 2개, 이탈리아 2개, 독일 1개이며, 순위 내 한국의 은행은 없다. 19세기와 20세기를 거쳐 주요 대외 거래에 대한 자금 공급 역할을 했던 상업은행으로 프랑스 비엔피 파리바, 소시에테 제네랄, 독일의 도이체방크가 순위 내에 있다.[34]

34 오스트레일리아: Commonwealth Bank(45), Westpac(47), ANZ Banking Group(49)
　캐나다: Royal Bank of Canada(36), Toronto Dominion Bank(42), Scotiabank(48)
　프랑스: Credit Agricole(12), BNP Paribas(13), Groupe BPCE(20), Societe Generale(29), Credit Mutuel(31)

프로젝트 파이낸스 글로벌 10대 은행(2019)

(단위: 억 달러)

순위	글로벌 10대 대출 은행	글로벌 10대 채권 은행
1	MUFC(일본)	JP Morgan(미국)
2	SMBC(일본)	MUFC(일본)
3	Mizuho(일본)	Citi(미국)
4	SBI Capital(인도)	SMBC(일본)
5	BNP Paribas(프랑스)	Morgan Stanley(미국)
6	Santander(스페인)	Mizuho(일본)
7	Societe Generale(프랑스)	Credit Agricole(프랑스)
8	ING(프랑스)	RBC(캐나다)
9	Credit Agricole(프랑스)	Santander(스페인)
10	Bank of China(중국)	Goldman Sachs(미국)

출처: PFI League Tables(2020. 1)

금융 주관 능력은 프로젝트 파이낸스 인터내셔널PFI의 리그 테이블 League Tables로 확인할 수 있다. 2019년 프로젝트 파이낸스 대출 규모는 2,966억 달러로서, 글로벌 10대 대출 은행 중 일본의 3대 대형 은행이 전체의 15%를 차지하고 있으며, 이어서 프랑스의 은행이 약 10%를 차지하고 있다. 채권 발행을 통한 자금 조달은 577억 달러로서 제이피모

독일: Deutsche Bank(27)
이탈리아: UniCredit(30), Intesa Sanpaolo(35)
일본: Mitsubishi UFJ Financial Group(10), Sumitomo Mitsui Financial Group(14), Mizuho Financial Group(17)
네덜란드: ING(34), Rabobank Group(43)
영국: HSBC Holdings(9), Barclays(25), Lloyds Banking Group(37), RBS(41), Standard Chartered(44)
한국: 국민은행(59), 신한은행(63), 산업은행(64)

글로벌 10대 프로젝트 파이낸스 자문사(2019)

순위	종결 기준(총 51개사)	신규 수주 기준(총 17개사)
1	Macquarie(호주)	Synergy Consulting(미국)
2	BNP Paribas(프랑스)	EY(영국)
3	Santander(스페인)	PwC(영국)
4	SMBC(일본)	Green Giraffe(영국)
5	KPMG(미국)	SMBC(일본)
6	Greengate(미국)	MUFG(일본)
7	Societe Generale(프랑스)	Cranmore Partners(영국)
8	Rothschild(프랑스)	Societe Generale(프랑스)
9	Morgan Stanley(미국)	TASC(미국)
10	PwC(영국)	DBS(싱가포르)

출처: PFI League Tables(2020.1)

건이 선두를 지키고 있다.[35]

프로젝트 파이낸스 자문사를 보면 미국, 영국, 프랑스, 호주, 스페인, 일본 등이 주로 차지하고 있다. 한국의 자문사는 하나도 없다.

OECD 회원국 중 미국, 일본, 영국, 프랑스, 독일, 이탈리아, 네덜란드, 캐나다 등은 자산 규모 1조 달러 이상의 상업은행이 있으며, 중국은 OECD 비회원국이지만 세계 4대 은행을 보유하고 있다. 또한 프로젝트 파이낸스 글로벌 10대 대출 및 채권 은행을 통합 기준으로 볼 때 일본의 3대 은행은 양쪽 부문 모두에서 선두권을 유지하고 있으며, 프

---

35 PFI League Tables 2020, p.50.

랑스도 양쪽 부문에서 5곳을 차지하고 있다. 미국은 주로 채권 부문에서 주도하고 있음을 알 수 있다. 인도는 대부분의 자금을 자국 인프라 건설에 지원한 반면(SBI), 중국은 아시아, 유럽 및 중동 등의 해외 사업에 대한 자금을 지원했다(Bank of China).[36]

프로젝트 파이낸스 자문사의 경우 미국, 영국, 일본 등의 자문사들이 독차지하고 있다. 특히 2019년에는 미국, 영국, 일본, 프랑스, 네덜란드, 아랍에미리트, 싱가포르, 러시아 등 8개국의 자문사에서 모든 신규 자문을 수주받았다. 이탈리아와 캐나다의 자문사는 신규 자문 수주가 없으며, 종결 기준으로 각각 2건과 1건의 실적을 기록하고 있다.[37]

2019년 10월 세계경제포럼WEF이 발표한 국가 경쟁력 순위에서 한국은 141개국 중 13위를 차지했다. 미국(2위), 일본(6위), 독일(7위), 영국(9위)보다는 못하지만 프랑스(15위)와 캐나다(14위)보다는 높은 순위를 차지했다. 그러나 금융 시스템 부문에서는 18위를 차지했지만, 은행의 규제 자본 비율은 109위로서 전체 141개국 중 최하위 수준이다.[38] 금융 경쟁력은 국제금융센터와 연관되어 있다. 경쟁력을 높이기 위해서는 금융뿐만 아니라 회계·법률 등의 전문 인력도 함께 육성하여 최적의 비즈니스 환경이 제공되어야 한다. 영국 런던이 국제금융센터

---

36 PFI League Tables 2020, pp.64-69.
37 PFI League Tables 2020, p.85.
38 규제 자본 비율은 위험 가중 자산 대비 규제 자본 비율을 말한다(WEF, *The Global Competitiveness Report 2019*, p.325).

로 자리 잡은 데에는 역사적으로 이런 인프라가 뒷받침되었기 때문이다.[39]

따라서 오랜 역사를 갖고 있는 미국, 영국, 일본, 프랑스 등의 국가는 민간 부문의 자금 가용성과 금융 주관 등의 측면에서 뛰어나다. 같은 OECD 회원국이라 할지라도 수출신용기관이 해야 할 역할은 다를 수밖에 없다. 심지어 민간 부문이 충분한 경쟁력을 갖고 있는 국가들도 다른 수출신용기관 못지않은 체제를 갖추어 가고 있다. 미국수출입은행이 미 의회에 보고한 『경쟁력 보고서』는 오직 수출신용기관의 경쟁력을 비교한 것이므로 민간 부문의 다른 환경을 함께 고려할 때 수출신용기관이 뛰어나다고 결코 국가의 대외 경쟁력에서 유리한 것만은 아니다.

진화하면서 닮아 간다

수출신용기관은 글로벌 시장의 수요에 부응하는 만물상으로 변신하고 있다. 일자리를 창출해야 하는 과업은 과거와 변함없이 좁은 내수시장에서 탈피해 외국 시장으로의 수출 확대로 달성하는 것이 가장 바람직하다. 그런데 과거에는 경쟁이 선진국에 어느 정도 한정되어 있었으나 이제는 그렇지 않다. 개발도상국도 선진국들과 경쟁이 가능한 수준의 제품을 생산하고 대규모 프로젝트를 수행할 수 있는 능력을 갖

---

39 김광두·신성환 외, 『글로벌 금융규제의 영향과 영국 금융산업 경쟁력 평가』, 국가미래연구원, 2014, 13쪽.

전 세계 상품 수출 추이

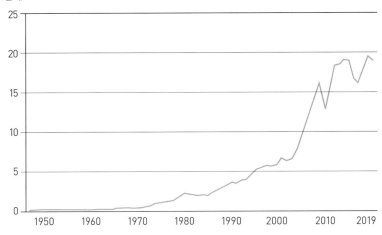

(조 달러)

출처: https://data.wto.org(2020.6.14. 접속)

추었다. 그렇게 더 많은 국가 간의 경쟁이 본격화되면서 수출신용기관들은 앞서가기 위해 더 창의적인 제도를 만들어 갔다. 더욱이 글로벌 저성장의 영향으로 전 세계 상품의 수출액도 정체하거나 감소하고 있는 추세여서 경쟁이 치열해졌다.

한정된 수출 시장에서 자국 기업의 점유율을 높이기 위해 수출신용기관은 예전에 생각하지도 않았던 분야에 진출하기 시작했다. 또한 다른 수출신용기관이 무엇을 하고 있는지도 거의 실시간으로 모니터링되는 시대가 되었고 자국만의 독특한 경쟁 우위를 지키는 것이 어려워졌다.

전통적으로 수출신용기관들은 대출·보증·보험을 지원한다. 금융은 제공받는 자를 기준으로 보면 수입자와 수출자로 나눌 수 있는데 여기에서 구매자 금융과 공급자 금융으로 구분된다. 대상 사업이 해외 투자인 경우에는 투자 금융이 지원된다. 해외 자원을 개발하는 경우에는 자원 개발 자금이 지원된다. 이미 수출한 상품에 대한 수출 채권을 회수하기 위한 목적이라면 팩토링이나 포페이팅과 같은 무역금융이 지원된다. 이 같은 무역금융은 공급망 사슬의 한 지점에서 고객이 원할 경우 다양한 형태로 역할을 한다. 예를 들어 상품을 만들기 전에는 운전자본, 판매 후에는 매출 채권 또는 수출 채권의 매입이 이루어진다. 해외 프로젝트의 경우에는 소액의 지분 투자 자금도 지원될 수 있다. 한마디로 만물상이다.

OECD 수출신용협약의 적용을 받는 거래는 최소 2년 이상의 대출 기간(정확한 표현은 상환 기간)이 되는 수출 거래이다. 하지만 수출신용기관들은 다양한 금융을 제공하고 있다. 이 모든 지원은 오랜 기간 동안 해외 거래를 지원해 온 경험과 지식이 축적되어 있기에 가능하다. 선진국 상업은행은 이런 경험이 많기 때문에 단기 무역금융은 굳이 수출신용기관이 지원하지 않더라도 기업이 다른 데서 금융 지원을 받을 수 있다. 유럽 국가들이 단기 수출보험을 민간에서 수행하게 한 것도 이와 무관치 않다.

일반적으로 가장 경쟁이 심한 분야는 중장기 금융이 필요한 해외 프로젝트의 수주 분야이다. 수출신용기관들은 수출자가 수출 계약을 체결하거나 해외 프로젝트를 수주해 오면 금융을 지원했다. 자국 기업이 수주하면 금융을 지원하는 형태를 일반적으로 푸시Push 지원이라고 한다. 그런데 잠자던 대륙 중국이 눈을 뜨기 시작하면서 상황이 많이 바뀌었다. 대규모 프로젝트의 입찰 시 발주처가 입찰 참여자에게 수출신용기관의 금융 지원 의향서를 요구하는 일이 일반화되었다.

미국의 건설 전문지 《엔지니어링 뉴스 레코드ENR》와 해외 건설협회 등에 따르면 중국은 2009년 506억 달러의 매출을 달성해 세계 건설시장 점유율 1위를 차지한 이래로 2017년까지 1위를 유지하고 있다.[40] 여기에는 중국의 '일대일로一帶一路'사업을 위한 중국 수출신용기관의 지원이 큰 역할을 하고 있다. 중국은 우선 수출신용협약을 따르지 않기 때문에 지원 조건이 탄력적이다. 또한 중국의 국가개발은행도 일대일로 사업에 자금을 공급하면서 중국수출입은행과 국가개발은행을 통하여 2013년부터 2017년 초까지의 자금 공급액이 2,000억 달러에 달했다.[41] 2010년 두 은행의 대출 자산이 1,100억 달러로서 이미 당시 세계은행과 아시아개발은행의 합산 규모를 초과한 상태였는데, 2019년 4월에는 두 은행의 대출 약정액이 3,390억 달러에 달하여 2010년 잔액의 3배를 초

40 《동아일보》, 2020.2.21.
41 https://www.reuters.com/article/us-china-silkroad-finance/behind-chinas-silk-road-
    vision-cheap-funds-heavy-debt-growing-risk-idUSKCN18B0YS

과할 정도로 자금 가용성이 뛰어나다.[42]

중국 수출신용기관(중국수출입은행과 중국 무역보험공사)의 2019년 신규 중장기 수출신용 금액은 391억 달러로서 전 세계 수출신용기관 가운데 지원 금액이 가장 많다.[43] 2019년 해외 투자 금융 등을 포함한 수출 관련 금융에서 브릭스가 차지하는 비중은 전 세계의 43%를 차지할 정도로 글로벌 시장에서 이들 국가의 영향력이 막강해졌다.[44] 더구나 전 세계의 수출은 정체되거나 감소하는 추세여서 국가 간 수출 지원 경쟁은 더 심해졌다.

OECD 비회원국이 강력한 수출 지원 국가로 출현하기 이전부터, 민간 부문의 금융 환경이 상대적으로 열세인 국가들은 부족 분야를 만회하기 위해 다양한 프로그램을 시도하고 있었다. 대표적인 나라가 캐나다이다. 캐나다는 시장을 가장 잘 파악하고 대응해 온 나라이다. 1998년 당시 캐나다수출개발공사의 이언 길레스피Ian Gillespie 사장은 수출신용기관이 앉아서 지원 조건을 결정하는 호사를 누릴 위치에 있지 않다고 강조했다.[45] 그는 시장을 면밀히 관찰해 보면 글로벌 은행과 같은 파트너 은행이 없는 캐나다에서는 수출신용기관이 시장을 따라가는 추종자가 아니라 시장을 이끄는 리더가 되어야 한다

---

42 Saori N. Katada, Jessica Liao, "China and Japan in Pursuit of Infrastructure Investment Leadership in Asia: Competition or Convergence?," pp.11, 13.

43 Export-Import Bank of the United States, "Report to the U.S. Congress on Global Export Credit Competition," 2019, p.33.

44 Export-Import Bank of the United States, "Report to the U.S. Congress on Global Export Credit Competition," p.40.

45 OECD, *The Export Credit Arrangement: Achievement and Challenges 1978-1998*, p.112.

고 언급했다.[46]

실제 캐나다에서 수출개발공사는 모든 대외 금융을 주도하고 있다. 다른 선진국에 비해 민간 부문의 역할이 떨어지는 사업 발굴 및 자문 부문을 강화하기 위한 조직을 확충했다. 캐나다처럼 수출신용기관 이름에 '개발'이 들어간 기관은 없다(캐나다개발은행은 별도로 있다). 아울러 현재의 관계에 만족하지 않고 장래의 관계금융 강화를 위해 거래 발굴 인센티브 방식의 견인Pull 금융을 운영하고 있다.[47] 미래 외국 잠재 발주처를 대상으로 먼저 자금을 공여하여 금융 관계를 맺은 뒤 장래에 자국 기업산 제품의 구매를 유도하는 방식이다. 일종의 국외 관계 금융이다.

국내 영업도 아닌 국외 소재 발주처를 대상으로 한 관계금융은 국내 영업에 비해 몇 배 이상의 시간과 역량이 요구된다. 그만큼 인재 개발과 지원 조직이 탄탄해야 되는데, 캐나다수출개발공사는 이를 갖추었기 때문에 가능한 제도이다. 이탈리아와 핀란드의 수출신용기관도 유사 모델을 운용하고 있다.

미국수출입은행이 의회에 제출한 『경쟁력 보고서』에는 한국수출입은행도 유사 모델을 검토 중이라고 언급되어 있다. 내부 검토 중인 내용이 미 의회 보고서에 언급될 정도이니 미국 입장에서는 한국수출입은행도 주요 관찰 대상이다. 이 제도는 캐나다처럼 오랜 기간 준비하고

---

46 OECD, *The Export Credit Arrangement: Achievement and Challenges 1978-1998*, p.114.
47 Export-Import Bank of the United States, "Report to the U.S. Congress on Global Export Credit Competition," p.43.

전문지식과 언어 능력이 탁월한 경우에 가능한 선진국 자문사 수준의 업무 영역이다.

새로운 강자의 출현으로 선진국들은 기존 제도를 정비하고 새로운 서비스를 도입했다. 새로운 강자에는 브릭스와 함께 캐나다·일본이 포함되고 한국도 아마 포함될 것이다. 수출신용협약은 수출 지원에서 금융 조건을 규율하는 협약이다. 앞서 설명한 협약상의 수출 보조금 요소가 대부분 제거되었다. 시장은 매우 다양한 형태의 금융 구조를 새로 만들어 가고 있기 때문에 수출신용기관은 전통적인 방식으로는 수요자를 만족시킬 수 없다. 다양한 시장 수요에 대응은 직접 수요자에게 자금을 공급하는 기관이 가장 빠르다.

일본수출입은행의 후신인 일본국제협력공사JBIC와 한국수출입은행은 자금 공급자 겸 수출신용기관이다. 따라서 수요자가 원하는 대로 거래를 구조화하여 제공할 수 있다. 상업은행에 보증이나 보험을 제공하고 상업은행이 수요자에게 자금을 제공하는 간접 방식은 시간이 많이 소요되고 관리비용도 더 들 수 있다.

더욱이 수출신용 형태가 아닌 해외 투자금융은 OECD의 규제 대상이 아니다. 물론 해외 투자금융을 수출신용의 규범을 우회하기 위한 상품으로 보고 있는 시선이 있다. 하지만 수출 목적이 아닌 자국 기업의 경쟁력 향상을 위해, 예를 들면 현지 원료 및 현지 판매시장 확보, 저임금 활용, 연구·개발 및 기술 수준 향상 등 다양한 진출 목적을 가지고 기업이 지분 투자를 하는 것이기 때문에 이를 수출 확대를 위한 우회 통로로 보는 것은 무리가 있다.

게다가 해외 직접투자는 투자 유치국 입장에서는 외국인 직접투자이기 때문에 투자 유치국의 고용 창출 등에 기여하므로 굳이 제약을 가할 필요가 없다. 실제 1988년 서울올림픽 이후로 미국, 영국, 스페인, 아일랜드 등 선진국조차도 자국 내 제조업 유치를 목적으로 투자사절단을 한국에 파견했고 많은 한국 기업이 이에 화답하여 외국에 해외 직접투자를 했다. 이때 필요한 자금을 한국의 수출신용기관에서 지원했다.

그럼에도 불구하고 해외 투자금융을 달리 보는 시선이 있는 것은 사실이다. 중국의 수출입은행과 개발은행이 '일대일로' 등의 사업에 해외 투자금융을 지원하고 있고, 일본과 한국도 해외 투자금융을 지원하고 있다. 미국수출입은행은 투자금융을 지원하지 않지만 미국국제개발금융공사USIDFC가 투자금융을 지원한다.

2018년 10월 '개발로 이어지는 더 나은 투자활용법Better Utilization of Investment Leading to Development Act(BUILD Act)'이 미국 상·하원에서 통과되면서 미국국제개발금융공사가 탄생했다. 1971년부터 투자금융 업무를 해 오던 해외민간투자공사OPIC도 미국국제개발금융공사에 합병되었다. 트럼프 행정부가 처음 들어설 때 해외민간투자공사는 해체 대상 기관 62개에 포함되어 있었다. 그런데 집권하면서 상황이 바뀌었다. 중국이 글로벌 경제에서 미국에 강력한 도전자로 인식되면서 해외민간투자공사만으로는 중국에 경쟁이 되지 않는다고 판단했다. 그래서 미국은 강력한 지원 수단으로 미국국제개발금융공사를 만든 것이다. 미국전략국제연구센터CSIS는 십 수 년에 걸쳐 가장 강력한 소프트 파워를 가지게 되었다고 평가했다.[48]

미국국제개발금융공사가 하는 일을 살펴보면 놀라울 따름이다. 대출·보증(현지 통화 보증 포함)·보험의 지원은 물론 개발 사업 관련 기업에 지분 투자가 가능하다. 또한 미국국제개발금융공사는 기술 지원, 소액 무상 원조, 특별 프로젝트 관리, 기업 펀드 조성 등도 할 수 있다. 투자자금 지원 한도는 600억 달러이다. 미국국제개발금융공사는 개발도상국 인프라 사업에 대한 장기 투자자금을 지원하는 한편, 우방국(캐나다, 일본, 영국, 네덜란드 등)과의 국가 안보 및 외교 정책 협력에 도움이 될 수 있는 해외 투자금융을 지원한다.[49] 우량 국가에 대해서는 상업은행이 나서고 비우량 개발도상국에는 국가 주도의 미국국제개발금융공사가 앞장섬으로써 민관 금융 지원 체제가 더욱 강력해졌다.

유럽은 전통적으로 상업은행에 보증이나 보험을 통해 간접 지원하는 방식으로 수출금융을 지원해 왔다. 하지만 2008년 글로벌 금융위기 이후 직접 자금 공급도 가능하도록 정책을 전환했다. 덴마크(2009), 핀란드(2012), 이탈리아(2012), 영국(2013), 프랑스(2015) 등이 직접 대출을 도입

---

48 Daniel F. Runde, D. C. Romina Bandura, "The BUILD Act Has Passed: What's Next?," Center for Strategic and International Studies (CSIS), 2018.10.12.
49 Daniel F. Runde, D. C. Romina Bandura, "The BUILD Act Has Passed: What's Next?."

했다.

세계 최초의 수출신용기관이었던 영국의 수출신용보증부ECGD가 2011년 영국수출금융UK Export Finance으로 변경되었으며, 2014년 외국 수입자 앞 직접 대출을 지원하기 시작하여 현재는 수출자에 대한 운전자금을 비롯하여 수출 공급망 금융을 지원하고 있다.[50] 아울러 영국은 1948년 설립된 연방개발공사CDC를 통해 해외 개발 금융을 지원하고 있다. 연방개발공사는 주로 아프리카나 남아시아에 소재한 민간 부문에 대한 장기 대출과 투자(펀드 투자 포함)를 수행한다.

프랑스는 1946년 설립된 수출신용기관 코파스Coface의 수출 보험 및 보증 업무를 2016년 중소·중견 기업 전담 은행인 비피아이프랑스Bpi-france로 이관했고 대규모 프로젝트에 대한 직접 대출은 지역경제 금융 지원 기관인 에스필SFIL로 이관했다.

해외 프로젝트에 대한 지원 자금은 외화로 이루어진다. 경화를 자국 통화로 사용하는 국가는 자국 시장에서 필요한 자금을 조달하거나 정부로부터 출자 받은 자금을 대출의 재원으로 사용한다. 하지만 통화가 경화가 아닌 국가는 외국에서 자금을 조달해야 하므로 비용이 올라갈 수밖에 없다. 수출신용기관은 수입국의 국가 리스크에서 자국 기업을 보호해 주는 기관이지만 대규모 국제 거래에서는 도리어 수출신용기관 자체도 리스크 고려 요소가 된다.

---

50 Export-Import Bank of the United States, "Report to the U.S. Congress on Global Export Credit Competition," p.32(2016), p.45(2019).

예를 들어 한국이 IMF의 구조 금융을 받은 후에는 공개적으로는 아니지만 대출기관들 사이에 대출자로서 한국수출입은행에 대한 대출자 리스크lender risk가 고려된 적도 있었다. 일반적으로 프로젝트에 대한 자금 지원은 건설 기간에 이루어지고 완공 후 대출금 상환이 시작된다. 통상 해외 프로젝트의 건설 기간은 3년인데 더 긴 경우에는 7년(원자력발전은 장기)도 있다. 당시 한국수출입은행의 대출자 리스크가 고려된 것은 자금 지원 약정을 하고도 건설 기간 동안 실제로 자금 공급이 이루어지지 않으면 건설에 지장이 있기 때문이었다. 대출에 필요한 재원 조달도 경쟁력의 한 부분이다.

일본은 언타이드론(수출과 연계시키지 않는 대출)은 자국 통화인 엔화로 일으킨다. 하지만 일반 수출금융은 외환 보유고도 활용한다. 중국도 외환 보유고를 수출금융을 지원하는 재원 중 하나로 활용한다. 캐나다는 해당 사업이 국가적으로는 중요하지만 지원 규모가 감내할 수 없을 정도로 크거나 리스크가 높은 사업은 따로 국가 계정으로 지원할 수 있다. 일본도 정부 계정(2016)을 운영하고 있다. 지원 사업에 부실이 발생하더라도 정부 재정으로 손실을 흡수해 수출신용기관의 재무 상태에는 영향이 없도록 하기 위함이다. 이처럼 자금 공급 쪽의 경쟁력뿐만 아니라 자금의 재원 조달 쪽도 경쟁력에서 중요하게 작용한다.

지금까지는 자금의 조달과 공급 측면을 중심으로 이야기했다. 정말 좋은 사업을 조기에 선점하는 방법은 없는가? 여기에 대한 답을 찾는 방법 중 하나로 활용한 것이 사업 준비 지원이다. 사업 준비에는 해외 발주처와 국내 수출자의 매칭이 이루어지도록 하는 방법이 있고, 사업 타당성 검토를 지원해 해외 사업에 대한 금융 지원이 가능하도록 만들어 궁극적으로는 사업 발굴의 효과가 나타나게 하는 방법도 있다. 매칭에는 다양한 활동이 있다. 예를 들면, 박람회·전시회의 참가 주선, 해외 사업발굴단 참여 등이다. 보다 더 좋은 인센티브를 겸비한 방식으로 캐나다와 이탈리아 등이 운영하고 있는 것이 있다. 수출이 이루어지지 않은 상태에서 금융을 지원(관계금융)하고 이후 그 관계금융이 양국 간의 수출 거래로 이어지도록 유도하는 견인 금융 방식이다.

사업 타당성을 지원하는 국가는 많다. 일본·독일·프랑스·미국이 지원하며 한국도 지원하는 국가 중 하나이다. 일본은 다양한 기관이 사업 타당성을 지원하고 있다. 일본국제협력은행, 일본국제협력기구, 해외교통도시개발사업지원공사 등의 지원기관이 사업 타당성을 지원하고 있다. 발주처와 발주처로부터 사업 인·허가권을 포함한 개발권을 일임받은 사업 개발자가 개념설계, 기본설계, 상세설계 등의 단계로 사업 타당성을 검토한다. 엔지니어링–조달–시공EPC의 입찰이 시작되는 단계는 기본설계가 끝난 후 상세설계 즈음에 이루어지기 때문에 상세설계 단계에 이루어지는 사업 타당성은 여기서 언급한 사업 타당성이라 보기 어렵다.

예를 들면, 일본국제협력기구는 사업 규모 55억 달러의 인도네시아

자카르타–반둥 초고속철도에 대해 2008년 이후 수년간에 걸쳐 사업 타당성을 조사했다. 그런데 2015년 10월 중국이 이 사업을 수주했다.[51] 인도네시아 정부의 보증을 받지 않고, 대출기간 40년(거치기간 10년 포함) 조건을 제시하여 사업을 가져가 버렸다.[52] 이런 경우는 예외적이며 대부분 사업 타당성을 조사한 국가에 유리하게 입찰이 이루어진다. 왜냐하면 상세설계 단계에서는 최저 수익이 나도록 설계되거나 국제 경쟁 입찰에서 전체 사업 리스크를 입찰 준비 기간 동안 파악하기 어려워 입찰자가 대응하는 데 한계가 있기 때문이다.

대규모 사업은 발주처가 구간 사업자를 수의계약 방식으로 선정하고 스펙(사양)과 가격 협의로 바로 들어간다. 발전소 건설 등 정형화된 프로젝트는 투입 원가 산출이 용이하기 때문에 단기간에도 수주 준비가 가능하다. 일본이 이러한 마스터플랜 등의 사업 타당성을 지원할 수 있는 것은 세계 수준의 엔지니어링 회사가 있기 때문이다. 사업 타당성은 돈으로 채울 수 있는 분야가 아니라 기술력과 경험이 있어야 가능한 분야이다. 엔지니어링은 금융 자문과 함께 해외 프로젝트 발굴 지원에서 핵심 요소이다. 미국국제개발금융공사가 기술 지원을 핵심 업무로 언급한 것은 다 이유가 있다. 사업

---

51 https://www.railway-technology.com/projects/jakarta-to-bandung-high-speed-rail/
52 일본은 수주 실패의 영향으로 금융 지원 가능 기간을 종전 15년에서 30년으로 늘리고 중앙정부 외에도 지방정부 및 국영기업에 대한 리스크도 수용할 수 있도록 허용했다(Saori N. Katada, Jessica Liao, "China and Japan in Pursuit of Infrastructure Investment Leadership in Asia: Competition or Convergence?," p.16).

타당성의 검토에서는 자국 엔지니어링 회사나 컨설팅 회사를 활용하는데, 이때 들어가는 비용은 기술 지원 예산으로 지원된다.

그러면 어떻게

몇 주가 지나자 그녀는 정말 어떤 일에 대하여 실제로 두려워했는지조차
의문을 품게 되었다. 처음으로 그녀는 두려움이란 것이
'일종의 습관'일 뿐이었음을 알았다. 그 후 몇 달 동안 그녀는 두려움을
느낄 때마다 잠시 반응을 멈추었다. 그러고는 정말 자신이 느끼는
두려움이 진실한 것인지 습관적인 것인지 물었다.
그때마다 자기가 정말로 두려워하는 게 아님을 알게 되었다.

_레이첼 나오미 레멘, 『할아버지의 기도』,
류해욱 옮김, 문예출판사, 2000, 163쪽

2016년 12월 1일 미국 대통령 당선일 전후로 트럼프 대통령의 선거
공약에 대비하여 민관 회의가 서울에서 몇 차례 열렸다. 거기에서 1조
달러 규모에 달하는 미국 인프라 개발 공약 사업에 대해 한국 기업의

진출 가능성을 타진하는 논의가 있었다. 선진국 인프라 시장에 한국 기업이 진출을 시도한 적은 있었지만 번번이 실패했다. 선진국 시장에 진출하려면 트랙 레코드, 즉 경험과 실적이 있어야 하는데, 미국 시장에서 한국 기업이 성공한 사례가 드물었다. 특히 회의에서는 노무 관리에서 어려움을 겪었던 경험이 오갔다.

선진국 시장에 진입하려면 엔지니어링, 조달, 시공 등의 분야에서 선진국 건설사들과 경쟁해야 한다. 앞서 언급한 영국 런던의 실버타운 터널 공사 수주는 그런 의미에서 의미 있는 성과였다. 인프라 사업에 입찰할 때 발주처는 입찰 참여자에게 금융 패키지도 함께 제시토록 요구하는 것이 일반적이기 때문에 금융 경쟁력도 중요하다. 그러나 기본적으로 기술 측면에서 수주 경쟁력이 갖추어져 있어야 금융도 역할을 할 수 있는 것이다.

OECD에서 보조금 요소를 감축하는 과정이나 ESG에서 살펴보았듯이, 수출 거래에서 금융 조건이 글로벌 기준으로 수렴해 가는 모습을 보이고 있다. 따라서 특별한 묘안이 없는 한 앞으로는 산업 경쟁력을 확보해야만 금융도 역할을 할 수 있다. 금융이 실물 경제와 함께 동고동락해야 하는 상황이다. 물론 지금까지도 금융이 실물 경제와 함께 성장했지만 지금보다 그 중요성이 더 높았던 때는 없었다.

한국은 수출 주도 경제이다. 2019년 기준으로 대외 의존도는 64%이고 수출 의존도는 33%이다. 2019년의 무역 규모는 1조 456억 달러로서 3년 연속 1조 달러를 달성했다. 1956년 이후 2019년까지의 무역 규모의

한국의 무역 추이

(억 달러)

출처: http://stat.kita.net/main.screen(2020.6.15. 접속)

한국·독일·일본·미국의 1인당 실질 GDP

(2011년 구매력 기준 US$)

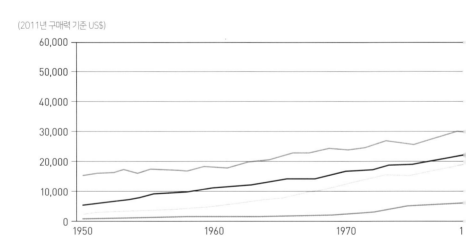

출처: https://www.rug.nl/ggdc/historicaldevelopment/maddison/
releases/maddison-project-database-2018?lang=en(2020.5.7. 접속)

추이를 보면 1997년 IMF 외환위기와 2008년 글로벌 금융위기 시기에 크게 감소했고, 2015~2016년에도 감소했다. 그러나 1인당 실질 GDP는 1997년 IMF 외환위기와 2008년 글로벌 금융위기 때를 제외하고 상승했다. 선진국도 2008년 글로벌 금융위기 때 1인당 실질 GDP가 감소했다. 특히 일본은 2000년대 이후 횡보를 보이면서 2016년에는 한국의 1인당 실질 GDP가 일본 수준에 근접했다. 또한 한국 수출신용기관의 지원 규모는 외환위기나 글로벌 금융위기와 무관하게 2013년까지 증가한 후 감소하는 현상을 보이고 있다. 최대 지원 규모의 시점은 무역 규모 정점 시기(2018)보다 5년 앞선다.

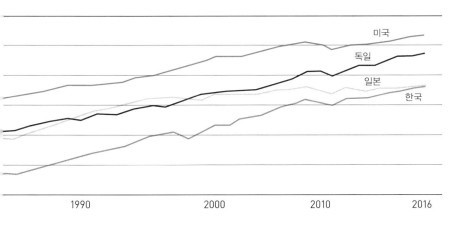

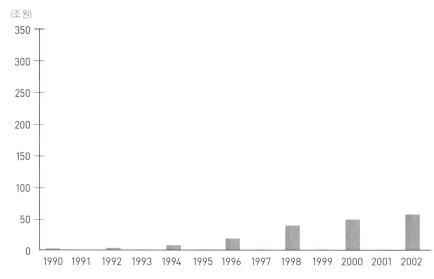

한국 수출신용기관 지원 추이

(조 원)

출처: 한국수출입은행과 한국무역보험공사 홈페이지에서 지원 통계를 추출하여 합산(2020.6.15. 접속)

산업연구원에 따르면, 한국의 수출 증가는 장기적으로 고도화가 높은 상품에서 이루어지고 있다. 하지만 2010년 이후 한국은 수출시장에서 고도화를 이루지 못하고 있으며, 상품에 내재화된 고도화 정도를 나타내는 인덱스 수준이 미래 수출 증가율과의 상관관계에서도 마이너스를 보이고 있다.[1] 2015년 이후 수출의 감소와 정체는 수출 고도화 부족에 따른 글로벌 경쟁력 약화에 기인한 것이다. 이는 주요국의 글로

---

1 (△0.450[3년]~△0.036[5년]) 수출 고도화를 구성하는 개별 수출 상품의 인덱스(Prody Index)와 수출 변화를 실증 분석한 결과는 한국의 수출 증가가 장기적(3년 이상)으로 고도화가 높은 상품에서 이루어지고 있음을 보여 주었다. 그러나 2010~2018년의 분석에서는 정(+)의 관계가 사라졌다. 조재한·김인철·김원규·유진근·정선인·김한흰, 『한국 산업의 글로벌 경쟁력 제고 방안—산업별 수출경쟁력 분석』, 산업연구원, 2019, 44-45쪽.

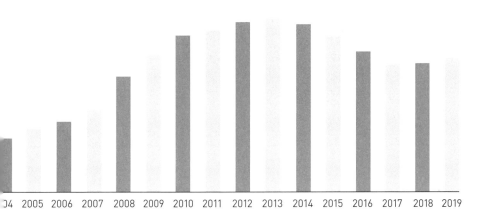

| | | | | | | | | | | | | | | | |
|04|2005|2006|2007|2008|2009|2010|2011|2012|2013|2014|2015|2016|2017|2018|2019|

주요국의 글로벌 경쟁력 지수 변화

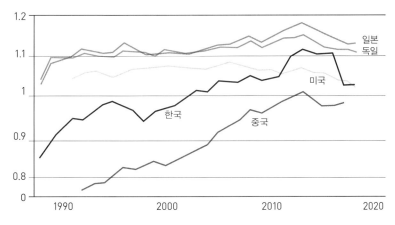

출처: 조재한·김인철·김원규·유진근·정선인·김한흰,
『한국 산업의 글로벌경쟁력 제고 방안―산업별 수출경쟁력 분석』, 산업연구원, 2019, 33쪽.

벌 경쟁력 지수에서 확인할 수 있다. 한국 경제는 독일·일본 등의 주요 선진국을 따라잡지 못할 뿐만 아니라 중국의 글로벌 경쟁력에 추격을 당하고 있음을 알 수 있다.[2]

글로벌 경쟁력은 생산성 증가와 밀접한 관계가 있다. 한 국가의 생산성 측정 지표 중 하나인 노동시간당 GDP(2011년 미 달러화 구매력

주요국의 생산성 증가율

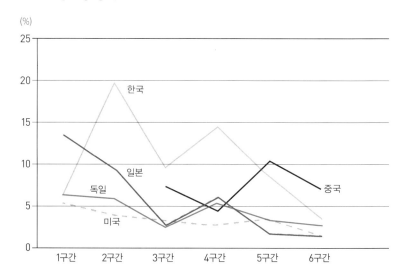

주: *1구간(1958~1967), 2구간(1968~1977), 3구간(1978~1987), 4구간(1988~1997), 5구간(1998~2007), 6구간(2008~2017). 중국의 1구간 · 2구간 자료 없음
  **생산성=구매력 기준 GDP(2011 백만 US$)/고용근로자의 연평균 근로시간
출처: Feenstra, Robert C., Robert Inklaar and Marcel P. Timmer, "The Next Generation of the Penn World Table," *American Economic Review*, 105(10), 2015, pp.3150-3182; https://www.rug.nl/ggdc/productivity/pwt/에서 자료를 발췌하여 가공

---

2 조재한·김인철·김원규·유진근·정선인·김한흰, 『한국 산업의 글로벌경쟁력 제고 방안—산업별 수출경쟁력 분석』, 32쪽.

기준 GDP/연평균 노동시간) 기준 생산성 추이를 자료 입수가 가능한 최근 연도를 기준으로 10년 단위로 구분해서 살펴보면, 한국은 4~6구간 (1988~2017) 동안 다른 나라에 비해 생산성 증가율이 급격히 떨어지고 있다.

생산성에 핵심 요소로 꼽히는 혁신 생태계 측면을 보자. 세계경제 포럼WEF의 『세계 경쟁력 보고서』에 의하면, 미국과 독일이 세계 최고 수준을 차지하고 일본은 연구·개발 부문에서 1위를 차지하고 있다. 한 국은 혁신 역량 부문에서 2019년 6위를 차지하여 일본(7위)을 처음 앞섰 다. 하지만 비즈니스 활력을 고려한다면, 한국은 여전히 일본을 따라가 지 못한다.

한편 글로벌 경쟁력은 수출시장에서는 수출 규모로 나타나지만, 경 쟁력을 찾으려는 해외 직접투자에서도 볼 수 있다. 2019년 해외 직접투

혁신 생태계 세계 순위

구분	비즈니스 활력			혁신 역량			
	순위	행정 요구	기업문화	순위	교류, 다양성	연구·개발	상품화
한국	25	13	55	6	21	4	4
일본	17	2	35	7	26	1	20
독일	5	3	9	1	4	2	5
미국	1	1	2	2	8	3	9
중국	36	53	34	24	36	10	34

출처: WEF, *The Global Competitiveness Report 2019*

해외 직접투자 추이

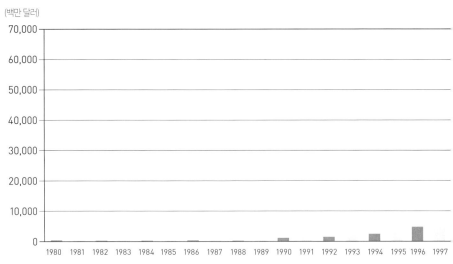

(백만 달러)

출처: https://stats.koreaexim.go.kr/main.do(2020.6.17. 접속)

자는 전년 대비 21% 증가한 618억 달러로 역대 최대 규모이다. 특히 제조업이 전년 대비 13.8% 증가한 183억 달러이다. 최근 10년 기준 제조업의 해외 직접투자는 2000~2009년 대비 130% 증가한 1,044억 달러에 달한다. 반면, 2019년 한국에 대한 외국인 직접투자 유입액은 해외 유출액 355억 달러의 약 30% 수준인 106억 달러이다. 2018년 유입액 기준으로 볼 때 중국 및 미국 대비 각각 약 5.7%, 약 5% 수준에 불과하다.

이처럼 한국의 글로벌 경쟁력이 약화되어 가고 있는 징조는 여러 곳에서 확인되고 있다. 그럼에도 불구하고 한국 수출신용기관은 미국 수출입은행의『경쟁력 보고서』에 여러 번 언급될 정도로 관심을 끌고 있다. 글로벌 경쟁력이 꺾이고 있는 현상이 뚜렷해지고 있는 데 더해

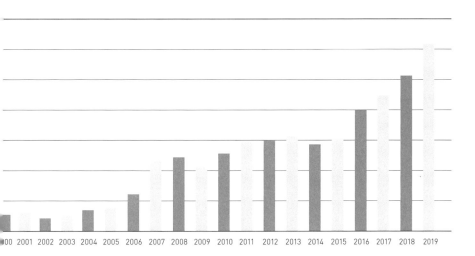

미국 등 선진국의 견제를 받게 되면 한국의 미래는 그리 낙관할 수 없다. 어떻게 해야 할까. 해답을 찾기 위해 먼저 선진국은 어떻게 경쟁력을 갖추게 되었는지 문화적인 측면을 살펴보자.

문화로부터 배운다

로마는 역시 하루아침에 이루어지지 않았다.

_시오노 나나미, 『로마인 이야기 1』, 김석희 옮김, 한길사, 1995, 16쪽

▌ 독일은 기업의 90% 이상이 기업 오너와 그의 일가가 경영을 맡고

있는 가족기업이다. 수백 년의 기간을 통해 독일 기업들은 한 분야에서 전문화를 이루었으며 외국과 지속적으로 무역했는데, 수출 기업의 98% 가 중소기업이다. 독일 가족기업은 수익성에서도 비가족기업보다 더 나은 수익률을 거둔다. 1994~2003년 세계 주요 증시에서 주가 수익률을 보면 가족기업이 206%의 수익률을 보인 반면, 비가족기업은 47%의 수익률을 보였다.[3] 히든 챔피언 기업이 약 1,300개나 된다. 이렇게 성공한 가족기업의 비결은 오랜 시간에 걸쳐 남들이 엿볼 수 없는 기술을 축적한 데 있다. 이러한 기술은 대를 이어 내려오고 있다.

가족기업은 가족과 기업이 운명적으로 연결되어 있다. 경영자는 단기적인 수치에 중점을 두지 않는다. 의사 결정을 할 때는 우선적으로 그 결정으로 자녀 또는 후임자에게 어떤 영향을 미칠지 심사숙고한다. 장기적인 안목을 가지고 여러 세대를 염두에 두고 의사 결정을 한다. 여기서 기업이 장기적인 계획을 수립할 수 있는 것은 독일의 은행 체계로부터 도움을 받을 수 있기 때문이다.

독일의 은행 체계는 민간은행, 지방은행 스파르카세Sparkasse, 신용조합 등 세 축으로 구성되어 있는데, 은행이 장기적인 기업 전략에 따라 장기의 대출을 지원해 주고 있다. 특히 기업이 경제적으로 어려운 상황에 처했을 때 컨설팅 서비스를 은행이 제공해 준다. 기업의 약 70%는 지원 프로그램을 통해 제공받는 컨설팅 서비스로 힘든 상황을 벗어

3 이성봉, 『해외 대기업의 승계사례 분석과 시사점』, 한국경제연구원, 2016, 19쪽.

나고 있다.[4] 또한 독일 특유의 기업 승계 관련 회사법이나 판례를 통해 사회가 전반적으로 기업 승계를 인정하고 있는 것도 영향이 크다. 자동 승계보다는 경영 능력에 대한 가족 의견 수렴 절차 같은 인물에 대한 철저한 검증이 있기에 계속 기업으로서 장수했던 것이다.[5] 아울러 임금이 수년 동안 안정적으로 유지되었다면 매우 낮은 수준의 상속세를 부과하거나 경우에 따라서는 상속세를 면제하도록 규정[6]한 것도 한 요인이다.[7]

독일 기업이 은행으로부터 장기 자금이나 컨설팅을 받을 수 있는 배경에는 매우 발달된 관계금융이 있기 때문이다. 독일에는 2개의 이사회(집행이사회 및 감사이사회)가 있는데 유관 은행의 현직 임원이 감사이사회의 이사로 참여[8]하여 해당 기업에 대한 경영 정보를 자세히 파악할 수 있다. 그래서 어려움이 발생했을 때에는 컨설팅을 해 주고 다른 기업들과의 경쟁관계도 최소화할 수 있도록 유도하고 있다. 이는 예로부터 이어 오던 개인의 권리보다 공동체 규범을 우선시한다는 전통적인 독일의 핵심 가치[9]에 따른 것이다.

독일의 경제는 사회적 시장경제Social Market Economy를 표방하고 있다.

---

4   마르틴 바스레벤 독일연방상공회의소 상근대표, 「중소·중견기업의 성공에 필요한 정책」, 대한상공회의소, 『중소·중견기업의 성공적인 비즈니스를 위한 정책과 제도』, 대한상공회의소, 2014, 7쪽.

5   이성봉, 『해외 대기업의 승계사례 분석과 시사점』, 27-29쪽.

6   공제율: 5년간 가업 유지 85%, 7년간 가업 유지 100%. 공제 한도 제한이 없다.

7   하르트무터 샤우에르테 독일 연방경제기술부 전 차관, 「정부와 의회는 중소기업의 성공을 위해 어떤 기여를 할 수 있는가」, 대한상공회의소, 『중소·중견기업의 성공적인 비즈니스를 위한 정책과 제도』, 13쪽.

8   김희식, 「독일 금융시스템의 특징과 국제화 과정」, 한국은행, 『이슈리뷰』, 제4권 제 2호, 2015, 28쪽.

9   재레드 다이아몬드, 『대변동의 위기, 선택, 변화』, 강주헌 옮김, 김영사, 2019, 308쪽.

독일은 19세기부터 지나친 경쟁으로 상호 피해를 본 경험이 많기 때문에 상대의 자유를 해치지 않는 범위 내에서 경제활동을 한다. 사회적 시장경제는 사유재산, 경제 주체의 자기책임, 계약과 영업의 자유, 안정적인 화폐가치, 개방적인 시장 그리고 장기적으로 계획되고 신뢰할 수 있는 원칙에 의한 경제 정책을 보장해 주는 경쟁 질서에 기반한다. 정부는 개인의 경제활동이 타인의 사회적 목표나 자유와 모순되지 않도록 제도적 조건을 조정할 의무가 있다.[10] 정책 결정 과정이 투명하고 예측 가능하며 법 제도의 일관성이 있는 데다가 기업의 경영 정보를 자세히 들여다볼 수 있는 환경이 있기 때문에 기업에 대해 함께 은행이 지원할 수 있는 것이다.

독일의 경쟁력이 높은 사유에는 뛰어난 교육과 도제 방식의 훈련제도도 빼놓을 수 없다. 독일은 19세기 초부터 교육 개혁을 단행하여 신학 중심의 대학교육을 과학·기술 중심으로 개혁했다. 당시 영국의 유수 대학에서조차 과학과 기술을 가르치지 않았다. 독일 교육제도의 우수성은 1820년부터 1920년까지 독일에 유학 온 미국 대학생 규모가 9천 명에 달한 점으로 증명된다.[11] 아울러 노동자는 기업에 도제로 들어가 일하며 관련 기술을 익히고, 기업은 도제에게 적절한 보수를 지급한다. 고용주는 사업의 성과를 노동자와 공유하는 암묵적 합의가 맺어

---

10   콘라트 아데나워 재단, 「사회적 시장경제 정의」, 대한상공회의소, 『중소·중견기업의 성공적인 비즈니스를 위한 정책과 제도』의 부속자료, 2014.
11   Ha-Joon Chang, *Kicking Away the Ladder*, Anthem Press, 2003, p.34.

져 있다.[12]

하지만 개별 기업이 글로벌 환경에 혼자 대처할 수 없다. 기업 승계가 보장되는 여건을 바탕으로 한 후세를 위한 장기 계획, 이를 함께 뒷받침하는 은행의 협업 문화가 기술 강국 독일의 비결이다. 여기에는 경영 정보의 투명성, 즉 정직이 협업의 출발점이다.

독일의 은행과 산업의 관계는 앞의 '독일전쟁' 관련 서술과 '근대 글로벌 경제와 금융'에서 언급했다. 독일의 은행은 무역이나 사업을 영위하던 개인은행가들이 주로 설립했고 기업을 설립하거나 기업의 인수·합병에 주도적으로 개입해 경쟁력을 강화했다. 특히 감사이사회의 의장 등 경영에도 직접 참여함으로써 기업 경쟁력을 강화했다. 독일은 수출신용기관이 독일 기업의 해외 진출을 위해 보증보험을 제공할 뿐만 아니라, 민간 부문의 개발도상국 진출을 지원하기 위해 경제협력개발부의 예산으로 사업 타당성 작성을 지원하고 있다. 기업은 장기적 안목으로 의사 결정하는 문화를 가지고 은행과 협력하여 글로벌 경쟁력을 높이고 있다.

▌잇쇼겐메이一所懸命, 즉 '한 장소에서 생을 다한다' 또는 '한곳에서 끝까지 일한다'는 자세, 상인정신, 모노즈쿠리(좋은 물건 만들기) 전통 등이 밑받침되고 독일과 마찬가지로 도제제도와 같은 인재 육성 시스템[13]이

12   재레드 다이아몬드, 『대변동의 위기, 선택, 변화』, 276쪽.
13   정후식, 「일본의 기업승계 현황과 시사점」, 『한은조사연구』, 200-1호, 2011, 29쪽.

수백 년을 이어 내려오면서 일본 기업은 세계적인 경쟁력을 갖추게 되었다. 창업 200년 이상의 장수 기업을 기준으로 할 때 일본은 세계 2위 독일(1,563개사)의 두 배 수준인 3,113개로 전 세계 7,212개의 약 34%를 차지하고 있다. 또한 창업 100년 이상 기업은 2만 2,219개에 달하고 평균 존속 기간은 197.8년, 상속 세대수는 7.2대, 종업원 수는 115.7명이다. 산업별로는 제조업이 24.5%인 5,447개, 건설업은 8.9%인 1,975개사이다.[14] 일본의 강점으로 강한 제조업 경쟁력과 글로벌 부품 소재 조달처, 그리고 거대한 경제 실험실(연구·개발 세계 1위)[15]이라고 한 이유가 여기에 있다.

한국무역협회 회원사와 ㈜멀티캠퍼스 회원사를 대상으로 일본 기업의 경쟁력을 설문조사(2017년 5월 각각 실시)한 내용에 의하면, 일본 기업의 경쟁력 원천은 첫째로 장기간에 걸쳐 축적된 산업기술력이었고 한국에 없거나 부족한 점으로는 첫째가 장기간에 걸쳐 진행되는 연구·개발이었다.[16] 본업을 중시하여 본업 연장선상에서 창업 이래 고유기술을 끊임없이 진화·발전시켜 온 것이 기술 경쟁력이다. 이렇게 기술 축적과 장기에 걸친 연구·개발이 가능하게 된 데에는 대를 이어 가업을 전수하는 문화도 한몫했다. 게다가 혈연을 초월하여 경영 능력을 위주로 후계자를 선정하는 가업 승계 문화가 크게 작용했다. 창업자 가족에 의한 동족 경영은 전체의 74.3%이고 이와 무관한 승계가 25% 정도이다.

---

14 정후식, 「일본의 기업승계 현황과 시사점」, 13-15쪽.
15 코트라 오사카무역관, 일본기업의 힘과 한일 협력확대 방안 ppt(2015.5.22).
16 오태현, 「한·일 장수기업 비교 연구」, 『한일경상논집』, 77권, 한일경상학회, 2017, 16-17쪽.

하지만 장자 상속도 여전히 65% 수준에 이른다.[17]

가업 상속은 일본인의 가업에 대한 오랜 문화적 전통에서 시작되었다. 일본에서는 가업의 '가家(이에)'를 개인의 집합이라기보다는 개인을 초월한 형식적이고 영속적인 법인 성격의 조직으로 본다. 이 법인은 그 자체의 이름이 있는데 일본의 성씨가 공식적으로 허용되지 않았던 백성 등은 타로베에太郎兵衛 등과 같은 이름을 몇 대에 걸쳐 성 대신으로 사용했다.[18]

메이지 유신 후 19세기 일본은 국민이 성을 자유롭게 선택하게 하면서 성의 수가 약 10만 개[19]를 넘어섰는데 각각의 성이 법인을 이루고 대표가 당주當主로서 역할을 한다. 가(이에)를 영속적으로 대대손손 번영시켜 갈 것을 목적으로 한 일종의 경영 단체로 보는 것이다.[20] 일본에서는 아버지는 당주로서 자식을 상속인으로 삼지만 친자가 불량하면 확실히 능력이 있는 자를 양자로 삼아 가업을 잇는 것을 혈통으로 잇는 것보다 우선시했다.[21] 특히 가업의 정진이 효의 중심으로 선조로부터 물려받은 재산을 그대로 자손에게 물려주는 것이 중요했다. 상인은 재산을 늘려 후손에게 물려주는 것을 제일의 효행이라고 여겼다.[22]

이처럼 한국과 같은 문화권에 속하더라도 가업에 대한 문화적 차이

---

17 정후식, 「일본의 기업승계 현황과 시사점」, 25쪽.
18 와타나베 히로시, 『주자학과 근세일본사회』, 박홍규 옮김, 예문서원, 2007, 143쪽.
19 Wikipedia에 의하면 일본 성씨 수는 10만 개라고 되어 있으나, 『일본성씨대사전』에는 29만 개로 서술되어 있다.
20 와타나베 히로시, 『주자학과 근세일본사회』, 144쪽.
21 와타나베 히로시, 『주자학과 근세일본사회』, 168쪽.
22 와타나베 히로시, 『주자학과 근세일본사회』, 171쪽.

로 인해 일본은 200년 이상의 장수 기업이 유지되어 왔다. 기술 축적이 오랜 기간에 걸쳐 이루어졌기 때문에 외부에서 쉽게 따라잡기 어렵다. 가업을 전수해야 하기 때문에 단기적인 이익을 추구하기보다는 장기적인 안목에서 경영한다. 선대로부터 물려받은 재산 이상의 재산을 후대에 물려주어야 상속인으로서 체면이 선다. 물려받은 재산이 줄게 하거나 탕진하는 것은 제일의 불효이다. 기업이 장기적인 관점에서 기술을 축적하고 고객의 신뢰를 최우선으로 삼을 수밖에 없는 문화가 이렇게 형성되었다.

메이지 유신과 함께 설립된 근대 은행은 기업에 안정적으로 장기 자금을 공급했고 그 결과 산업 경쟁력이 독일을 앞서는 경제 발전에 가장 크게 기여했다.[23] 벨기에 국립은행을 모델로 설립된 일본은행(1882)을 필두로 재벌財閥(자이바츠)의 자금 공급 역할을 한 미쓰이三井(1876), 미쓰비시三菱(1880), 야스다安田(1880), 스미토모住友(1895) 은행들이 설립되어 제2차 세계대전까지 장기 자금을 재벌 회사에 지원하여 산업이 크게 발전했다. 특히 19세기 말 외국 은행이 지배했던 해외 무역금융을 지원하기 위해 일본 정부가 직접 지분을 참여하여 설립한 요코하마정금은행橫浜正金銀行(1880)은 일본 기업의 무역을 거의 독점 지원했고, 수출 대금이 일본 은행에 준비금으로 쌓이게 했다. 이렇게 금융과 산업의 협력관계는 확대되었다.[24]

23   Glyn Davies, *A History of Money*, University of Wales Press, 2002, p.582.
24   Glyn Davies, *A History of Money*, p.586.

요코하마정금은행은 제2차 세계대전이 끝난 후 해체되었고, 1950년 일본수출입은행이 설립되어 해외 수출금융을 지원하게 되었다. 또한 제2차 세계대전 종료와 함께 재벌에 대한 은행의 자금 공급 역할이 종료되었으나 공산주의 세력을 견제하기 위한 미국의 입장 번복으로 은행들이 이번에는 기업 계열系列(게이레츠)에 자금공급을 재개하여 20세기 후반까지 은행과 기업 간의 긴밀한 관계가 지속되었다. 안정적인 장기 자금 공급과 함께 오랜 기간 이어져 온 기업 문화가 일본 산업 경쟁력의 원동력이다.

▌미국 기업의 경쟁력은 자유 시장경제에서 비롯된다. 철저한 시장경제 논리에 따라 경쟁력을 갖춘 기업이 살아남는 환경이다. 경쟁에서 살아남는 기업에는 보상이 뒤따르기 때문에 엄청난 부를 축적할 수 있다. 세계적인 기업들이 만들어지고 세계적인 대학에서 뛰어난 학술논문이 나오고 우수한 인재가 배출되어 기업의 경쟁력이 강화되었다. 외국에서 아메리칸드림을 좇아 인재와 인력이 미국으로 몰려들었고 이것이 선순환 구조가 되어 기업의 경쟁력이 향상되었다. 세계 최고의 뉴욕 자본시장은 수익성이나 미래 잠재력이 높은 기업을 찾아 투자함으로써 새로운 혁신에 대한 유인이 되었다. 유럽이나 일본과는 달리 은행이 주도하는 금융이 아니라 자본시장이 주도하는 금융이기 때문이다.

기업가 정신은 기업 문화에 대한 평가에서도 확인된다. 세계경제

포럼에서 조사한 기업 역동성은 전 세계 최고 수준으로 평가되고 있으며, 혁신적 기업의 성장과 파괴적인 아이디어를 수용하는 기업 문화도 최고를 자랑한다. 과학 저널의 발간과 연구소 활동은 단연 세계 최고이다.[25]

혁신의 문화는 장기적인 측면에서 생산성의 향상과 밀접한 관계가 있어 기업의 경쟁력 향상에 기여해 왔다. 더욱이 차등의결권이 많이 사라지기는 했지만 여전히 나스닥에 상장하는 대부분의 회사들에는 경영권을 보호해 주는 차등의결권 주식이 용인되고 있다.[26] 차등의결권은 기업 승계 과정에서 유용하게 활용되는데, 포드의 경우 클래스 B 주식이 1주당 16개의 의결권을 행사하도록 하면서 보통주 A는 시간의 경과에 따라 지분율이 희석되었지만 포드 가문은 B주식의 97.4%를 보유하고 있어 1903년 이후 4대에 걸쳐 기업 승계가 이루어지고 있다.[27]

자본주의가 발달했다는 것은 한편으로는 주주 가치를 제고하기 위해 자사주를 매입하거나 배당금을 많이 지급한다는 것이므로 미래 투자인 연구·개발이 소홀해진다는 의미이다. 미국은 40년 전만 해도 전 세계 첨단산업 100개 중에서 99개 분야에서 1등이었는데, 지금은 10개만 1등 정도인데 그 원인은 바로 주주 자본주의 시스템에 있다.[28] 최강의 경제대국 미국이 연구·개발 분야에 대한 경쟁력 부문에서 일본이

---

25 WEF, *The Global Competitiveness Report 2019*, p.585.
26 장하준·정승일·이종태, 『무엇을 선택할 것인가』, 부키, 2012.
27 이성봉, 『해외 대기업의 승계사례 분석과 시사점』, 21쪽.
28 장하준·정승일·이종태, 『무엇을 선택할 것인가』.

272

나 독일보다 낮은데, 주주 자본주의 시스템이 경쟁력 약화 사유 중 하나이다.

미국 기업은 경제 글로벌화의 진전으로 글로벌 밸류체인을 형성하기 위해 전 세계에 해외 공장을 설립했다. 산업 공동화가 우려되었고 그로 인해 숙련 노동자의 부족이 제조업 경쟁력 약화 요인이 되었다. 미국 정부는 숙련 노동자를 육성하기 위해 인력혁신기회법Workforce Innovation and Opportunity Act을 시행하고 있다. 또한 수출 증대를 통한 일자리 창출을 도모하기 위해 중장기 계획인 국가수출구상(2010)을 수립하고 미국수출입은행이 수출금융을 확대했다.[29] 트럼프 행정부는 리쇼어링 정책(자국 기업의 복귀), 외국인 직접투자 유치를 적극 추진하고 있다. 아울러 미국 정부는 미국국제개발금융공사를 설립해 자국 기업의 해외 경쟁력 강화에 매진하고 있다.

미국은 외국인 직접투자를 적극 유치하고 있다. 첨단 기술 유치나 양질의 일자리 창출은 각국 정부가 많은 노력을 기울이는 분야이지만, 2019년 외국인 직접투자(inward flows 기준)는 미국이 2,609억 달러로 가장 높다. 독일은 364억 달러이고 일본 145억 달러이며 한국은 106억 달러이다.[30] 법인세율은 단순 비교할 때 독일 15%, 미국 21%, 일본 23.2%,

29 김보민·한민수·고희채·김종혁·이성희, 『미국의 제조업 경쟁력 강화정책과 정책시사점』, 대외경제정책연구원, 2014, 80-87쪽; 현석·김필규·남재우·박용린·이용우·황세운, 『우리나라 대외정책금융의 효율적 운영방안』, 자본시장연구원, 2012, 62쪽.
30 OECD, FDI in Figures(2020.4), p.10.

외국인 직접투자(FDI inward flows) 추이

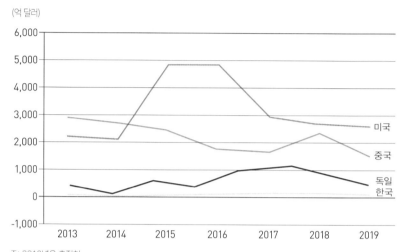

(억 달러)

주: 2019년은 추정치
출처: http://www.oecd.org/investment/FDI-in-Figures-April-2020.pdf, p.10

한국 25%이다.[31] 고용보험 등 준조세의 부담 정도[32]나 외국인 직접투자 인센티브 등의 여러 여건에 따라 실질적인 비교가 가능하겠지만 단순 법인세율 비교에서는 미국이 독일보다는 덜 매력적이다.

하지만 미국은 트럼프 대통령이 직접 나서 외국인 직접투자를 유치하고 있다. 세계경제포럼의 국가 경쟁력 분석 자료에서 각각 세계 1위와 2위를 차지하고 있는 미국의 행정 요구와 기업 문화는 외국인 투자 유치에 매력적이기 때문이다. 미국에 대한 외국인 직접투자 금액은 심

---

31   Deloitte, Corporate Tax Rates 2020.
32   전국경제인연합회에 따르면 한국의 2018년 4대 보험 등 준조세는 63조 원으로 법인세 71조 원의 약 90% 수준이다(《한국일보》, 2020.7.6.).

지어 중국(1,558억 달러)보다 많다. 한국도 일자리가 급감했던 IMF 외환위기 때 김대중 대통령이 세계 금융 중심지를 찾아다니며 외국인 직접투자 유치 활동을 한 적이 있었다. 남북 간 대립 상태에 있는 한국에 대한 외국인 직접투자는 단순한 경제적 문제뿐만 아니라 외교·정치적 입장에서도 유용하다.

평평한 운동장을 만들자

> '있어야 할 자리'와 지금 실제로 자신이 '있는 자리'와의 거리를 줄이려고 항상 노력하는 것이 한국인의 일생이다. … 원래는 자신이 '저 자리'에 있어야 하는데 여러 가지 장애로 '저 자리'에 있을 수 없다. 저 '자리'에 앉고 싶다는 동경, 그리고 앉을 수 없다는 고통, 그것이 '한'이다.
>
> _오구라 기조, 『한국은 하나의 철학이다』, 조성환 옮김, 모시는사람들, 1998, 67쪽

수출신용기관만 비교하면 한국의 수출신용기관은 다른 나라의 기관에 비해 상품과 제도를 더 다양하게 갖추고 있고 더 탄력적으로 운용되고 있다. 이 때문에 일부에서는 수출신용협약을 따르지 않는 상품에 대해 투명성이 필요하다고 보고 있다.[33] 한국의 수출신용기관은 지

---

33 OECD와 미국 등의 회원국은 해외투자자금, 마켓윈도우(상업적 조건으로 차입해 상업적 조건으로 자금을 지원하는 제도), 언타이드론 등이 수출신용협약의 조건을 따르지 않는다고 하여 향후 논의가 필요한 분야로 보고 있다.

원을 결정할 때 세계무역기구WTO의 보조금협정을 준수하여 지원하고 있다. 2002년 10월 조선사에 대한 금융 지원 문제로 EC가 WTO 보조금협정[34] 위반 혐의로 한국을 제소한 이래 한국의 수출신용기관은 보조금 조사에 참여한 경험이 많다. 2004년 한국과 EC의 조선 분쟁에 대한 WTO 최종 판결은 수출신용기관의 지원 제도와 상품에는 문제가 없다는 것이었다.

수출신용기관은 지원조건을 수출신용협약이나 시장에 따라 결정하고 있다. 문제는 글로벌 금융 경쟁력이 낮은 한국이 금융 자문 및 사업 개발 등 민간 부문 영역을 선진국 수준으로 보완해야 평평한 운동장이 되고 대외 경쟁력을 높일 수 있다는 데 있다. 이언 길레스피 캐나다수출개발공사 사장이 언급했듯이 글로벌 은행과 같은 파트너 은행이 없는 국가에서는 수출신용기관이 시장을 따라가지 않고 시장을 리드해야 한다. 선진국 시장에 있으나 한국에 없는 부문이 보완되어야 한다.

글로벌 금융 경쟁력을 높이려면 금융 경험, 사업 발굴 및 자문, 국제 법률 등 3대 부문이 갖추어져 있어야 한다. 이를 뒷받침하기 위해서는 우수한 인재를 국내외에서 확보할 수 있는 여건이 필수적이다. 캐나다 수출신용기관은 인재 채용을 굳이 캐나다인만으로 한정하지 않는다. 실제 1998년 OECD 수출신용그룹 회의 캐나다 협상대표에는 독일인이 포함되어 있었다. 그는 독일인이지만 캐나다수출개발공사로 이직

---

34 보조금으로 규정되기 위해서는 정부나 공공기관에 의해서 재정적인 기여가 해당 국가의 기업이나 산업에 혜택으로 주어져야 한다. 여기서 혜택은 수익자의 시장금리 등의 가격보다 낮은 가격으로 지원하는 것을 의미한다.

했고 캐나다를 위해 열변을 토했다.

캐나다와 마찬가지로 한국 역시 글로벌 금융 분야에 큰 은행이 없으므로 직접대출을 취급하고 있는 수출신용기관이 그 역할을 해 주어야 한다. 19세기 이후 글로벌 거래에 대해 금융과 자문 경험이 많이 축적된 선진국 상업은행이나 자문사 수준과는 비교할 수 없지만, 직접대출 수출신용기관에는 해외 프로젝트에 대한 경험과 지식이 많이 축적되어 있다. 오죽하면 미국 의회 보고서에 직접대출 수출신용기관의 간부 인터뷰가 곳곳에 실렸겠는가. 수출신용기관들의 지원 조건들이 거의 유사해지는 상황에서는 사업을 구조화하고 발굴해 내는 능력에 수주의 성패가 달려 있다. 이를 뒷받침해 주는 것이 금융, 발굴 및 자문, 법률 능력이고 이 모두를 가능하게 만드는 것은 사람이다.

서울을 뉴욕이나 런던 같은 국제금융 중심 도시로 발전시켜야 한다. 2012년 8월에 문을 연 여의도 국제금융센터는 금융업무지구로 조성되었다. AIG가 서울시와 함께 진행하여 조성한 복합 개발 사업인데 많이 알려져 있지 않지만 금융감독원도 글로벌 금융기관을 유치하기 위해 런던 등 국제금융센터에 홍보 및 유치 활동Investor Relations(IR)을 벌였다. 또한 2014년 2월 국가미래연구원과 함께 금융감독원도 영국의 금융산업 경쟁력 조사차 런던을 방문했다. 그 조사 보고서는, 런던이 국제금융센터로 자리 잡기까지는 금융 전문가, 법률, 회계, 보험 등 관련 전문 인력의 양성과 더불어 런던의 지정학적 위치, 영어권 문화 등 금융산업이 혁신적으로 성장할 수 있는 환경이 조성되었기 때문이라고 밝히고 있다. 많은 해외 금융기관들이 런던에 집중하는 이유는 국제금융시장으로서 최적의 비즈니스 환경을 제공받기 때문이다.[35]

비록 오랜 역사를 가진 런던을 따라가지는 못해도 서울이 최소한 싱가포르나 홍콩과 유사한 아시아의 금융센터로는 발돋움해야 한다. 법률과 교육 부문은 은행이 보완할 수 있는 영역이 아니다. 싱가포르와 홍콩에 세계적으로 인정받는 대학이 있는 것은 국제금융센터와 무관하지 않다. 인천 송도에 녹색기후기금GCF, 글로벌녹색성장기구GGGI 등 국제기구를 유치했던 경험을 활용하고 국제기구와의 시너지 창출을 위해서도 국제금융센터가 필요하다. 지구상 마지막 남은 투자처로서 북한이 언젠가 개방될 때 지정학적 우위를 활용하기 위해서라도 서울을 국제금융센터로 발전시켜야 한다.

금융 경쟁력은 지원기관 간 연계성이 높다. 글로벌 금융을 제공하는 은행은 신디케이션이나 컨소시엄을 구성하는 데 국내외 참여기관들이 많고 협업이 요구된다. 앞서 언급한 런던 실버타운 터널 프로젝트에는 15개 금융기관이, 터키 차나칼레 프로젝트에는 25개 금융기관이 10개 내외 국가에서 참여했다. 금융기관만 이 정도 숫자인데 여기에 사업 관련 당사자, 사업 자문, 환경, 법률, 정부 관계자 등을 포함하면 수십 명에 이른다(222쪽 프로젝트 파이낸스 구조도 참조). 따라서 글로벌 금융을 영위하는 기관은 국제회의와 이동이 편리한 지역에 있어야 한다. 선진국은

---

35 김광두·신성환 외, 『글로벌 금융규제의 영향과 영국 금융산업 경쟁력 평가』, 국가미래연구원, 2014, 13쪽.

278

오래전부터 그렇게 했다.

　미국의 은행은 19세기부터 이미 뉴욕으로 집중했는데, 제이피모건의 파트너 드렉셀이 필라델피아와 보스턴에서 뉴욕으로 이전했고, 리먼 브러더스는 앨라배마, 골드만삭스는 펜실베이니아, 쿤롭은 신시내티에서 뉴욕으로 이전하여 은행업을 영위했다.

　독일도 18세기와 19세기에는 로스차일드(프랑크푸르트)를 중심으로 베트만, 메틀러, 오펜하임, 골트슈미트 등이 프랑크푸르트에 은행을 설립했다. 프랑크푸르트에 대한 신규 은행 인가의 발급을 로스차일드가 막았기 때문에 일부 독일 은행은 쾰른과 베를린 등에 은행을 설립했지만, 이 은행들은 독일 통일 후에는 프랑크푸르트에 진출했다. 함부르크의 코메르츠방크, 베를린의 도이체방크, 디스콘토 게젤샤프트 및 드레스드너방크 등도 프랑크푸르트에 진입했다.

　영국의 경우 17세기 이후 런던에서는 은행권 발행이 잉글랜드은행으로 제한되었기 때문에 은행권을 발행하지 않고 영업하려는 은행은 런던에 본사를 설립했다. 잉글랜드은행을 제외한 은행권 발행 은행은 지방에 설립되어 은행권을 해당 지역에 유통시켰다. 이후 잉글랜드은행이 은행권 독점발행권을 부여받으면서(1707) 지방 은행이 코레스 은행 correspondent bank(지급결제대행은행)을 활용하지 않고 직접 결제 업무를 수행하기 위해 런던에 진출했다.

　선진국 수출신용기관은 모두 국제금융센터나 수도에 있다. 이러한 선진국의 사례를 고려할 때 글로벌 금융을 전담하는 한국의 수출신용기관을 서울에 존속시키는 것이 국가 경쟁력 차원에서 유리하다. 금융 기관들이 떠나게 되면 어쩌면 다시는 국제금융센터를 만들 기회가 없을지도 모른다.

글로벌 경쟁력이 있는 기관으로서 새로운 영역에 진입하려면 우수한 인재의 확보가 중요하다. 우수한 인재는 자체적으로 양성할 수도 있고 외부에서 스카우트할 수도 있다. 수출신용기관들의 경쟁 상대는 선진국 유사 기관이거나 선진국 민간 분야의 최고 전문가들이다. 물론 항상 경쟁관계는 아니다. 경우에 따라서는 협력관계도 될 수 있다. 하지만 상대로 인정받기 위해서는 전문지식이 갖춰져 있어야 한다. 이를 위해서는 조직 운용에 자율성이 확보되어야 한다. 현재 많은 분야에서 경영 자율이 보장되고 있다. 하지만 현재보다 좀 더 자율성이 부여되어야 한다. 그래야 평평한 운동장이 빨리 만들어질 수 있다.

스스로 노력하는 기업을 도와주자

캄캄한 거리를 어떤 사나이가 걷고 있었다. 마침 그때 저쪽 맞은편에서 장님이 등불을 들고 걸어오고 있었다. 사나이가 장님에게 말했다.
"당신은 앞이 보이지 않는데도 왜 등불이 필요하십니까?"
그러자 장님은 "내가 이 등불을 들고 걸어가면 내 자신이 걷고 있는 것을 눈을 뜬 사람들이 알게 되기 때문입니다"라고 대답했다.

_『탈무드』

글로벌 경쟁력을 높이기 위해서는 선진국 수준의 비가격 경쟁력이 높아야 한다. 비가격 요소 중 가장 중요한 것은 역시 기술이다. 기술 수준은 기업이 가장 잘 알고 있다. 기업에는 사활이 걸린 문제이기 때문이다. 하지만 혼자 이룩하기는 어렵다. 고도 성장기를 지나 디지털 경제로 대변되는 신기술의 전환기에 접어들고 있는 사회에서 기업, 특히 중소·중견기업이 변신을 모색하기는 쉽지 않다. 은행은 장기 고객을 유지하는 측면에서도 역할을 찾아야 한다. 미래를 준비하는 기업이 있으면 함께 기다려 주는 노력이 필요하다. 장기적으로 볼 때 은행에 이익이 된다면 그것이 시장의 원리이다.

해외 건설 수주 추이

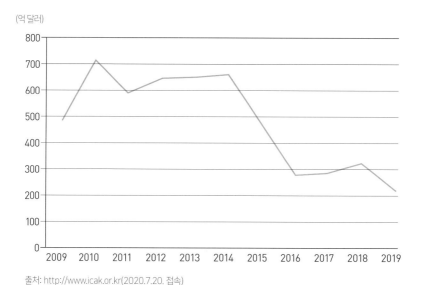

(억 달러)

출처: http://www.icak.or.kr(2020.7.20. 접속)

선진국의 기술 축적은 베스트 프랙티스Best Practice를 넘어 오래전부터 레슨 런드Lesson Learned 시스템에 익숙해져 있다. 선진국 기업은 매뉴얼이나 백서는 물론 원천 기술을 가지고 응용하고 있다. 그렇기 때문에 환경이 다르더라도 항상 응용이 가능하다. 다음에 소개하는 엔지니어링 분야는 이런 레슨 런드 시스템의 한 예이다.

한때 한국의 외화 가득과 고용에서 효자 노릇을 톡톡히 했던 해외건설이 요즘 어렵다. 건설사들은 해외보다는 국내 주택 건설에 집중하는 경향을 보이고 있다. 하지만 한국이 글로벌 비즈니스를 하지 않고 성장하는 것은 거의 불가능하다. 내수시장은 좁고 머지않아 인구도 감소할 것으로 전망되기 때문에 해외 시장을 포기할 수 없다. 이에 따라 일부 엔지니어링 회사는 설계 능력과 공정관리 능력을 선진국 수준으로 향상시키기 위해 노력하고 있다.

해외 프로젝트는 통상 장기의 건설 기간이 소요되는 특성상 정상적으로 완공되기는 쉽지 않다. 언스트 영Ernst Young에 의하면, 석유와 천연가스 관련 대형 프로젝트 중에서 당초 원가보다 증가한 프로젝트의 비중은 64%에 달하고 공사가 지연된 비중은 73%에 달했다고 한다.[36] 설계가 변경되면 그에 따라 비용도 증가하지만 중요한 점은 이런 변경이 거의 모든 프로젝트에서 발생하는데도 불구하고 그동안 리스크 관리가 잘 이루어지지 않았다는 것이다.

하지만 최근 엔지니어링 회사를 중심으로 공정 리스크 관리를 강

---

36   최현대, 『프로젝트의 성공과 실패 ppt』, 엔지니어링개발연구센터, 2018, 5쪽에서 재인용.

화하는 시스템이 구축되고 있다. 과거에는 프로젝트의 규모가 크지 않아 베스트 프랙티스를 적용하더라도 공사 진행에 별 문제가 없었으나, 10억 달러 이상의 메가 프로젝트가 등장하면서 한계가 드러난 것이다. 프로젝트 작업 환경이 같을 수가 없기 때문에 레슨 런드 시스템이 필요하다. 게다가 물리적 공정률과 예산 투입 진행률[37]을 연결하는 시스템이 시도되고 있다. 건설사나 조선사(해양 플랜트)는 공사가 완공될 때까지 해당 프로젝트에서 수익이 나는지 알 수 없다고 주장했었는데 이제 그런 이야기를 할 수 없게 되었다. 이것은 마일스톤별 또는 공정 진행 단계별로 프로젝트의 완공 시점에 수익과 손실을 예측할 수 있는 시스템이기 때문이다. 건설사의 수익 관리가 가능해지고 누적된 시스템 정보가 수주 견적 관리에 피드백되어 활용된다. 이런 방식이 선진국에서 주로 이루어지고 있는 공정 리스크 관리방식이다. 설계 변경에 따른 추가 자재 발생량과 추가 비용 부분도 시스템으로 시뮬레이션이 가능하고 건설사는 추가 비용에 대한 부담을 공사 착수 전에 사업주와 합의할 수 있다.

2010년대 중반 해양 플랜트에 대한 설계 변경으로 이미 진행되었던 공사를 모두 해체하고 다시 작업함으로써 추가 비용이 발생했다. 만약 이러한 시스템이 구축되어 있었다면 그런 문제를 예방할 수 있었을 것이다. 분쟁의 가능성을 미연에 방지할 수 있고 사업주도 향후 공사 일

---

37 프로젝트 총 예산 대비 투입비용의 비율. 일반적으로 해외 프로젝트는 완공이 되어야 비로소 투입
    비용이 확정되어 손익이 확인된다.

정과 비용을 예측할 수 있기 때문에 신뢰 구축에도 도움이 된다.

또한 정보의 비대칭 해소가 가능하다. 예를 들어 사우디아라비아의 아람코는 자체 공정관리조직Project Management Consultancy(PMC)을 두고 신규 프로젝트에 대한 공정관리를 하고 있다. PMC가 요구하는 내용에 대해 검증하지 못하면 건설사는 발주처가 원하는 대로 해 주어야 한다. 설계 변경으로 인한 결과를 예측하지 못하면 건설사가 모든 비용을 추후 부담하거나 발주처와 나중에 분쟁이 날 가능성이 높다. 이것이 고도의 공정 리스크 관리 시스템을 구축해야 하는 이유이다.

문제는 시스템의 구축에 막대한 비용이 든다는 점이다. 선뜻 나서기 어려운 측면이 있을 수 있다. 건설사의 자발적 투자를 유도하려면 이러한 시스템을 구축한 기업에 대해 신용 평가에 우대하는 인센티브 방법도 하나의 사례가 될 수 있다. 피치 레이팅스Fitch Ratings를 비롯한 국제신용평가기관들은 과거 프로젝트 손실 규모나 빈도 등 프로젝트 관리 역량을 신용 등급의 평가 요소로 활용하고 있다.[38] 한국 건설사들의 글로벌 경쟁력을 높이기 위해서 은행들이 자체 평가 모델에 프로젝트 리스크 관리 도입을 전향적으로 반영하여 평가해 볼 수 있을 것이다. 이렇게 함으로써 궁극적으로는 건설업의 생산성 향상을 꾀하고 미래 수출의 증가를 기대할 수 있을 것이다.

비단 건설사나 엔지니어링 회사에만 국한된 문제가 아니다. 디지털

---

38 https://www.fitchratings.com/research/corporate-finance/engineering-construction-ratings-navigator-companion-23-05-2018 참조.

화로 대변되는 기술 환경의 변화에 적응하려는 기업을 독일의 은행과 기업의 관계처럼 긴 안목으로 도와줄 수 있을 것이다. 한 개의 은행은 힘이 없지만 다수의 은행은 힘을 발휘할 수 있다. 한 은행의 자금이 다른 은행의 대출금을 갚는 데 사용된다면 원하는 장기 고객 관계를 시도할 수 없을 것이다.

기업이 무너지면 사실 모두에게 손실이다. 기업은 정부의 세수의 원천이고 직원이 내는 근로소득세의 출발점이고 소비로 거둬들이는 부가가치세의 시발점이다. 기업이 무너지면 사업주는 사업장을 잃어버리고 직원은 일자리를 잃어버리고 은행은 부실여신을 쌓게 된다. 정부의 세수는 감소하고 노조는 설 자리를 잃게 되고 은행은 부실여신에 대해 감사를 받고 책임을 져야 한다. 무엇보다 양질의 일자리를 잃어버리게 되면 소득 격차가 확대되어 분배가 악화되고 위기 극복이 어려워진다.

통계청 자료에 의하면, 2018년 말 기준 직장 고용보험 가입자는 1,747만 9,465명이다. 이들이 낸 근로소득세는 39조 545억 원으로 국세(일반회계 기준 283조 5,355억 원)의 약 14%를 차지한다. 총 74만 215개의 법인이 납부한 법인세는 70조 9,374억 원으로 국세의 25%를 차지한다. 결과적으로 근로소득세와 법인세가 국세의 약 39%를 차지하고 있다. 법인과 근로자 외에 다른 소비자도 관련이 있지만 부가가치세는 약 70조 원으로 국세의 약 25%를 차지한다. 이것들을 모두 합치면 국세의 64%이다.

중산층으로 대표되는 중위소득 비율은 1998년 IMF 경제위기 때 하락한 후 2000년에 다소 회복되었으나 이후 70%를 하회하며 회복되지 못하고 있다. 균등화 중위소득(2인 이상 도시가구 기준)은 1990년 40만 6천 원에서 2016년 217만 5천 원으로 5.3배 증가했고, 소비자물가는 약 2.5배 증가를 보이고 있어 실질소득이 증가했음을 알 수 있다. 하지만 같은 기간의 통화량(M2[39] 기준 평잔)은 18배 증가[40]한 반면 총고정자본형성[41]은 약 7배 증가[42]해 통화가 과거보다 생산적인 부문에 덜 사용되고 있다. 최근 2개 연도를 보면 통화량은 2017년 2,471조 원에서 2018년 2,627조 원으로 증가했지만, 총고정자본형성은 각각 578조 원과 577조 원으로 정체 상태이다. 생산 활동에 사용되지 못한 여유통화량이 어디로 갔는지는 다 짐작이 갈 것이다.

한편 1929년 대공황의 원인을 분석했던 존 갤브레이스John K. Galbraith는 소득 불균형을 경제위기의 첫 번째 원인으로 꼽았다.[43] 경제가 상류층의 투자에 의존하거나 사치품의 소비에 의존하면서 위기 발생 시 우선적으로 투자와 소비 지출이 감소하여 경제가 악순환에 빠졌다는 것이다. 든든한 버팀목 역할을 하는 중산층이 취약해지면 건전한 소비가

---

39 통화의 개념 중에서 M1은 즉시 은행에서 현금으로 바꿀 수 있거나 수표를 발행해 지급할 수 있는 통화이다. 즉 현금과 바로 현금화할 수 있는 예금을 말한다. M2는 M1에다 만기 2년 미만의 정기예금, 수익증권, 양도성예금증서(CD), 환매조건부채건(RP), CMA 등을 더한 것이다. 일반적으로 통화량이라고 하면 M2를 말한다.

40 1990년 130조 5,992억 원에서 2016년 2,342조 6,213억 원으로 증가했다.

41 기업에서는 지속적인 생산 능력을 유지하고 경쟁력을 확보하기 위해 노후 설비를 새로운 설비로 대체하거나 신규 사업에 진출하려고 공장을 짓고 기계를 구입하는데, 이러한 경제활동은 미래의 지속적 수입 보장 등 장기적인 안목에서 이루어진다. 이렇게 여러 회계 연도에 걸쳐 생산에 이용되는 재화를 자본재라고 하며, 생산 주체에 의한 자본재 구입을 총고정자본형성이라 한다(https://dic.hankyung.com).

42 1990년 74조 8,740억 원에서 2016년 517조 3,499억 원으로 증가했다.

43 John Kenneth Galbraith, *The Great Crash 1929*, Penguin Books, 1992. p.195.

일어나지 않아 경제의 선순환 구조 회복이 어려워진다. 기업을 도와줄 명분은 충분하다.

은행뿐만 아니라 정부나 공공기관도 힘을 합칠 수 있다. 양적 확대보다 질적인 성장을 위해서는 전문가들이 참여하는 선진국처럼 국가 차원의 정교한 중장기 대외 경제 전략이 필요하다.[44] 단순히 수출 증가를 목적으로 하는 자금 공급으로는 경쟁력이 높아지지 않는다. 산업별 차이는 있지만 수출 증가는 도리어 수출 고도화를 감소시킨 것으로 분석되고 있다.[45] 생산성을 높일 수 있는 분야로 자금의 흐름이 돌려져야 한다. 또한 보여 주기식 정책이 지양되고 실효성 있는 관리로 변경되어야 한다. 대표적인 사례는 업무협력약정이다. 역대 정부를 불문하고 외국과의 협력을 위한 외교는 항상 있었고 외교 수단으로 주로 업무협력약정이 활용되어 왔다. 정부가 바뀌면 협력 내용을 변경하여 외국 상대방과 체결한다. 본질은 실질적인 협력이 뒷받침되어야 하는 데 있다. 그러나 일회성으로 끝나고 피드백이 이루어지지 않는 경우가 허다하다.

2011년 한국—브라질 재무장관 회담에 이슈 발굴을 위해 브라질을 사전 방문했을 때 유효기간이 만료된 브라질 경제사회개발은행BNDES과 한국 수출신용기관의 업무약정MOU 연장 여부에 대해 협의했다. 브라질 측은 단순한 내용이라도 이사회 의결을 거쳐 업무약정의 유효기

---

44 캐나다의 Economic Action Plan(2012), 미국의 National Export Initiative(2010), 일본의 일본 재생 전략(2012), 중국의 Go Global 전략(2000) 등. 현석·김필규·남재우·박용린·이용우·황세운, 『우리나라 대외정책금융의 효율적 운영방안』, 75-77쪽.
45 조재한·김인철·김원규·유진근·정선인·김한흰, 『한국 산업의 글로벌 경쟁력 제고 방안—산업별 수출경쟁력 분석』, 55쪽.

중위소득(50~150%) 비율

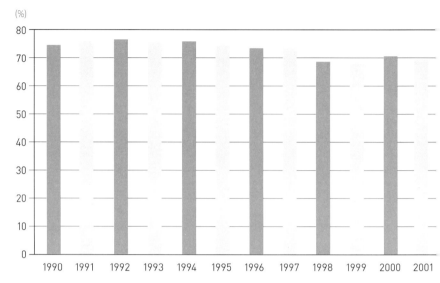

균등화 중위소득

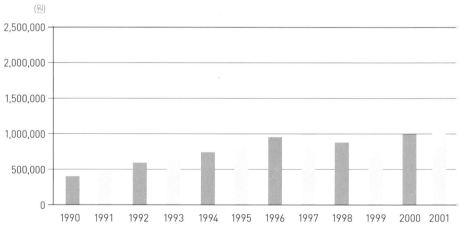

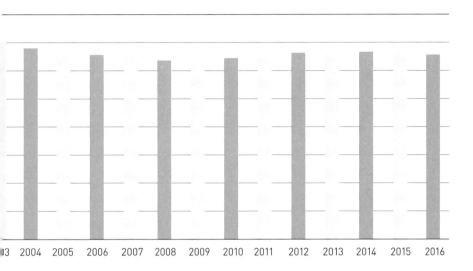

03 2004 2005 2006 2007 2008 2009 2010 2011 2012 2013 2014 2015 2016

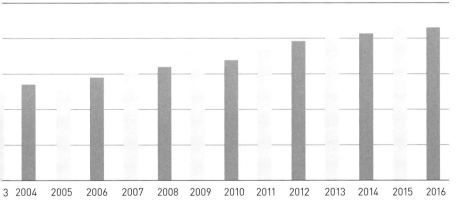

3 2004 2005 2006 2007 2008 2009 2010 2011 2012 2013 2014 2015 2016

간을 연장한다. 과거 성과가 없으면 연장되지 않는다고 언급하면서 일본의 국제협력은행과의 관계를 알려주었다. 일본은 오래전 업무약정을 체결했고 실물 비즈니스에 대한 지원이 없진 않았지만 매년 경제사회개발은행의 창립일에 찾아와서 함께 축하하는 등 평상시 소통 관계를 유지한다고 했다. 필요할 때만 찾아보는 한국의 경우를 꼭 집어서 이야기하는 바람에 움찔했었다. 하여간 일이 순조롭게 끝나 협력 관계를 복원했지만.

통화량(M2)과 총고정자본형성

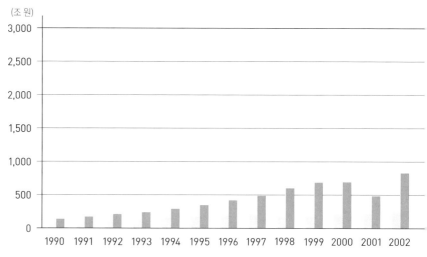

출처: 통화량(M2)은 http://ecos.bok.or.kr(2020.7.13. 접속), 총고정자본형성은 http://kosis.kr/index/index.do(2020.7.10. 접속)

상대가 있는 국제 비즈니스는 꾸준히 상대 입장에서 접근해야 사업 발굴과 같은 소기의 성과를 거둘 수 있다. 그렇게 하려면 전임자의 정책을 어느 정도 인정하는 문화가 있어야 된다. 따라서 처음 정책을 수립할 때 이해 당사자의 의견을 충분히 수렴한다면 사람이 바뀌어도 방향성에는 큰 변화가 없을 것이다.

기업은 투명하고 정직해야 한다. 기업은 존경받아야 한다. 국가의 경쟁력은 바로 기업의 경쟁력이기 때문이다. 빵이 없어 사기꾼이 넘쳐

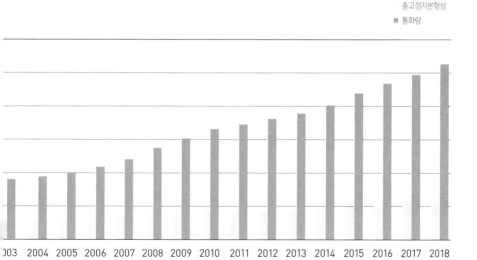

총고정자본형성
■ 통화량

003 2004 2005 2006 2007 2008 2009 2010 2011 2012 2013 2014 2015 2016 2017 2018

나고 배임이 횡행했던 독일 바이마르공화국의 역사를 보면 중요한 것은 경제이고 기업이다. 글로벌 외국 기업과의 경쟁에서 살아남기 위해 노력하는 기업인들은 위대하다. 그래서 기업 비리에는 엄정 대응하더라도 좋은 기업과 나쁜 기업은 구분해야 한다. 하지만 나쁜 기업으로 인해 가끔 지원 시스템이 위기를 맞기도 한다.

은행에서 고객에 대한 신뢰가 깨지면 정상적으로 이루어질 수 있는 자금의 흐름도 막힌다. 2014년 모뉴엘, 2015년 대우조선의 분식회계 사건은 은행과 사회의 불신을 불러일으킨 대표적인 사례이다. 모뉴엘이 일으킨 무역금융 사기로 인해 수출신용기관과 은행 등의 수십 명에 이르는 임직원들은 딜버트의 법칙Dilbert's Principle[46]이 틀리지 않았다는 생각으로 대내외 감사를 받느라 몸과 마음을 조아려야 했다. 지원 조직은 기업의 사기에 속지 않기 위해 절차를 강화하고 기준을 높이고 현장 실사도 진행했다. 그러면 지원 심사 기간도 길어지고 때로는 선의의 피해자도 생긴다. 지원 조직은 색안경을 더욱 두텁게 쓰게 되고 기업의 금융 접근성은 낮아진다.

2020년 6월 11일 대우조선 분식회계로 이득을 보았던 임원들에 대한 성과급 반납 판결이 부산고등법원에서 있었다. 금융기관들은 실물보다 숫자를 더 믿는다. 그 숫자는 외부 회계법인이 감사를 한 감사 보고서이기 때문이다. 대우조선의 분식회계로 인해 대형 회계법인이 징계

---

46 똑똑한 직원보다는 무능력하고 회사에 별다른 이익을 가져다주지 못하는 직원이 조직에서 더 성공할 가능성이 높다는 점을 빗댄 것으로, 책임 회피 성향의 직원이 결국 성공한다는 스콧 애덤스의 만화 주인공 딜버트에서 유래했다.

를 받으면서 회계감사가 매우 엄격해진 것은 은행의 입장에서는 좋은 현상이다. 분식회계를 저지른 사람은 혜택 본 돈을 반납하는 것으로 끝나지만 그동안 정직하게 일을 처리해 온 많은 기업들은 몇 배 이상의 노력을 기울여 회계법인에 숫자의 정합성을 검증해 주어야 한다. 사회적 비용이 더 들어가는 결과가 되었다.

정직해야 선의의 피해 기업을 막을 수 있고 궁극적으로 믿음에 기초해야 장기적인 관점에서 금융 지원이 가능해진다. 컨설팅으로 어려움을 벗어난 기업의 비중이 70%나 된다는 독일도 과거에 아픈 경험이 많았다. 돈 앞에서는 양심도 팔아먹는 세상이니, 정직을 인간의 양심에만 맡기는 것이 어렵다면 독일의 감사이사회와 유사한 시스템을 만드는 것도 고려해 볼 수 있다. 기업이 그에 상응하는 금융과 제대로 된 컨설팅 서비스를 받을 수 있어야 한다. 은행에 비대면 디지털 금융이 확산되고 있다. 기업과 은행의 관계를 돈을 빌리고 빌려주는 순수 이익 관점에서 접근하면 비대면 디지털 금융이 유용하다. 하지만 기업의 성장과 함께 금융이 발전하려면 돈을 주고받는 것 이상의 관계 형성이 필요하다.

19세기 말 20세기 초 독일과 프랑스는 산업의 전환기에 자동차, 전력, 화학 등 신산업을 육성하여 오늘날까지 산업 경쟁력이 유지되어 오고 있다. 독일의 지멘스가 도이체방크의 주도로 경쟁력이 강화되었던 것처럼 오늘날 디지털로 대표되는 산업의 전환기에 기업이 미래를 준비하는 데 은행의 역할이 조금은 전향적일 필요가 있다.

유대인들의 창의성에 대하여 얘기할 때 반드시 알아야 할 중요한
단어가 '티쿤올람(Tikun Olam)'이란 히브리어다. 티쿤올람은 유대 종교의
핵심 사상 중 하나로 평가될 정도로 유대인에게는 매우 의미 있는 용어다.
영어로 'to improve the world'라고 표현되는 티쿤올람은
우리말로 '세상을 바꾼다' 또는 '세상을 개선한다' 정도의 뜻이다.

_육동인, 『누구나 인재다』, 북스코프, 2013, 29쪽

"지금 한국의 산업은 대부분 '불타는 플랫폼'에 서 있다"는 진단이
있었다.[47] 불타는 플랫폼Burning Platform은 노키아의 CEO였던 스티븐 엘
롭Stephen Elop이 사용해 유명해진 단어이다. 북해의 해상 유전 플랫폼에
있던 한 노동자가 어느 날 폭발 소리를 듣고 깨어 보니 플랫폼이 모두
불타고 있었다. 번지는 불에 타 죽든가 바다로 뛰어드는 선택만 있는
상황에서 살아남으려면 뛰어들어야 한다는 내용으로, 일반적으로 해
오던 생각과 행동과는 다르게 판단하고 결단을 내려야 하는 절체절명
의 위기에 선 시점이라는 의미이다. 2016년 기준으로 진단을 했으니 지
금은 어느 정도 상황이 바뀌었을 것이다.

한국 기업의 글로벌 경쟁력을 높이기 위해 도움을 주는 기관들도

---

47 이지효, 『대담한 디지털 시대』, RHK BAIN & COMPANY, 2016, 240쪽.

마찬가지로 불타는 플랫폼에 서 있다. 수출신용기관은 선진국 빅 뱅크와 같은 디지털 기반 금융을 준비하지 못하고 있다. 일부 선진국 수출신용기관을 제외하고는 대부분 정부의 지원에 따라 시장 실패의 영역을 아날로그 방식으로 지원해 오고 있다. 한국의 수출신용기관은 외국의 수출신용기관과 민간 부문을 모두 고려하여 미래를 준비해야 한다.

1980년대 해외 직접투자가 처음 확대되었던 시기에 기업의 해외 진출을 지원하기 위해 국가별 해외 투자 정보와 다양한 자금을 제공했던 한국 수출신용기관의 선구적인 역할이 이후 상업은행의 해외 투자 사업 지원에 디딤돌이 되었다. 1979년 11월 외국인 앞으로 처음 8,100만 달러를 대출한 것을 시작으로 한국 수출신용기관들은 해외 프로젝트 파이낸스로 지원 영역을 확대했다. 이후 조기 상환제 도입, 신디케이션 참여 초대 등 많지는 않지만 수출신용기관의 다양한 방법이 민간 자본의 해외 사업 기회로 연결되었다. 하지만 디지털 금융은 게임 체인저가 될 수 있는 중요성에도 불구하고 더디게 진행되고 있다.

미국의 은행은 디지털 영역을 책임지는 최고정보관리책임자CIO의 중요성을 더욱 강조하고 있으며, 도이체방크·캐피털원 등은 실리콘밸리에 핀테크 기술 개발을 위한 연구소를 운영하고 있다. 뱅크오브아메리카가 1년간 IT에 투자한 비용은 구글이 데이터센터에 투자한 비용에 육박할 정도이다.[48] 독일, 캐나다 등 일부 국가의 수출신용기관은 온라인 플랫폼을 구축하여 신용보험이나 수출보험 서비스를 제공하고 있

48   이지효, 『대담한 디지털 시대』, 139쪽.

지만, 대부분 국가의 수출신용기관은 아날로그 방식의 업무를 유지하고 있다. 보증·보험의 상품은 은행이 자금 공여자가 되므로 고객 서비스의 차원에서는 민간 상업은행의 역량이 경쟁력이 된다. 따라서 선진국의 디지털 금융 역량이 한국을 앞서가고 있다. 일부 수출신용기관의 경우 비금융상품에 대해서는 디지털화를 하고 있다. 예를 들어, 캐나다는 구글과 협력하여 빅데이터를 활용하고 수출 유망 지역을 분석하여 고객에게 제공하고 있다.

경제 글로벌화와 연관된 디지털 변화를 보면 수출 상품의 추적·관리에 블록체인 기술이 사용되고 있다. 공급망 관리 서비스를 통해 실물의 흐름이 실시간 확인 가능하다. 여기에 글로벌 밸류체인의 과정에서 필요한 금융을 차별화하여 제공할 수 있을 것이다. 국제은행간통신협정SWIFT을 대체할 수 있는 블록체인 기반 기술인 리플넷RippleNet이 해외 송금 수단으로 활용되었다. 해외 송금에 수수료와 소요시간을 대폭 줄이는 효과[49]가 있었지만 향후 송금 외의 표준화된 통신 서비스가 가능하게 된다면 국제금융 거래에 대한 신뢰할 수 있는 정보도 교환이 가능해진다. 정보의 비대칭으로 큰 수익을 거두었던 로스차일드와 제이피모건은 비둘기를 이용하거나 밀사를 활용했던 만큼 블록체인 기술은 정보 채널로서 중대한 변화로 볼 수 있다.

부가서비스를 제공하기 위해 플랫폼 비즈니스가 일반화되는 경향을 띠고 있다. 대규모 거래를 연결해 주는 일본해외투융자정보재단

---

49 《뉴시스》, 「블록체인 오디세이」, 2020.4.17.

을 비롯해 국제거래를 연결해 주는 미국의 국제무역청이 있다. 대출기관 간의 신디케이션을 주선하고 대출 자산을 매매·중개하는 뎃도메인debtdomain은 2000년부터 런던 등 국제금융센터를 중심으로 플랫폼 비즈니스를 하고 있다. 지역별(아시아, 중동, 유럽, 미주), 금융 상품별(프로젝트 파이낸스, 상품 금융, 무역 금융, 기업 금융), 산업별(건설, 제조, 금융 등)로 세분화되어 있는 이 플랫폼은 주간사를 통해 관심 투자자에게 사업설명서prospectus와 컨소시엄 참여 기회를 제공한다. 이를 통해 은행은 해외 거래에 대한 금융을 비대면으로 타진할 수 있다. 최근 코로나-19로 디지털 환경 변화가 급속히 이루어질 것으로 예상되므로 더욱 간과할 수 없는 분야이다.

원격지의 수출입 거래를 연결하는 방법으로 디지털의 활용이 증가하게 될 것이다. 블록체인 기술의 응용과 함께 데이터의 활용은 디지털 금융의 시기를 앞당길 것이다. 개인 고객에서 기업 고객으로의 확대는 시간문제이다. 기업 고객에 대한 인증 시스템도 ICT 기업이나 코스콤을 중심으로 개발이 완료되었다. 국내 적용은 멀지 않았다.

디지털 금융이 언젠가는 해외에 적용될 것이다. 해외 프로젝트 파이낸스 거래에 대해 시장이 수출신용기관들의 참여를 간절히 원했던 1998년처럼 디지털 금융도 시장의 요구로 도입해야 될지 모르는 상황을 맞을 수도 있다. 하지만 프로젝트 파이낸스 거래에서 시장이 요구하기 전에 이미 시장과 호흡하고 있었던 리딩 수출신용기관들이 있었던 것처럼 이 분야에도 선도적인 수출신용기관이 있을 것이다.

한국도 해외시장 정보에 밝은 수출신용기관들이 기업의 해외 진출을 디지털 금융과 플랫폼 방식으로 제공해 수요자를 만족시킬 수 있다. 혼자 추격하기 힘들면 국내 금융사, ICT, 포털 인터넷 기업 등과 머리를 맞대고 길을 찾아보는 것도 한 가지 방법이다. 민간 은행도 이제는 해외 영업망을 많이 확충하였기 때문에 상호 도움을 줄 수 있을 것이다. 공급자 중심의 글로벌 밸류체인을 넘어서 해외 수요자에게도 매력 있는 서비스를 제공하여 한국 수출신용기관, 아니 민관이 진정한 글로벌 강자가 되는 날이 오길 기대한다.

나는 2008년 글로벌 금융위기를 런던에서 맞았다. 그해 초여름 수은영국은행 사무실에 전화 한 통이 걸려왔다. 바클레이즈에서 온 전화였다. 10월에 만기도래하는 크레딧라인(신용한도)을 연장할 의향이 있는지를 묻는 전화였다. 나는 자금 조달 담당이 아니었기에 담당자에게 문의한 후 알려주겠노라고 답했다. 이후 담당자는 법인 경영진 회의 후 연장하지 않기로 결정하고 그렇게 통보했다. 바클레이즈가 제시한 연장 금리가 너무 높았기 때문이다. 당시 법인장은 자금을 인출 안 하면 비용이 발생하지 않으니 만일의 경우를 대비하여 크레딧라인을 유지하자는 입장인 반면, 자금 조달 담당자는 높은 차입 금리는 한국물 벤치마크가 될 가능성이 높기 때문에 선례를 만들 수 없다는 논리를 폈다.

그해 9월 15일 리먼 브러더스의 부도를 시작으로 금융시장은 대혼란에 빠졌다. 금리의 문제가 자금 차입의 문제로 바뀌었다. 작은 은행은 차입조차 어려워졌다. 시간적으로 약 3개월 정도를 앞두고 일어난 사건을 금융위기와는 연결할 수 없다. 하지만 결과적으로는 연결고리를 찾게 된다.

1997년 7월 G8 환경 선언문이 채택되었을 때 환경이 금융과 연결될 거라고는 생각하지 못했다. 1998년 4월 생산적 지출Productive Expenditure이 OECD 회의에서 언급되었을 때 금융 지원의 조건으로 이어질 거라고 생각하지 못했다. 회의에서 저소득국가에 아이스크림을 지원하면 생산적이냐 아니냐 같은 농담을 주고받곤 했는데 결국 금융 질서를 만드는 과정이었다. 모든 길은 금융으로 연결되었다.

대부분 전쟁에서도 마찬가지였다. 결국 돈, 금융으로 연결되었다. 금융이 학교에서 배운 역사 이면에서 어떤 역할을 했는지를 알리고 싶었다. 러일전쟁에서 일본이 전쟁에 승리했지만 전후 협상에서는 러시아가 승리했다. 돈이 마지막에는 러시아 편을 든 것이다. 마찬가지로 유럽과 미국의 전쟁에서 금융이 중요한 역할을 했다.

글로벌 경제에서도 금융은 중요한 역할을 한다. 민간 부문과 공공 부문의 금융은 모두 글로벌 비즈니스에 도움을 주고 있다. 하지만 사업 규모가 크거나 위험이 높은 개발도상국에 대한 수출 지원은 국가가 나서고 있다. 국가를 대신해 수출금융 시스템으로 공적 수출신용기관이 대표선수로 뛰고 있다. 일반인에게는 생소한 공적 수출신용의 세계, 즉 국제회의 협상 과정부터 현재 치열한 경쟁이 벌어지고 있는 현장을 비교적 자세히 안내하려 했다. 이를 통해 현장을 느끼고 다시 한

번 함께 역동적인 한국을 만드는 데 조금이라도 도움이 되었으면 한다.

코로나-19와의 전쟁에 돈이 많이 풀렸다. 마찬가지로 물리적인 전쟁에서도 많은 돈이 풀렸다. 전쟁 중에 돈이 풀리면 인플레이션이 발생하지만 전쟁이 끝나면 경기 침체가 일어난다.

영국이 프랑스의 나폴레옹 1세와 치렀던 전쟁 기간 중에는 인플레이션이 나타났지만 전쟁이 끝난 1814년부터 경기 하락이 시작되었고, 미국 남북전쟁 기간 중 미국은 인플레이션을 겪었지만 전쟁 후 금본위제로 회귀하는 과정에서 디플레이션을 겪었다. 남부연합은 전쟁 종료 직전에는 초인플레이션을 겪기도 했다.

제1차 세계대전 종료 후 지폐 남발로 독일과 오스트리아는 초인플레이션으로, 반대로 화폐가치가 안정을 찾으면서 신용 경색과 디플레이션으로, 기업과 은행은 무너지고 대공황이 앞당겨졌다. 금융시장이 불안정한 시기에는 사기꾼이 득세하고 윤리의식이 퇴보하고 민주주의가 후퇴함을 보았다. 돈이 풀리면 부동산, 주식 등 자산가치가 증가하지만 인플레이션이 끝나면 수요 감소와 경기 하강으로 기업은 채무 불이행과 같은 큰 어려움에 직면한다.

독일과 프랑스는 20세기 전반기 인플레이션과 디플레이션의 어려움에 처했지만 앞서 19세기 후반에 신기술과 신산업에 대한 투자를 미리 해 놓았기 때문에 어려운 경제 여건에도 불구하고 제2차 세계대전 전까지 조금씩 성장하는 모습을 보였다.

코로나-19로 인한 경제위기를 극복하기 위하여 돈이 많이 풀리고 있고 이로 인해 자산가치가 증가했다. 코로나−19를 잡고 돈 풀기가 끝나면 어떤 일이 일어날지 두렵다. 과거의 경험을 교훈 삼아 지금 한국 기업이 신기술과 신산업에 대한 투자를 많이 해 놓아야 경제위기 상황에서 성장을 기대할 수 있다. 평상시와 다른 특단의 정부 정책이 시행되어야 한다. 여기에 금융이 역할을 하길 바란다. 돈을 단순 공급하는 금융 수준을 벗어나 금융과 산업이 독일 수준의 장기 발전 관계로 이어지기를 바란다.

아는 것과 아는 것을 글자화하는 것은 다르다. 평소 생각하던 바이지만 실행에 옮기면서 힘든 순간들이 있었다. 하지만 코로나−19로 외부 활동을 자제해야 하는 사회 분위기 탓에 편하게 글을 쓸 수 있었다. 역설적이게도 사회적 거리두기가 기회를 준 것이다.

이제 글을 마무리해야 한다니 아쉽지만 시원하다. 처음 기획한 대로 되지 않고 중간에 방향을 바꾸긴 했지만 대체로 원하는 내용을 담았다. 너무 많은 정보를 담아내느라 핵심이 제대로 전달되었는지 모르겠다. 책이 나오기까지 도와주신 모든 분께 다시 한 번 감사드린다.

마지막은 우리에게 희망을 전한 좋은 이야기로 마무리하고 싶다.

- 강성훈, PGA 투어 'AT&T 바이런 넬슨'에서 우승(2019.5.)

- 이정은, LPGA US OPEN에서 우승(2019.6.)

- 손흥민, 유럽 축구 챔피언스리그 토트넘과 리버풀 결승전에 한국인 최초로 출전(2019.6.)

- BTS, 영국의 웸블리 스타디움에서 한국 가수로는 최초로 공연 (2019.6.), 미국 빌보드 차트 1위에 등극(2019.6)
- 류현진, 동양인 최초 올스타전 선발 투수(LA 다저스)로 등판(2019.7.)
- 봉준호 감독의 영화 〈기생충〉, 칸 영화제에서 황금종려상 수상 (2019.5.) 및 한국 최초로 미국 아카데미 시상식에서 최우수작품상을 비롯하여 4관왕을 수상(2020.2.)
- PCL, Seegene 등 코로나-19 신속 진단 키트 개발(2020.2.) 및 전 세계 수출(2020.3. 이후)
- 한국수출입은행, 최우수 아시아 수출신용기관(2010.7., TFI), 최우수 수출신용기관 및 국제기구(2012.1., PFI), 최우수 아시아 태평양 수출신용기관(2012.7., TFM), 아태지역 최우수 국책기관(2014.1.)에 선정

1부

국내 문헌

김재호, 「근대적 재정국가의 수립과 재정능력, 1894-1910」, 『경제사학』 57권, 2014.

론 처노, 『금융제국 J. P. 모건』, 강남규 옮김, 플래닛, 2007.

루스 베네딕트, 『국화와 칼』, 김윤식·오인석 옮김, 을유문화사, 2015.

박계호·김용빈, 『승리는 거저 주어지지 않는다 1』, 북코리아, 2017.

박남수·나애자, 『개화기의 금융』, 국사편찬위원회, 2013.

베르타 폰 주트너, 『무기를 내려놓으라!』, 정지인 옮김, 뿌리와이파리, 2010.

성희엽, 『조용한 혁명』, 소명출판, 2016.

시바 료타로, 도널드 킨, 『일본인과 일본 문화』, 이태옥·이영경 옮김, 을유문화사, 1993.

애덤 퍼거슨, 『돈의 대폭락』, 이유경 옮김, 엘도라도, 2011.

유민호, 『일본 내면 풍경』, 살림, 2014.

이광훈, 『상투를 자른 사무라이』, 따뜻한손, 2011.

이반 버렌트, 『20세기 유럽경제사』, 이헌대·김흥종 옮김, 대외경제정책연구원, 2008.

임종대, 『오스트리아의 역사와 문화 2』, 유로, 2013.

조좌호, 『세계문화사』, 박영사, 1986.

지그프리트 겐테, 『독일인 겐테가 본 신선한 나라 조선, 1901』, 권영경 옮김, 책과함께, 2007.

천위루·양천, 『금융으로 본 세계사』, 하진이 옮김, 시그마북스, 2015.

팀 팍스, 『메디치 머니』, 황소연 옮김, 청림출판, 2005.

외국 문헌

Aurel Schubert, *The Credit-Anstalt Crisis of 1931*, Cambridge University Press, 1991.

B. V. Anan'ich, S. A. Lebedev, "Sergei Witte and the Russo-Japanese War," *International Journal of Korean History*, vol.7, Feb.2005.

David, "Russo-Japanese War – financed by Jacob Schiff," *The Strange Side of Jewish History*, 2012.12.20.

Gary Dean Best, "Financing a Foreign War: Jacob H. Schiff and Japan 1904-05," *American Jewish Historical Quarterly*, vol.61, no.4, 1972.

Geoffrey Ingham, *The Nature of Money*, Polity, 2004.

Glyn Davies, *A History of Money*, University of Wales Press, 2002.

Grahame Allen, *Inflation: the value of the pound 1750-2002*, House of Commons Library, 2003.

Henry Hobhouse, *Seeds of Change: Six Plants That Transformed Mankind*, The Folio Society, 2007.

Huibert Schijf, "Networks of International Jewish Bankers. Königswarter and Bischoffsheim in Amsterdam, 1817-1862"(Conference Paper for XVth World Economic History Congress, Utrecht, 3-7 August 2009).

James R. Holmes, "The Russo-Japanese War: Dollars and Cents," *The Diplomat*, 2012.11.21.

John M. Kleeberg, *The Disconto-Gesellschaft and German Industrialization: A Critical Examination of the Career of a German Universal Bank 1851-1914*, New York, 1989.

Jon Moen, "John Law and the Mississippi Bubble: 1718-1720," *Mississippi History Now*, 2001.10.

Karl Erich Born, *International Banking in the 19th and 20th Centuries*, Burg Publishers, 1983.

Martin H. Geyer, "The case of 'Kutisker and Barmat Scandal'," Kathleen Canning, Kerstin Brandt and Kristin eds., *Weimar Publics/Weimar Subjects. Rethinking the Weimar Republic*, vol.2, Berghahn Books, 2010.

Niall Ferguson, *The Ascent of Money*, Penguin Books, 2008.

Niall Ferguson, *The House of Rothschild: The World's Banker 1849-1999*, Penguin Books, 2000.

Richard Connaughton, *Rising Sun and Tumbling Bear*, Cassell Military, 2004.

Richard Smethurst, "Takahashi Korekiyo, the Rothschilds and the Russo-Japanese War, 1904-1907," *The Rothschilds Archive Review of the Year*, Rothschilds Archive, 2007.

Rosella Cappella Zielinski, "Confronting the Costs of War Project War Finance Data Documentation"(http://sites.bu.edu/cappella/files/2016/01/CCWP-Codebook.pdf).

Rosella Cappella, "The Political Economy of War Finance," *Publicly Accessible Penn Dissertations*. 1175, 2012.

Sami Kardos-Nyheim, "How far was the government responsible for the economic depression of 1815?"(https://www.academia.edu/31929667/How_important_was_Britains_government_in_causing_the_Depression_of_1815).

Takeda Takao, "The Financial Policy of the Meiji Government," *Developing Economies* 3, December 1965.

W. R. Lee, *German Industry and German Industrialisation*, Routledge, 1991.

Youssef Cassis, Philip L. Cottrell, *The World of Private Banking*, Routledge, 2009.

Yuichiro Sakamato, "War Finance(Japan)," 1914-1918-online. International Encyclopedia of the First World War, Freie Universität Berlin, 2014.

기타

《미래한국》, 2015.9.9.

〈바람과 함께 사라지다〉(영화)

『21세기 웅진학습백과사전』, 웅진닷컴

《한국일보》, 2019.5.4. 러일전쟁 기사.

http://www.globalfinancialdata.com/

https://data.bls.gov/cgi-bin/cpicalc.pl(CPI Inflational Calculator)

https://inflationdata.com/

https://library.cqpress.com/cqresearcher/document.php?id=cqresrre1928111500
(CQ Researcher, War Debts and Reparations)

https://research.calvin.edu/german-propaganda-archive/(German Propaganda
Archive)

https://swift.org/

https://www.minneapolisfed.org/

https://www.un.org/en/

https://www.youtube.com/watch?v=97dBfdNrf9A&t=9s(워털루 전투 유투브)

2부

국내 문헌

김광두·신성환 외, 『글로벌 금융규제의 영향과 영국 금융산업 경쟁력 평가』,
국가미래연구원, 2014.

김보민·한민수·고희채·김종혁·이성희, 『미국의 제조업 경쟁력 강화정책과 정
책시사점』, 대외경제정책연구원, 2014.

김희식, 「독일 금융시스템의 특징과 국제화 과정」, 한국은행, 『이슈리뷰』, 제
　　4권 제2호, 2015.

대한상공회의소, 『중소·중견기업의 성공적인 비즈니스를 위한 정책과 제도』,
　　대한상공회의소, 2014.

레이첼 나오미 레멘, 『할아버지의 기도』, 류해욱 옮김, 문예출판사, 2000.

론 처노, 『금융제국 J. P 모건』, 강남규 옮김, 플래닛, 2007.

서극교, 『프로젝트 파이낸스 원리와 응용』, 한국수출입은행, 2004.

시라토리 하루히코 엮음, 『니체의 말』, 박재현 옮김, 삼호미디어, 2010.

시오노 나나미, 『로마인 이야기 1』, 김석희 옮김, 한길사, 1995.

오구라 기조, 『한국은 하나의 철학이다』, 조성환 옮김, 모시는사람들, 1998.

오태현, 「한·일 장수기업 비교 연구」, 『한일경상논집』, 77권, 한일경상학회,
　　2017.

와타나베 히로시, 『주자학과 근세일본사회』, 박홍규 옮김, 예문서원, 2007.

유발 하라리, 『사피엔스』, 조현욱 옮김, 김영사, 2011.

육동인, 『누구나 인재다』, 북스코프, 2013.

이반 버렌트, 『20세기 유럽경제사』, 이헌대·김흥종 옮김, 대외경제정책연구
　　원, 2008.

이성봉, 『해외 대기업의 승계사례 분석과 시사점』, 한국경제연구원, 2016.

이솝, 『이솝우화전집』, 송경원 옮김, 하늘연못, 2013.

이재민·배인성, 『글로벌 무역금융』, 두남, 2009.

이지효, 『대담한 디지털 시대』, RHK BAIN & COMPANY, 2016.

장하준·정승일·이종태, 『무엇을 선택할 것인가』, 부키, 2012.

재레드 다이아몬드, 『대변동의 위기, 선택, 변화』, 강주헌 옮김, 김영사, 2019.

정후식, 「일본의 기업승계 현황과 시사점」, 『한은조사연구』, 200-1호, 2011.

조재한·김인철·김원규·유진근·정선인·김한흰, 『한국 산업의 글로벌 경쟁력
　　제고 방안―산업별 수출경쟁력 분석』, 산업연구원, 2019.

차국현·최만수·차상균 외, 『축적의 시간』, 지식노마드, 2015.

최현대, 「프로젝트의 성공과 실패」, 엔지니어링개발연구센터, 2018.

코트라 오사카무역관, 「일본기업의 힘과 한일 협력확대 방안」, 2015.

하름 데 블레이, 『왜 지금 지리학인가』, 유나영 옮김, 사회평론, 2012.

한국수출입은행, 『2020 세계국가편람』, 한국수출입은행, 2019.

한국수출입은행, 『한국수출입은행 20년사』, 한국수출입은행, 1996.

현석·김필규·남재우·박용린·이용우·황세운, 『우리나라 대외정책금융의 효율적 운영방안』, 자본시장연구원, 2012.

『탈무드』

외국 문헌

Aurel Schubert, *The Credit-Anstalt Crisis of 1931*, Cambridge University Press, 1991.

Daniel F. Runde, D. C. Romina Bandura, "The BUILD Act Has Passed: What's Next?," Center for Strategic and International Studies (CSIS), 2018.10.12.

Delio E. Gianturco, *Export Credit Agencies: The Unsung Giants of International Trade and Finance*, Quorum Books, 2001.

Deloitte, Corporate Tax Rates 2020.

Export-Import Bank of the United States, *Report to the U. S. Congress on Global Export Credit Competition*, June 2016; June 2019.

Glyn Davies, *A History of Money*, University of Wales Press, 2002.

Ha-Joon Chang, *Kicking Away the Ladder*, Anthem Press, 2003.

John Kenneth Galbraith, *The Great Crash 1929*, Penguin Books, 1992.

Karl Erich Born, *International Banking in the 19th and 20th Centuries*, Burg Publishers, 1983.

OECD, *The Export Credit Arrangement: Achievement and Challenges 1978-1998*, OECD, 1998.

OECD, "Principles and Guidelines to Promote Sustainable Lending Practices in the Provision of Official Export Credits to Low Income Countries," 2008.

OECD, "Reports on G20 Trade and Investment Measures," 2015.10.30.

OECD, FDI in Figures, 2020.4.

PFI League Tables 2020.

Rita M. Rodriguez, *The Export-Import Bank at Fifty*, Lexington Books, 1987.

Saori N. Katada, Jessica Liao, "China and Japan in Pursuit of Infrastructure Investment Leadership in Asia: Competition or Convergence?," *Global Governance*, vol.26(2020), 1-24, 2020.

W. R. Lee, *German Industry and German Industrialisation*, Routledge, 1991.

WEF, *The Global Competitiveness Report 2019*, 2020.

기타

《뉴시스》, 「블록체인 오디세이」, 2020.4.17.

《동아일보》, 2020.2.21.

《파이낸셜뉴스》, 2020.5.19.

《한국일보》, 2020.7.6.

The Banker, 2019. 7.

Financial Times, 2019.8.13.; 2019.11.26.

Nasdaq News, 2020.5.18.

Maddison Database, 2010; 2018.

http://kor.icak.or.kr/(해외건설협회)

http://kostat.go.kr/portal/korea/index.action(통계청)

http://www.bok.or.kr/portal/main/main.do(한국은행)

https://data.worldbank.org/products/ids(World Bank, International Debt Statistics 2020)

https://www.fitchratings.com/

https://www.kita.net/(한국무역협회)

https://www.koreaexim.go.kr/site/main/index001(한국수출입은행)

https://www.ksure.or.kr/index.do(한국무역보험공사)

https://www.oecd.org/

https://www.railway-technology.com/projects/jakarta-to-bandung-high-speed-rail/

https://www.reuters.com/article/us-china-silkroad-finance/behind-chinas-silk-road-vision-cheap-funds-heavy-debt-growing-risk-idUSKCN18B0YS

https://www.wto.org/